卞尺丹几乙し丹卞と
Translated Language Learning

The Adventures of Pinocchio

Приключения Пиноккио

Carlo Collodi
Карло Коллоди

English / Русский

Copyright © 2024 Tranzlaty
All rights reserved
Published by Tranzlaty
ISBN: 978-1-83566-703-3
Le Avventure di Pinocchio. Storia di un Burattino
Original text by Carlo Callodi
First published in Italianin 1883
Illustrated By Alice Carsey
www.tranzlaty.com

The Piece of Wood that Laughed and Cried like a Child
Кусок дерева, который смеялся и плакал, как ребенок

Centuries ago there lived...
Столетия назад здесь жили...
"A king!" my little readers will say immediately
«Король!» — сразу скажут мои маленькие читатели
No, children, you are mistaken
Нет, дети, вы ошибаетесь
Once upon a time there was a piece of wood
Жил-был кусок дерева
the wood was in the shop of an old carpenter
Древесина находилась в мастерской старого плотника
this old carpenter was named Master Antonio
этого старого плотника звали мастер Антонио
Everybody, however, called him Master. Cherry
Все, однако, называли его Мастером. Вишня
they called him Master. Cherry on account of his nose
они называли его Учителем. Вишенка из-за своего носа
his nose was always as red and polished as a ripe cherry
Его нос всегда был красным и отполированным, как спелая вишня
Master Cherry set eyes upon the piece of wood
Мастер Вишня положил глаз на кусок дерева
his face beamed with delight when he saw the log
Его лицо сияло от восторга, когда он увидел бревно
he rubbed his hands together with satisfaction
Он потер руки от удовлетворения
and the kind master softly spoke to himself
И добрый хозяин тихо заговорил сам с собой
"This wood has come to me at the right moment"
«Это дерево пришло ко мне в нужный момент»
"I have been planning to make a new table"
"Я давно планировал сделать новый стол"
"it is perfect for the leg of a little table"
"Идеально подходит для ножки маленького столика"
He immediately went out to find a sharp axe

Он немедленно вышел на улицу, чтобы найти острый топор

he was going to remove the bark of the wood first
Сначала он собирался снять кору с дерева

and then he was going to remove any rough surface
А затем он собирался удалить любую шероховатую поверхность

and he was just about to strike the wood with his axe
и он как раз собирался ударить топором по дереву

but just before he struck the wood he heard something
но как раз перед тем, как удариться о дерево, он услышал что-то

"Do not strike me so hard!" a small voice implored
«Не бей меня так сильно!» — умолял тихий голос

He turned his terrified eyes all around the room
Он окинул комнату своими испуганными глазами

where could the little voice possibly have come from?
Откуда мог взяться этот тихий голос?

he looked everywhere, but he saw nobody!
Он смотрел повсюду, но никого не видел!

He looked under the bench, but there was nobody
Он заглянул под скамейку, но там никого не было

he looked into a cupboard that was always shut
Он заглянул в шкаф, который всегда был закрыт

but there was nobody inside the cupboard either
Но и в шкафу никого не было

he looked into a basket where he kept sawdust
Он заглянул в корзину, где хранил опилки

there was nobody in the basket of sawdust either
В корзине с опилками тоже никого не было

at last he even opened the door of the shop
Наконец он даже открыл дверь лавки

and he glanced up and down the empty street
и он оглядел пустую улицу вверх и вниз

But there was no one to be seen in the street either
Но и на улице никого не было видно

"Who, then, could it be?" he asked himself

«Кто же это может быть?» — спрашивал он себя
at last he laughed and scratched his wig
Наконец он рассмеялся и почесал свой парик
"I see how it is," he said to himself, amused
«Я вижу, как это происходит», — сказал он себе, забавляясь
"evidently the little voice was all my imagination"
«Очевидно, этот тихий голос был только моим воображением»
"Let us set to work again," he concluded
«Давайте снова приступим к работе», — заключил он
he picked up his axe again and set to work
Он снова взял в руки топор и принялся за работу
he struck a tremendous blow to the piece of wood
Он нанес страшный удар по деревяшке
"Oh! oh! you have hurt me!" cried the little voice
— О! О! Ты причинил мне боль!» — закричал тихий голос
it was exactly the same voice as it was before
Это был точно такой же голос, как и раньше
This time Master. Cherry was petrified
На этот раз Мастер. Вишня окаменела
His eyes popped out of his head with fright
Его глаза вылезли из головы от страха
his mouth remained open and his tongue hung out
Его рот оставался открытым, а язык высунутым
his tongue almost came to the end of his chin
Его язык почти дошел до конца подбородка
and he looked just like a face on a fountain
И выглядел он просто как лицо на фонтане
Master. Cherry first had to recover from his fright
Хозяин. Сначала Черри пришлось оправиться от испуга
the use of his speech returned to him
К нему вернулась польза от речи
and he began to talk in a stutter;
и он начал говорить, запинаясь;
"where on earth could that little voice have come from?"
— Откуда мог взяться этот тихий голос?

"could it be that this piece of wood has learned to cry?"
— Может быть, этот кусок дерева научился плакать?
"I cannot believe it," he said to himself
«Я не могу в это поверить, — сказал он себе
"This piece of wood is nothing but a log for fuel"
«Этот кусок дерева — не что иное, как бревно для топлива»
"it is just like all the logs of wood I have"
«Это так же, как и все бревна, которые у меня есть»
"it would only just suffice to boil a saucepan of beans"
«Достаточно было бы сварить кастрюлю с фасолью»
"Can anyone be hidden inside this piece of wood?"
«Может ли кто-нибудь спрятаться внутри этого куска дерева?»
"If anyone is inside, so much the worse for him"
«Если кто внутри, тем хуже для него»
"I will finish him at once," he threatened the wood
— Я его сейчас же прикончу, — пригрозил он дереву
he seized the poor piece of wood and beat it
Он схватил бедный кусок дерева и избил его
he mercilessly hit it against the walls of the room
он безжалостно бил им о стены комнаты
Then he stopped to see if he could hear the little voice
Затем он остановился, чтобы посмотреть, слышит ли он тихий голос
He waited two minutes, nothing. Five minutes, nothing
Он ждал две минуты, ничего. Пять минут, ничего
he waited another ten minutes, still nothing!
Он ждал еще минут десять, но все еще ничего!
"I see how it is," he then said to himself
«Я вижу, как это происходит», — сказал он тогда себе
he forced himself to laugh and pushed up his wig
Он заставил себя рассмеяться и поднял парик
"evidently the little voice was all my imagination!"
— Очевидно, этот тихий голос был только моим воображением!
"Let us set to work again," he decided, nervously

— Давайте снова примемся за работу, — решил он нервно
next he started to polish the bit of wood
Затем он начал полировать кусок дерева
but while polishing he heard the same little voice
но во время полировки он услышал тот же тихий голос
this time the little voice was laughing uncontrollably
На этот раз тихий голос безудержно смеялся
"Stop! you are tickling me all over!" it said
«Стойте! Ты щекочишь меня всем телом!» — говорилось в нем
poor Master. Cherry fell down as if struck by lightning
бедный Учитель. Вишня упала вниз, словно пораженная молнией
sometime later he opened his eyes again
Через некоторое время он снова открыл глаза
he found himself seated on the floor of his workshop
Он обнаружил, что сидит на полу своей мастерской
His face was very changed from before
Его лицо сильно изменилось по сравнению с прежним
and even the end of his nose had changed
и даже кончик его носа изменился
his nose was not its usual bright crimson colour
Его нос не был обычного ярко-малинового цвета
his nose had become icy blue from the fright
Его нос стал ледяным синим от испуга

Master. Cherry Gives the Wood Away
Хозяин. Вишня выдает древесину

At that moment someone knocked at the door
В этот момент кто-то постучал в дверь
"Come in," said the carpenter to the visitor
— Войдите, — сказал плотник гостю
he didn't have the strength to rise to his feet
У него не было сил подняться на ноги
A lively little old man walked into the shop

В лавку вошел живой маленький старичок
this lively little man was called Geppetto
этого бойкого человечка звали Джеппетто
although there was another name he was known by
Хотя было и другое имя, под которым он был известен
there was a group of naughty neighbourhood boys
Там была группа непослушных соседских мальчишек
when they wished to anger him they called him pudding
когда они хотели разозлить его, они называли его пудингом
there is a famous yellow pudding made from Indian corn
есть знаменитый желтый пудинг из индийской кукурузы
and Geppetto's wig looks just like this famous pudding
а парик Джеппетто выглядит точно так же, как этот знаменитый пудинг
Geppetto was a very fiery little old man
Джеппетто был очень вспыльчивым старичком
Woe to him who called him pudding!
Горе тому, кто называл его пудингом!
when furious there was no holding him back
Когда он был в ярости, его было невозможно удержать
"Good-day, Master. Antonio," said Geppetto
— Добрый день, хозяин. Антонио», — сказал Джеппетто
"what are you doing there on the floor?"
— Что ты делаешь там, на полу?
"I am teaching the alphabet to the ants"
«Я учу муравьев алфавиту»
"I can't imagine what good it does to you"
«Я не могу представить, какую пользу это принесет тебе»
"What has brought you to me, neighbour Geppetto?"
— Что привело вас ко мне, сосед Джеппетто?
"My legs have brought me here to you"
«Мои ноги привели меня сюда, к тебе»
"But let me tell you the truth, Master. Antonio"
— Но позволь мне сказать тебе правду, Учитель. Антонио»
"the real reason I came is to ask a favour of you"
«Настоящая причина, по которой я пришел, — просить

вас об одолжении»
"Here I am, ready to serve you," replied the carpenter
— Вот я здесь, готов служить вам, — ответил плотник
and he got off the floor and onto his knees
И он поднялся с пола и встал на колени
"This morning an idea came into my head"
"Сегодня утром мне в голову пришла идея"
"Let us hear the idea that you had"
«Давайте выслушаем вашу идею»
"I thought I would make a beautiful wooden puppet"
«Я думала, что сделаю красивую деревянную куклу»
"a puppet that could dance and fence"
«Кукла, которая умела танцевать и фехтовать»
"a puppet that can leap like an acrobat"
«Кукла, которая может прыгать, как акробат»
"With this puppet I could travel about the world!"
«С этой куклой я мог бы путешествовать по миру!»
"the puppet would let me earn a piece of bread"
«Кукла давала мне заработать кусок хлеба»
"and the puppet would let me earn a glass of wine"
"И марионетка позволила бы мне заработать бокал вина"
"What do you think of my idea, Antonio?"
— Что ты думаешь о моей идее, Антонио?
"Bravo, pudding!" exclaimed the little voice
"Браво, пудинг!" - воскликнул тихий голос
it was impossible to know where the voice had came from
Невозможно было понять, откуда доносился голос
Geppetto didn't like hearing himself called pudding
Джеппетто не любил, когда его называли пудингом
you can imagine he became as red as a turkey
Вы можете себе представить, что он стал красным, как индейка
"Why do you insult me?" he asked his friend
«Почему ты меня оскорбляешь?» — спросил он своего друга
"Who insults you?" his friend replied
«Кто тебя оскорбляет?» — ответил его друг

"You called me pudding!" Geppetto accused him
«Ты называл меня пудингом!» Джеппетто обвинил его
"It was not I!" Antonio honestly said
— Это был не я! Антонио честно сказал
"Do you think I called myself pudding?"
— Думаешь, я называл себя пудингом?
"It was you, I say!", "No!", "Yes!", "No!"
«Это был ты, я говорю!», «Нет!», «Да!», «Нет!»
becoming more and more angry, they came to blows
Становясь все более и более злыми, они доходили до драки
they flew at each other and bit and fought and scratched
Они летали друг на друга и кусались, и дрались, и царапались
as quickly as it had started the fight was over again
Так же быстро, как и начался, бой закончился снова
Geppetto had the carpenter's grey wig between his teeth
У Джеппетто в зубах был серый парик плотника
and Master. Antonio had Geppetto's yellow wig
и Учитель. У Антонио был желтый парик Джеппетто
"Give me back my wig" screamed Master. Antonio
"Верни мне мой парик!" - закричал Мастер. Антонио
"and you give me back my wig" screamed Master. Cherry
"И ты вернешь мне мой парик?" - закричал Учитель. Вишня
"let us be friends again" they agreed
«Давайте снова будем друзьями», — согласились они
The two old men gave each other their wigs back
Двое стариков вернули друг другу парики
and the old men shook each other's hands
и старики пожали друг другу руки
they swore that all had been forgiven
Они клялись, что все прощено
they would remain friends to the end of their lives
они останутся друзьями до конца своей жизни
"Well, then, neighbour Geppetto" said the carpenter
— Ну, так что сосед Джеппетто, — сказал плотник

he asked "what is the favour that you wish of me?"
Он спросил: «Какой милости вы желаете от меня?»
this would prove that peace was made
Это доказало бы, что мир был заключен
"I want a little wood to make my puppet"
"Я хочу немного дерева, чтобы сделать свою куклу"
"will you give me some wood?"
— Не дадите ли вы мне дров?
Master. Antonio was delighted to get rid of the wood
Хозяин. Антонио был рад избавиться от дерева
he immediately went to his work bench
Он сразу же подошел к своему рабочему столу
and he brought back the piece of wood
и он принес кусок дерева обратно
the piece of wood that had caused him so much fear
кусок дерева, который вызывал у него столько страха
he was bringing the piece of wood to his friend
Он приносил деревяшку своему другу
but then the piece of wood started to shake!
Но потом деревяшка начала трястись!
the piece of wood wriggled violently out of his hands
Деревяшка с силой вырвалась у него из рук
this piece of wood knew how to make trouble!
Эта деревяшка умела создавать неприятности!
with all its might it struck against poor Geppetto
изо всех сил он наносил удар по бедному Джеппетто
and it hit him right on his poor dried-up shins
и это ударило его прямо по его бедным засохшим голеням
you can imagine the cry that Geppetto gave
можете себе представить, какой крик издал Джеппетто
"is that the courteous way you make your presents?"
— Это так учтиво вы делаете подарки?
"You have almost lamed me, Master. Antonio!"
— Вы чуть не подкосили меня, учитель. Антонио!»
"I swear to you that it was not I!"
— Клянусь вам, что это был не я!
"Do you think I did this to myself?"

— Ты думаешь, я сделал это с собой?
"The wood is entirely to blame!"
«Дерево полностью виновато!»
"I know that it was the wood"
«Я знаю, что дело было в дереве»
"but it was you that hit my legs with it!"
«Но это ты ударил им меня по ногам!»
"I did not hit you with it!"
— Я тебя этим не бил!
"Liar!" exclaimed Geppetto
"Лжец!" - воскликнул Джеппетто
"Geppetto, don't insult me or I will call you Pudding!"
«Джеппетто, не оскорбляй меня, а то я буду называть тебя Пурин!»
"Knave!", "Pudding!", "Donkey!"
«Валет!», «Пудинг!», «Осел!»
"Pudding!", "Baboon!", "Pudding!"
«Пудинг!», «Бабуин!», «Пудинг!»
Geppetto was mad with rage all over again
Джеппетто снова сошел с ума от ярости
he had been called been called pudding three times!
Его трижды называли Пудингом!
he fell upon the carpenter and they fought desperately
Он набросился на плотника, и они отчаянно дрались
this battle lasted just as long as the first
Этот бой длился столько же, сколько и первый
Master. Antonio had two more scratches on his nose
Хозяин. У Антонио было еще две царапины на носу
his adversary had lost two buttons off his waistcoat
Его противник потерял две пуговицы на жилете
Their accounts being thus squared, they shook hands
Сведя таким образом счеты, они пожали друг другу руки
and they swore to remain good friends for the rest of their lives
И они поклялись оставаться хорошими друзьями до конца своей жизни
Geppetto carried off his fine piece of wood

Джеппетто унес свой прекрасный кусок дерева
he thanked Master. Antonio and limped back to his house
он поблагодарил Учителя. Антонио и прихрамывал обратно к себе домой

Geppetto Names his Puppet Pinocchio
Джеппетто называет свою марионетку Пиноккио

Geppetto lived in a small ground-floor room
Джеппетто жил в небольшой комнате на первом этаже
his room was only lighted from the staircase
Его комната освещалась только с лестницы
The furniture could not have been simpler
Мебель не могла быть проще
a rickety chair, a poor bed, and a broken table
шаткое кресло, плохая кровать и сломанный стол
At the end of the room there was a fireplace
В конце комнаты был камин
but the fire was painted, and gave no fire
но огонь был окрашен и не давал огня
and by the painted fire was a painted saucepan
а у окрашенного огня стояла расписная кастрюля
and the painted saucepan was boiling cheerfully

а расписная кастрюля весело кипела
a cloud of smoke rose exactly like real smoke
Облако дыма поднялось точно как настоящий дым
Geppetto reached home and took out his tools
Джеппетто добрался до дома и достал свои инструменты
and he immediately set to work on the piece of wood
И он тут же принялся за работу над деревяшкой
he was going to cut out and model his puppet
Он собирался вырезать и смоделировать свою куклу
"What name shall I give him?" he said to himself
«Какое имя мне ему дать?» — сказал он себе
"I think I will call him Pinocchio"
«Думаю, я буду называть его Буратино»
"It is a name that will bring him luck"
«Это имя, которое принесет ему удачу»
"I once knew a whole family called Pinocchio"
"Я когда-то знал целую семью по фамилии Пиноккио"
"There was Pinocchio the father and Pinocchio the mother"
"Там был Пиноккио отец и Пиноккио мать"
"and there were Pinocchio the children"
"а там были Буратино дети"
"and all of them did well in life"
«И все они преуспели в жизни»
"The richest of them was a beggar"
«Самый богатый из них был нищим»
he had found a good name for his puppet
Он нашел хорошее имя для своей марионетки
so he began to work in good earnest
Поэтому он начал работать не на шутку
he first made his hair, and then his forehead
Он сначала делал себе волосы, а потом и лоб
and then he worked carefully on his eyes
И тогда он тщательно поработал над своими глазами
Geppetto thought he noticed the strangest thing
Джеппетто показалось, что он заметил самую странную вещь
he was sure he saw the eyes move!

Он был уверен, что видел движение глаз!
the eyes seemed to look fixedly at him
Глаза, казалось, пристально смотрели на него
Geppetto got angry from being stared at
Джеппетто разозлился от того, что на него пялятся
the wooden eyes wouldn't let him out of their sight
Деревянные глаза не выпускали его из поля зрения
"Wicked wooden eyes, why do you look at me?"
«Злые деревянные глаза, почему ты смотришь на меня?»
but the piece of wood made no answer
Но деревяшка ничего не ответила
He then proceeded to carve the nose
Затем он приступил к вырезанию носа
but as soon as he had made the nose it began to grow
но как только он сделал нос, он начал расти
And the nose grew, and grew, and grew
И нос рос, и рос, и рос
in a few minutes it had become an immense nose
Через несколько минут он превратился в огромный нос
it seemed as if it would never stop growing
казалось, что он никогда не перестанет расти
Poor Geppetto tired himself out with cutting it off
Бедный Джеппетто устал от того, что отрезал его
but the more he cut, the longer the nose grew!
Но чем больше он резал, тем длиннее рос нос!
The mouth was not even completed yet
Устье еще даже не было закончено
but it already began to laugh and deride him
Но оно уже начало смеяться и издеваться над ним
"Stop laughing!" said Geppetto, provoked
«Хватит смеяться!» — сказал Джеппетто, спровоцированный
but he might as well have spoken to the wall
Но с таким же успехом он мог бы говорить со стеной
"Stop laughing, I say!" he roared in a threatening tone
«Хватит смеяться, я говорю!» — прорычал он угрожающим тоном

The mouth then ceased laughing
Затем рот перестал смеяться
but the face put out its tongue as far as it would go
но лицо высунуло язык так далеко, как только могло
Geppetto did not want to spoil his handiwork
Джеппетто не хотел портить свою ручную работу
so he pretended not to see, and continued his labours
поэтому он сделал вид, что не видит, и продолжал свои труды
After the mouth he fashioned the chin
После рта он придал форму подбородку

then the throat and then the shoulders
затем горло, а затем плечи
then he carved the stomach and made the arms hands
Затем он вырезал живот и сделал руки
now Geppetto worked on making hands for his puppet
теперь Джеппетто работал над изготовлением рук для своей куклы
and in a moment he felt his wig snatched from his head

и через мгновение он почувствовал, как парик сорван с его головы

He turned round, and what did he see?
Он обернулся, и что он увидел?

He saw his yellow wig in the puppet's hand
Он увидел свой желтый парик в руке куклы

"Pinocchio! Give me back my wig instantly!"
«Пиноккио! Верни мне мой парик немедленно!»

But Pinocchio did anything but return him his wig
Но Пиноккио сделал все, что угодно, только не вернул ему его парик

Pinocchio put the wig on his own head instead!
Буратино вместо этого надел парик на свою голову!

Geppetto didn't like this insolent and derisive behaviour
Джеппетто не нравилось такое наглое и насмешливое поведение

he felt sadder and more melancholy than he had ever felt
Он чувствовал себя грустнее и меланхоличнее, чем когда-либо

turning to Pinocchio, he said "You young rascal!"
повернувшись к Пиноккио, он сказал: «Ты молодой негодяй!»

"I have not even completed you yet"
«Я еще даже не закончил тебя»

"and you are already failing to respect to your father!"
— И ты уже перестаешь уважать своего отца!

"That is bad, my boy, very bad!"
— Это плохо, мой мальчик, очень плохо!

And he dried a tear from his cheek
И он вытер слезу со своей щеки

The legs and the feet remained to be done
Ноги и ступни еще предстояло сделать

but he soon regretted giving Pinocchio feet
но вскоре он пожалел, что подставил Пиноккио ноги

as thanks he received a kick on the point of his nose
В качестве благодарности получил пинок по кончику носа

"I deserve it!" he said to himself

«Я заслуживаю этого!» — сказал он себе
"I should have thought of it sooner!"
— Я должен был подумать об этом раньше!
"Now it is too late to do anything about it!"
«Теперь уже слишком поздно что-либо с этим делать!»
He then took the puppet under the arms
Затем он взял куклу под мышки
and he placed him on the floor to teach him to walk
и положил его на пол, чтобы научить его ходить
Pinocchio's legs were stiff and he could not move
Ноги Пиноккио затекли, и он не мог двигаться
but Geppetto led him by the hand
но Джеппетто вел его за руку
and he showed him how to put one foot before the other
и он показал ему, как ставить одну ногу впереди другой
eventually Pinocchio's legs became limber
в конце концов ноги Пиноккио стали более гибкими
and soon he began to walk by himself
И вскоре он стал ходить сам
and he began to run about the room
и он начал бегать по комнате
then he got out of the house door
Затем он вышел из дверей дома
and he jumped into the street and escaped
А он выскочил на улицу и сбежал
poor Geppetto rushed after him
бедный Джеппетто бросился за ним
of course he was not able to overtake him
Обогнать его, конечно, не удалось
because Pinocchio leaped in front of him like a hare
потому что Буратино прыгнул перед ним, как заяц
and he knocked his wooden feet against the pavement
и он стукнул своими деревянными ногами о мостовую
it made as much clatter as twenty pairs of peasants' clogs
Он издавал грохот с таким же грохотом, как двадцать пар крестьянских башмаков
"Stop him! stop him!" shouted Geppetto

«Остановите его! Остановите его!» — закричал Джеппетто
but the people in the street stood still in astonishment
Но люди на улице замерли в изумлении
they had never seen a wooden puppet running like a horse
Они никогда не видели деревянную куклу, бегущую, как лошадь
and they laughed and laughed at Geppetto's misfortune
и они смеялись и смеялись над несчастьем Джеппетто
At last, as good luck would have it, a soldier arrived
Наконец, по счастливой случайности, прибыл солдат
the soldier had heard the uproar
Солдат слышал шум
he imagined that a colt had escaped from his master
Он представил, что жеребенок сбежал от его хозяина
he planted himself in the middle of the road
Он уселся посреди дороги
he waited with the determined purpose of stopping him
Он ждал с твердой решимостью остановить его
thus he would prevent the chance of worse disasters
Таким образом, он предотвратил бы возможность худших бедствий
Pinocchio saw the soldier barricading the whole street
Буратино увидел, как солдат забаррикадировал всю улицу
so he endeavoured to take him by surprise
поэтому он попытался застать его врасплох
he planned to run between his legs
Он планировал пробежать между ног
but the soldier was too clever for Pinocchio
но солдат был слишком умен для Буратино
The soldier caught him cleverly by the nose
Солдат ловко поймал его за нос
and he gave Pinocchio back to Geppetto
и он вернул Буратино Джеппетто
Wishing to punish him, Geppetto intended to pull his ears
Желая наказать его, Джеппетто намеревался потянуть его за уши
But he could not find Pinocchio's ears!

Но найти уши Пиноккио он так и не смог!
And do you know the reason why?
И знаете ли вы причину этого?
he had forgotten to make him any ears
Он забыл сделать ему уши
so then he took him by the collar
Тогда он взял его за шиворот
"We will go home at once," he threatened him
— Мы сейчас же поедем домой, — пригрозил он ему
"as soon as we arrive we will settle our accounts"
«Как только приедем, мы рассчитаемся»
At this information Pinocchio threw himself on the ground
Услышав эту информацию, Буратино бросился на землю
he refused to go another step
Он отказался сделать еще один шаг
a crowd of inquisitive people began to assemble
Стала собираться толпа любознательных людей
they made a ring around them
они сделали вокруг себя кольцо
Some of them said one thing, some another
Некоторые из них говорили одно, некоторые другое
"Poor puppet!" said several of the onlookers
«Бедная кукла!» — сказали несколько зевак
"he is right not to wish to return home!"
— Он прав, что не желает возвращаться домой!
"Who knows how Geppetto will beat him!"
«Кто знает, как Джеппетто победит его!»
"Geppetto seems a good man!"
«Джеппетто кажется хорошим человеком!»
"but with boys he is a regular tyrant!"
— Но с мальчиками он обыкновенный тиран!
"don't leave that poor puppet in his hands"
«Не оставляйте эту бедную марионетку в его руках»
"he is quite capable of tearing him to pieces!"
— Он вполне способен разорвать его на куски!
from what was said the soldier had to step in again
Из сказанного солдату пришлось вмешаться снова

the soldier gave Pinocchio his freedom
солдат дал Буратино свободу
and the soldier led Geppetto to prison
и солдат привел Джеппетто в тюрьму
The poor man was not ready to defend himself with words
Бедняга не был готов защищаться словами
he cried like a calf "Wretched boy!"
он закричал, как теленок: «Несчастный мальчик!»
"to think how I laboured to make him a good puppet!"
— Подумать только, как я трудился, чтобы сделать из него хорошую куклу!
"But all I have done serves me right!"
— Но все, что я сделал, служит мне на славу!
"I should have thought of it sooner!"
— Я должен был подумать об этом раньше!

The Talking Little Cricket Scolds Pinocchio
Говорящий сверчок ругает Пиноккио

poor Geppetto was being taken to prison
беднягу Джеппетто везли в тюрьму
all of this was not his fault, of course
Конечно, во всем этом не было его вины
he had not done anything wrong at all
Он не сделал ничего плохого
and that little imp Pinocchio found himself free
и этот маленький чертенок Пиноккио оказался на свободе
he had escaped from the clutches of the soldier
Он вырвался из лап солдата
and he ran off as fast as his legs could carry him
и он побежал так быстро, как только могли нести его ноги
he wanted to reach home as quickly as possible
Он хотел добраться до дома как можно быстрее
therefore he rushed across the fields
поэтому он помчался по полям
in his mad hurry he jumped over thorny hedges

В безумной спешке он перепрыгнул через колючие изгороди
and he jumped across ditches full of water
и он перепрыгнул через канавы, полные воды
Arriving at the house, he found the door ajar
Прибыв в дом, он обнаружил, что дверь приоткрыта
He pushed it open, went in, and fastened the latch
Он распахнул ее, вошел внутрь и запер защелку
he threw himself on the floor of his house
Он бросился на пол своего дома
and he gave a great sigh of satisfaction
И он глубоко вздохнул от удовлетворения
But soon he heard someone in the room
Но вскоре он услышал кого-то в комнате
something was making a sound like "Cri-cri-cri!"
Что-то издавало звук, похожий на «Кри-кри-кри!».
"Who calls me?" said Pinocchio in a fright
«Кто мне звонит?» — испуганно спросил Пиноккио
"It is I!" answered a voice
"Это я!" - ответил голос
Pinocchio turned round and saw a little cricket
Пиноккио обернулся и увидел маленького сверчка
the cricket was crawling slowly up the wall
сверчок медленно полз вверх по стене
"Tell me, little cricket, who may you be?"
— Скажи мне, маленький сверчок, кто ты такой?
"who I am is the talking cricket"
"Кто я есть - это говорящий крикет"
"and I have lived in this room a hundred years or more"
«И я прожил в этой комнате сто лет или больше»
"Now, however, this room is mine," said the puppet
— Но теперь эта комната принадлежит мне, — сказала кукла
"if you would do me the pleasure, go away at once"
«Если хочешь доставить мне удовольствие, уходи немедленно»
"and when you're gone, please never come back"

«И когда ты уйдешь, пожалуйста, никогда не возвращайся»
"I will not go until I have told you a great truth"
«Я не уйду, пока не скажу вам великую истину»
"Tell it me, then, and be quick about it"
«Тогда скажи мне это и поторопись»
"Woe to those boys who rebel against their parents"
«Горе тем мальчикам, которые восстают против своих родителей»
"and woe to boys who run away from home"
"И горе мальчикам, которые убегают из дома"
"They will never come to any good in the world"
«Ни к чему хорошему в мире они никогда не придут»
"and sooner or later they will repent bitterly"
"и рано или поздно они горько покаются"
"Sing all you want you little cricket"
«Пой сколько хочешь, маленький сверчок»
"and feel free to sing as long as you please"
«И не стесняйтесь петь столько, сколько вам угодно»
"For me, I have made up my mind to run away"
«Что касается меня, то я решил убежать»
"tomorrow at daybreak I will run away for good"
«Завтра на рассвете я убегу навсегда»
"if I remain I shall not escape my fate"
«Если я останусь, я не избегну своей участи»
"it is the same fate as all other boys"
«Это та же судьба, что и у всех других мальчиков»
"if I stay I shall be sent to school"
«Если я останусь, меня отправят в школу»
"and I shall be made to study by love or by force"
«И я буду принужден к изучению любовью или силой»
"I tell you in confidence, I have no wish to learn"
«Говорю вам по секрету, у меня нет желания учиться»
"it is much more amusing to run after butterflies"
"гораздо забавнее бегать за бабочками"
"I prefer climbing trees with my time"
«Я предпочитаю лазать по деревьям со своим временем»

"and I like taking young birds out of their nests"
«А мне нравится вытаскивать молодых птиц из гнезд»
"Poor little goose" interjected the talking cricket
«Бедный гусь», — вмешался говорящий сверчок
"don't you know you will grow up a perfect donkey?"
«Разве ты не знаешь, что вырастешь идеальным ослом?»
"and every one will make fun of you"
«И все будут смеяться над вами»
Pinocchio was not pleased with what he heard
Буратино был недоволен услышанным
"Hold your tongue, you wicked, ill-omened croaker!"
— Попридержи язык, злой, зловещий ворчун!
But the little cricket was patient and philosophical
Но маленький сверчок был терпелив и философичен
he didn't become angry at this impertinence
Он не рассердился на эту дерзость
he continued in the same tone as he had before
Он продолжил в том же тоне, что и раньше
"perhaps you really do not wish to go to school"
«Возможно, ты действительно не хочешь ходить в школу»
"so why not at least learn a trade?"
«Так почему бы хотя бы не научиться ремеслу?»
"a job will enable you to earn a piece of bread!"
«Работа позволит вам заработать кусок хлеба!»
"What do you want me to tell you?" replied Pinocchio
«Что ты хочешь, чтобы я тебе сказал?» — ответил Пиноккио
he was beginning to lose patience with the little cricket
Он начинал терять терпение из-за маленького сверчка
"there are many trades in the world I could do"
«В мире есть много профессий, которыми я мог бы заниматься»
"but only one calling really takes my fancy"
«Но только одно призвание действительно мне нравится»
"And what calling is it that takes your fancy?"
— И что это за призвание, которое вам нравится?
"to eat, and to drink, and to sleep"

«есть, пить и спать»
"I am called to amuse myself all day"
«Я призван развлекаться весь день»
"to lead a vagabond life from morning to night"
«вести бродячий образ жизни с утра до ночи»
the talking little cricket had a reply for this
У говорящего маленького сверчка был ответ на это
"most who follow that trade end in hospital or prison"
«Большинство из тех, кто занимается этим ремеслом, попадают в больницу или тюрьму»
"Take care, you wicked, ill-omened croaker"
«Берегись, злой, зловещий ворчун»
"Woe to you if I fly into a passion!"
«Горе вам, если я впаду в страсть!»
"Poor Pinocchio I really pity you!"
«Бедный Буратино, мне тебя очень жаль!»
"Why do you pity me?"
— За что ты меня жалеешь?
"I pity you because you are a puppet"
«Мне жаль тебя, потому что ты марионетка»
"and I pity you because you have a wooden head"
"и мне вас жаль, потому что у вас деревянная голова"
At these last words Pinocchio jumped up in a rage
При этих последних словах Пиноккио в ярости вскочил
he snatched a wooden hammer from the bench
Он выхватил со скамейки деревянный молоток

and he threw the hammer at the talking cricket
И он бросил молот в говорящего сверчка
Perhaps he never meant to hit him
Возможно, он никогда не хотел его ударить
but unfortunately it struck him exactly on the head
но к сожалению это ударило его точно в голову
the poor Cricket had scarcely breath to cry "Cri-cri-cri!"
бедный Сверчок едва задыхался, чтобы закричать: «Кри-кри-кри!»
he remained dried up and flattened against the wall
Он остался высохшим и расплющенным у стены

The Flying Egg
Летающее яйцо

The night was quickly catching up with Pinocchio
Ночь быстро настигла Пиноккио
he remembered that he had eaten nothing all day
Он вспомнил, что весь день ничего не ел
he began to feel a gnawing in his stomach
Он начал чувствовать жжение в животе
the gnawing very much resembled appetite
Грызущий аппетит очень напоминал
After a few minutes his appetite had become hunger
Через несколько минут его аппетит превратился в голод
and in little time his hunger became ravenous
и вскоре его голод стал ненасытным
Poor Pinocchio ran quickly to the fireplace
Бедный Буратино быстро побежал к камину
the fireplace where a saucepan was boiling
камин, где кипела кастрюля
he was going to take off the lid
Он собирался снять крышку
then he could see what was in it
Тогда он мог видеть, что в нем было

but the saucepan was only painted on the wall
Но кастрюля была только нарисована на стене
You can imagine his feelings when he discovered this
Вы можете представить себе его чувства, когда он обнаружил это
His nose, which was already long, became even longer
Его нос, который и без того был длинным, стал еще длиннее
it must have grown by at least three inches
Он должен был вырасти не менее чем на три дюйма
He then began to run about the room
Затем он начал бегать по комнате
he searched in the drawers and every imaginable place
Он рылся в ящиках и во всех мыслимых местах
he hoped to find a bit of bread or crust
Он надеялся найти кусочек хлеба или корочки
perhaps he could find a bone left by a dog
Возможно, он мог бы найти кость, оставленную собакой
a little moldy pudding of Indian corn
немного заплесневелого пудинга из индийской кукурузы
somewhere someone might have left a fish bone
Где-то кто-то мог оставить рыбью кость
even a cherry stone would be enough
Даже вишневой косточки хватило бы
if only there was something that he could gnaw
Если бы только было что-то, что он мог бы грызть
But he could find nothing to get his teeth into
Но он не мог найти ничего, во что можно было бы вцепиться зубами
And in the meanwhile his hunger grew and grew
А тем временем его голод все рос и рос
Poor Pinocchio had no other relief than yawning
Бедный Буратино не испытал иного облегчения, кроме зевоты
his yawns were so big his mouth almost reached his ears
Его зевота была такой большой, что рот почти доставал до ушей

and felt as if he were going to faint
и чувствовал, что вот-вот упадет в обморок
Then he began to cry desperately
Тогда он начал отчаянно плакать
"The talking little cricket was right"
«Говорящий маленький сверчок был прав»
"I did wrong to rebel against my papa"
«Я поступил неправильно, восстав против своего папы»
"I should not have ran away from home"
«Я не должен был убегать из дома»
"If my papa were here I wouldn't be dying of yawning!"
«Если бы мой папа был здесь, я бы не умерла от зевоты!»
"Oh! what a dreadful illness hunger is!"
— О! Какая ужасная болезнь — голод!»
Just then he thought he saw something in the dust-heap
В этот момент ему показалось, что он увидел что-то в куче мусора
something round and white that looked like a hen's egg
что-то круглое и белое, похожее на куриное яйцо
he sprung up to his feet and seized hold of the egg
Он вскочил на ноги и схватил яйцо
It was indeed a hen's egg, as he thought
Это действительно было куриное яйцо, как он думал
Pinocchio's joy was beyond description
Радость Пиноккио была неописуема
he had to make sure that he wasn't just dreaming
Он должен был убедиться, что он не просто мечтает
so he kept turning the egg over in his hands
Поэтому он продолжал вертеть яйцо в руках
he felt and kissed the egg
Он пощупал и поцеловал яйцо
"And now, how shall I cook it?"
— А теперь, как мне его приготовить?
"Shall I make an omelet?"
— Может, я сделаю омлет?
"it would be better to cook it in a saucer!"
«Лучше бы его сварили в блюдце!»

"Or would it not be more savory to fry it?"
— Или не было бы более пикантно его поджарить?
"Or shall I simply boil the egg?"
— Или я просто сварю яйцо?
"No, the quickest way is to cook it in a saucer"
«Нет, самый быстрый способ — это приготовить его в блюдце»
"I am in such a hurry to eat it!"
«Я так спешу это съесть!»
Without loss of time he got an earthenware saucer
Не теряя времени, он достал глиняное блюдце
he placed the saucer on a brazier full of red-hot embers
Он поставил блюдце на жаровню, полную раскаленных углей
he didn't have any oil or butter to use
У него не было ни масла, ни сливочного масла
so he poured a little water into the saucer
Поэтому он налил в блюдце немного воды
and when the water began to smoke, crack!
А когда вода начала дымить, треск!
he broke the egg-shell over the saucer
Он разбил яичную скорлупу о блюдце
and he let the contents of the egg drop into the saucer
И он позволил содержимому яйца опуститься в блюдце
but the egg was not full of white and yolk
Но в яйце не было белка и желтка
instead, a little chicken popped out the egg
Вместо этого из яйца вылезло немного курицы

it was a very gay and polite little chicken
Это был очень веселый и вежливый маленький цыпленок
the little chicken made a beautiful courtesy
Маленький цыпленок сделал красивую любезность
"A thousand thanks, Master. Pinocchio"
«Тысяча благодарностей, учитель. Пиноккио»
"you have saved me the trouble of breaking the shell"
«Вы избавили меня от необходимости ломать оболочку»
"Adieu, until we meet again" the chicken said
«До свидания, до новых встреч», — сказала курица
"Keep well, and my best compliments to all at home!"
«Будьте здоровы, и мои лучшие комплименты всем дома!»
the little chicken spread its little wings
Цыпленок расправил свои маленькие крылышки
and the little chicken darted through the open window
и цыпленок метнулся в открытое окно
and then the little chicken flew out of sight
И тут цыпленок скрылся из виду
The poor puppet stood as if he had been bewitched

Бедная кукла стояла, как будто ее заколдовали
his eyes were fixed, and his mouth was open
глаза его были неподвижны, а рот открыт
and he still had the egg-shell in his hand
и у него в руке все еще была яичная скорлупа
slowly he Recovered from his stupefaction
Медленно он оправился от оцепенения
and then he began to cry and scream
И тогда он начал плакать и кричать
he stamped his feet on the floor in desperation
Он в отчаянии топнул ногами по полу
amidst his sobs he gathered his thoughts
Среди рыданий он собрался с мыслями
"Ah, indeed, the talking little cricket was right"
«, действительно, говорящий маленький сверчок был прав»
"I should not have run away from home"
«Я не должен был убегать из дома»
"then I would not now be dying of hunger!"
— Тогда я бы не умирал сейчас с голоду!
"and if my papa were here he would feed me"
«И если бы мой папа был здесь, он бы меня накормил»
"Oh! what a dreadful illness hunger is!"
— О! Какая ужасная болезнь — голод!»
his stomach cried out more than ever
его живот кричал сильнее, чем когда-либо
and he did not know how to quiet his hunger
и он не знал, как утолить свой голод
he thought about leaving the house
Он думал о том, чтобы уйти из дома
perhaps he could make an excursion in the neighborhood
Возможно, он мог бы совершить экскурсию по окрестностям
he hoped to find some charitable person
Он надеялся найти какого-нибудь благотворительного человека
maybe they would give him a piece of bread

Может быть, они дали бы ему кусок хлеба

Pinocchio's Feet Burn to Cinders
Ноги Пиноккио сгорают дотла

It was an especially wild and stormy night
Это была особенно дикая и бурная ночь
The thunder was tremendously loud and fearful
Гром был чрезвычайно громким и страшным
the lightning was so vivid that the sky seemed on fire
Молнии были настолько яркими, что небо казалось охваченным огнем
Pinocchio had a great fear of thunder
Буратино очень боялся грома
but hunger can be stronger than fear
Но голод может быть сильнее страха
so he closed the door of the house
Поэтому он закрыл дверь дома
and he made a desperate rush for the village
И он отчаянно бросился в деревню
he reached the village in a hundred bounds
Он добрался до деревни в сотню шагов
his tongue was hanging out of his mouth
Его язык свисал изо рта
and he was panting for breath like a dog
и он задыхался, как собака
But he found the village all dark and deserted
Но он нашел деревню темной и пустынной
The shops were closed and the windows were shut
Магазины были закрыты, а окна закрыты
and there was not so much as a dog in the street
И на улице не было даже собаки
It seemed like he had arrived in the land of the dead
Казалось, он прибыл в страну мертвых
Pinocchio was urged on by desperation and hunger
Буратино подгоняли отчаяние и голод

he took hold of the bell of a house
Он схватился за колокол дома
and he began to ring the bell with all his might
И он стал звонить в колокол изо всех сил
"That will bring somebody," he said to himself
«Это приведет кого-нибудь», — сказал он себе
And it did bring somebody!
И это кого-то привело!
A little old man appeared at a window
В окне появился маленький старичок
the little old man still had a night-cap on his head
На голове у маленького старичка все еще был ночной колпак
he called to him angrily
Он сердито окликнул его
"What do you want at such an hour?"
— Чего ты хочешь в такой час?
"Would you be kind enough to give me a little bread?"
— Не будете ли вы так любезны, чтобы дать мне немного хлеба?
the little old man was very obliging
Маленький старичок был очень услужлив
"Wait there, I will be back directly"
«Подожди там, я сейчас вернусь»
he thought it was one of the local rascals
Он подумал, что это один из местных негодяев
they amuse themselves by ringing the house-bells at night
Они развлекаются тем, что звонят в домашние колокола по ночам
After half a minute the window opened again
Через полминуты окно снова открылось
the voice of the same little old man shouted to Pinocchio
голос того же маленького старичка крикнул Буратино
"Come underneath and hold out your cap"
«Подойди и протяни свою кепку»
Pinocchio pulled off his cap and held it out
Пиноккио снял кепку и протянул ее

but Pinocchio's cap was not filled with bread or food
но кепка Буратино не была наполнена ни хлебом, ни едой
an enormous basin of water was poured down on him
На него был вылит огромный таз воды
the water soaked him from head to foot
Вода промокла его с ног до головы
as if he had been a pot of dried-up geraniums
как будто он был горшком с высохшей геранью
He returned home like a wet chicken
Он вернулся домой, как мокрая курица
he was quite exhausted with fatigue and hunger
Он был совершенно измучен усталостью и голодом
he no longer had the strength to stand
У него уже не было сил стоять на ногах
so he sat down and rested his damp and muddy feet
Поэтому он сел и отдохнул своими влажными и грязными ногами
he put his feet on a brazier full of burning embers
Он поставил ноги на жаровню, полную горящих углей
and then he fell asleep, exhausted from the day
А потом засыпал, обессиленный за день
we all know that Pinocchio has wooden feet
все мы знаем, что у Буратино деревянные ноги
and we know what happens to wood on burning embers
И мы знаем, что происходит с древесиной на горящих углях
little by little his feet burnt away and became cinders
Мало-помалу его ноги сгорели и превратились в пепел
Pinocchio continued to sleep and snore
Буратино продолжал спать и храпеть
his feet might as well have belonged to someone else
С таким же успехом его ноги могли принадлежать кому-то другому
At last he awoke because someone was knocking at the door
Наконец он проснулся от того, что кто-то стучал в дверь
"Who is there?" he asked, yawning and rubbing his eyes
"Кто там?" - спросил он, зевая и протирая глаза

"It is I!" answered a voice
"Это я!" - ответил голос
And Pinocchio recognized Geppetto's voice
И Буратино узнал голос Джеппетто

Geppetto Gives his own Breakfast to Pinocchio
Джеппетто угощает Пиноккио завтраком

Poor Pinocchio's eyes were still half shut from sleep
Глаза бедного Пиноккио все еще были полузакрыты от сна
he had not yet discovered what had happened
Он еще не понял, что произошло
his feet had were completely burnt off
Его ноги были полностью обожжены
he heard the voice of his father at the door
Он услышал голос отца у двери
and he jumped off the chair he had slept on
И он спрыгнул со стула, на котором спал
he wanted to run to the door and open it
Ему хотелось подбежать к двери и открыть ее
but he stumbled around and fell on the floor
Но он споткнулся и упал на пол
imagine having a sack of wooden ladles
Представьте себе, что у вас есть мешок деревянных половников
imagine throwing the sack off the balcony
Представьте себе, что вы выбрасываете мешок с балкона
that is was the sound of Pinocchio falling to the floor
это был звук падения Пиноккио на пол
"Open the door!" shouted Geppetto from the street
«Откройте дверь!» — крикнул Джеппетто с улицы
"Dear papa, I cannot," answered the puppet
— Дорогой папа, я не могу, — ответила кукла
and he cried and rolled about on the ground
и он плакал и катался по земле
"Why can't you open the door?"

«Почему ты не можешь открыть дверь?»
"Because my feet have been eaten"
«Потому что мои ноги были съедены»
"And who has eaten your feet?"
«И кто съел ваши ноги?»
Pinocchio looked around for something to blame
Буратино огляделся в поисках виноватого
eventually he answered "the cat ate my feet"
В конце концов он ответил: «Кошка съела мои ноги»
"Open the door, I tell you!" repeated Geppetto
— Открой дверь, я говорю тебе, — повторил Джеппетто
"If you don't open it, you shall have the cat from me!"
— Если ты не откроешь его, ты получишь кошку от меня!
"I cannot stand up, believe me"
«Я не могу встать, поверьте»
"Oh, poor me!" lamented Pinocchio
«О, бедный я!» — сокрушался Пиноккио
"I shall have to walk on my knees for the rest of my life!"
«Мне придется ходить на коленях всю оставшуюся жизнь!»
Geppetto thought this was another one of the puppet's tricks
Джеппетто подумал, что это еще один из трюков куклы
he thought of a means of putting an end to his tricks
Он думал о том, как положить конец своим проделкам
he climbed up the wall and got in through the window
Он взобрался на стену и проник внутрь через окно
He was very angry when he first saw Pinocchio
Он был очень зол, когда впервые увидел Пиноккио
and he did nothing but scold the poor puppet
и он только и делал, что ругал бедную марионетку

but then he saw Pinocchio really was without feet
но потом он увидел, что Пиноккио действительно был без ног
and he was quite overcome with sympathy again
И его снова охватило сочувствие
Geppetto took his puppet in his arms
Джеппетто взял на руки свою марионетку
and he began to kiss and caress him
и он начал целовать и ласкать его
he said a thousand endearing things to him
Он сказал ему тысячу ласковых вещей
big tears ran down his rosy cheeks
Крупные слезы текли по его румяным щекам
"My little Pinocchio!" he comforted him
«Мой маленький Пиноккио!» — утешал он его
"how did you manage to burn your feet?"
— Как ты умудрился обжечь ноги?
"I don't know how I did it, papa"
«Я не знаю, как я это сделал, папа»

"but it has been such a dreadful night"
— Но это была такая ужасная ночь.
"I shall remember it as long as I live"
«Я буду помнить это до конца жизни»
"there was thunder and lightning all night"
«Всю ночь гремел гром и молния»
"and I was very hungry all night"
"и я был очень голоден всю ночь"
"and then the talking cricket scolded me"
«А потом говорящий сверчок отругал меня»
"the talking cricket said 'it serves you right'"
«Говорящий сверчок сказал: «Это служит вам правильно».
"he said; 'you have been wicked and deserve it'"
«Он сказал; « Ты был нечестивым и заслужил это».
"and I said to him: 'Take care, little Cricket!'"
«И я сказал ему: «Береги себя, маленький Сверчок!»
"and he said; 'You are a puppet'"
"И он сказал; " Ты марионетка".
"and he said; 'you have a wooden head'"
"И он сказал; " у тебя деревянная голова".
"and I threw the handle of a hammer at him"
"и я бросил в него рукоять молотка"
"and then the talking little cricket died"
«А потом умер говорящий маленький сверчок»
"but it was his fault that he died"
"Но это его вина в том, что он умер"
"because I didn't wish to kill him"
«потому что я не хотел его убивать»
"and I have proof that I didn't mean to"
«И у меня есть доказательства, что я этого не хотел»
"I had put an earthenware saucer on burning embers"
«Я поставил глиняное блюдце на горящие угли»
"but a chicken flew out of the egg"
"но из яйца вылетела курица"
"the chicken said; 'Adieu, until we meet again'"
«Курица сказала; До свидания, до новых встреч».
'send my compliments to all at home'

«Передайте мои комплименты всем дома»
"and then I got even more hungry"
"а потом я стал еще более голодным"
"then there was that little old man in a night-cap"
— А еще был тот маленький старичок в ночном колпаке.
"he opened the window up above me"
«Он открыл окно надо мной»
"and he told me to hold out my hat"
«И он велел мне протянуть шляпу»
"and he poured a basinful of water on me"
«И вылил на меня чашу воды»
"asking for a little bread isn't a disgrace, is it?"
— Просить немного хлеба — это не позор, не так ли?
"and then I returned home at once"
"А потом я сразу вернулся домой"
"I was hungry and cold and tired"
«Я был голоден, замерз и устал»
"and I put my feet on the brazier to dry them"
"И я поставил ноги мои на жаровню, чтобы высушить их"
"and then you returned in the morning"
"А потом ты вернулся утром"
"and I found my feet were burnt off"
«И я обнаружил, что ноги мои обожжены»
"and I am still hungry"
"и я все еще голоден"
"but I no longer have any feet!"
«Но у меня больше нет ног!»
And poor Pinocchio began to cry and roar
И бедный Буратину начал плакать и реветь
he cried so loudly that he was heard five miles off
Он плакал так громко, что его было слышно за пять миль
Geppetto, only understood one thing from all this
Джеппетто, понял из всего этого только одно
he understood that the puppet was dying of hunger
он понимал, что марионетка умирает от голода
so he drew from his pocket three pears
И он вынул из кармана три груши

and he gave the pears to Pinocchio
а груши он отдал Буратино
"These three pears were intended for my breakfast"
«Эти три груши предназначались для моего завтрака»
"but I will give you my pears willingly"
"но я охотно дам вам свои груши"
"Eat them, and I hope they will do you good"
«Ешьте их, и я надеюсь, что они принесут вам пользу»
Pinocchio looked at the pears distrustfully
Буратино недоверчиво посмотрел на груши
"but you can't expect me to eat them like that"
«Но ты не можешь ожидать, что я буду есть их так»
"be kind enough to peel them for me"
«Будьте добры, очистите их для меня»
"Peel them?" said Geppetto, astonished
"Чистить их?" - удивленно спросил Джеппетто
"I didn't know you were so dainty and fastidious"
«Я и не знала, что ты такой изящный и привередливый»
"These are bad habits to have, my boy!"
— Это дурные привычки, мой мальчик!
"we must accustom ourselves to like and to eat everything"
«Мы должны приучить себя любить и есть все»
"there is no knowing to what we may be brought"
«Никто не знает, к чему мы можем быть приведены»
"There are so many chances!"
«Так много шансов!»
"You are no doubt right," interrupted Pinocchio
— Вы, несомненно, правы, — перебил его Пиноккио
"but I will never eat fruit that has not been peeled"
«Но я никогда не буду есть плоды, которые не были очищены»
"I cannot bear the taste of rind"
«Я не выношу вкуса кожуры»
So good Geppetto peeled the three pears
Так что хорошо Джеппетто очистил три груши
and he put the pear's rinds on a corner of the table
И он положил грушевую кожуру на угол стола

Pinocchio had eaten the first pear
Буратино съел первую грушу
he was about to throw away the pear's core
Он собирался выбросить сердцевину груши
but Geppetto caught hold of his arm
но Джеппетто схватил его за руку
"Do not throw the core of the pear away"
«Не выбрасывай сердцевину груши впустую»
"in this world everything may be of use"
«В этом мире все может быть полезно»
But Pinocchio refused to see the sense in it
Но Пиноккио отказался видеть в этом смысла
"I am determined I will not eat the core of the pear"
«Я твердо решил, что не буду есть сердцевину груши»
and Pinocchio turned upon him like a viper
и Буратино набросился на него, как гадюка
"Who knows!" repeated Geppetto
"Кто знает!" - повторил Джеппетто
"there are so many chances," he said
«Есть так много шансов», - сказал он
and Geppetto never lost his temper even once
и Джеппетто ни разу не выходил из себя
And so the three pear cores were not thrown out
А так три грушевые сердцевины не были выброшены
they were placed on the corner of the table with the rinds
Их размещали на углу стола вместе с кожурой
after his small feast Pinocchio yawned tremendously
после своего маленького застолья Пиноккио сильно зевнул
and he spoke again in a fretful tone
И он снова заговорил раздраженным тоном
"I am as hungry as ever!"
«Я голоден, как никогда!»
"But, my boy, I have nothing more to give you!"
— Но, мой мальчик, мне больше нечего тебе дать!
"You have nothing? Really? Nothing?"
«У вас ничего нет? Действительно? Ничего?
"I have only the rind and the cores of the pears"

«У меня есть только кожура и сердцевина груш»
"One must have patience!" said Pinocchio
"Надо иметь терпение!" - сказал Пиноккио
"if there is nothing else I will eat the pear's rind"
"если ничего другого не будет, я буду есть кожуру груши"
And he began to chew the rind of the pear
И начал жевать кожуру груши
At first he made a wry face
Сначала он сделал кривое лицо
but then, one after the other, he quickly ate them
Но затем, один за другим, он быстро съедал их
and after the pear's rinds he even ate the cores
А после кожуры груши он ел даже сердцевину
when he had eaten everything he rubbed his belly
Когда он все съел, он растирал живот
"Ah! now I feel comfortable again"
—! теперь я снова чувствую себя комфортно»
"Now you see I was right," smiled Gepetto
— Теперь ты видишь, что я был прав, — улыбнулся Джеппетто
"it's not good to accustom ourselves to our tastes"
«Нехорошо приучать себя к своим вкусам»
"We can never know, my dear boy, what may happen to us"
«Мы никогда не узнаем, мой дорогой мальчик, что с нами может случиться»
"There are so many chances!"
«Так много шансов!»

Geppetto Makes Pinocchio New Feet
Джеппетто делает Пиноккио новыми ногами

the puppet had satisfied his hunger
Кукла утолила его голод
but he began to cry and grumble again
Но он снова начал плакать и ворчать
he remembered he wanted a pair of new feet

Он вспомнил, что хотел пару новых ног
But Geppetto punished him for his naughtiness
Но Джеппетто наказал его за непослушность
he allowed him to cry and to despair a little
Он позволил ему заплакать и немного отчаяться
Pinocchio had to accept his fate for half the day
Буратино пришлось смириться со своей судьбой на полдня
at the end of the day he said to him:
В конце дня он сказал ему:
"Why should I make you new feet?"
«Почему я должен делать вам новые ноги?»
"To enable you to escape again from home?"
— Чтобы ты мог снова сбежать из дома?
Pinocchio sobbed at his situation
Пиноккио рыдал над своим положением
"I promise you that for the future I will be good"
«Я обещаю вам, что в будущем я буду хорошим»
but Geppetto knew Pinocchio's tricks by now
но Джеппетто уже знал проделки Пиноккио
"All boys who want something say the same thing"
«Все мальчики, которые чего-то хотят, говорят одно и то же»
"I promise you that I will go to school"
«Я обещаю тебе, что пойду в школу»
"and I will study and bring home a good report"
"а я изучу и привезу домой хороший отчет"
"All boys who want something repeat the same story"
«Все мальчишки, которые чего-то хотят, повторяют одну и ту же историю»
"But I am not like other boys!" Pinocchio objected
— Но я не такой, как другие мальчишки! Пиноккио возразил
"I am better than all of them," he added
«Я лучше их всех», — добавил он
"and I always speak the truth," he lied
«И я всегда говорю правду», — солгал он

"I promise you, papa, that I will learn a trade"
«Я обещаю тебе, папа, что научусь ремеслу»
"I promise that I will be the consolation of your old age"
«Обещаю, что буду утешением в вашей старости»
Geppetto's eyes filled with tears on hearing this
Глаза Джеппетто наполнились слезами, когда он услышал это
his heart was sad at seeing his son like this
Его сердце было грустно, когда он видел своего сына таким
Pinocchio was in such a pitiable state
Буратино был в таком жалком состоянии
He did not say another word to Pinocchio
Больше он не сказал Буратино ни слова
he got his tools and two small pieces of seasoned wood
Он достал свои инструменты и два небольших кусочка выдержанного дерева
he set to work with great diligence
Он принялся за работу с большим усердием
In less than an hour the feet were finished
Менее чем за час ноги были закончены
They might have been modelled by an artist of genius
Они могли быть смоделированы гениальным художником
Geppetto then spoke to the puppet
Затем Джеппетто обратился к кукле
"Shut your eyes and go to sleep!"
«Закрой глаза и ложись спать!»
And Pinocchio shut his eyes and pretended to sleep
А Буратино закрыл глаза и сделал вид, что спит
Geppetto got an egg-shell and melted some glue in it
Джеппетто достал яичную скорлупу и растопил в ней немного клея
and he fastened Pinocchio's feet in their place
и он закрепил ноги Пиноккио на их месте
it was masterfully done by Geppetto
это было мастерски сделано Джеппетто
not a trace could be seen of where the feet were joined
Не было видно и следа от того места, где соединялись ноги

Pinocchio soon realized that he had feet again
Буратино вскоре понял, что у него снова есть ноги
and then he jumped down from the table
А потом спрыгнул со стола
he jumped around the room with energy and joy
Он прыгал по комнате от энергии и радости
he danced as if he had gone mad with his delight
он танцевал, как будто сошел с ума от своего восторга
"thank you for all you have done for me"
«Спасибо за все, что ты для меня сделал»
"I will go to school at once," Pinocchio promised
— Я сейчас пойду в школу, — пообещал Пиноккио
"but to go to school I shall need some clothes"
— Но чтобы пойти в школу, мне понадобится кое-какая одежда.
by now you know that Geppetto was a poor man
Теперь вы уже знаете, что Джеппетто был бедным человеком
he had not so much as a penny in his pocket
В кармане у него не было ни гроша
so he made him a little dress of flowered paper
Поэтому он сшил ему маленькое платье из бумаги с цветами
a pair of shoes from the bark of a tree
пара обуви из коры дерева
and he made a hat out of the bread
и сделал шапку из хлеба

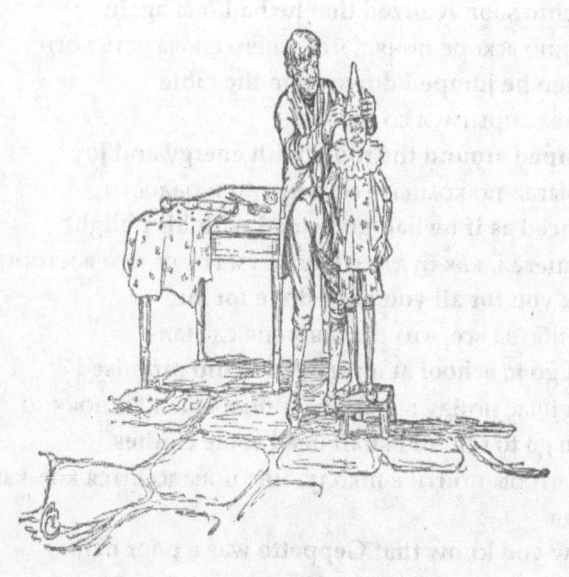

Pinocchio ran to look at himself in a crock of water
Буратино побежал посмотреть на себя в кувшин с водой
he was ever so pleased with his appearance
Он был очень доволен своей внешностью
and he strutted about the room like a peacock
и он расхаживал по комнате, как павлин
"I look quite like a gentleman!"
«Я выгляжу совсем как джентльмен!»
"Yes, indeed," answered Geppetto
— Да, действительно, — ответил Джеппетто
"it is not fine clothes that make the gentleman"
«Джентльмена делает не красивая одежда»
"rather, it is clean clothes that make a gentleman"
"Скорее, именно чистая одежда делает джентльмена"
"By the way," added the puppet
— Кстати, — добавила марионетка
"to go to school there's still something I need"
«Чтобы пойти в школу, мне еще что-то нужно»
"I am still without the best thing"

«У меня до сих пор нет самого лучшего»
"it is the most important thing for a school boy"
«Это самое главное для школьника»
"And what is it?" asked Geppetto
"И что это?" - спросил Джеппетто
"I have no spelling-book"
«У меня нет учебника по правописанию»
"You are right" realized Geppetto
«Вы правы», — понял Джеппетто
"but what shall we do to get one?"
— Но что мы будем делать, чтобы получить его?
Pinocchio comforted Geppetto, "It is quite easy"
Пиноккио утешил Джеппетто: «Это довольно просто»
"all we have to do is go to the bookseller's"
«Все, что нам нужно сделать, это пойти к книготорговцу»
"all I have to do is buy from them"
«Все, что мне нужно сделать, это купить у них»
"but how do we buy it without money?"
«Но как мы купим его без денег?»
"I have got no money," said Pinocchio
«У меня нет денег», — сказал Пиноккио
"Neither have I," added the good old man, very sadly
— И я тоже, — добавил добрый старик очень грустно
although he was a very merry boy, Pinocchio became sad
хотя он был очень веселым мальчишкой, Буратино стал грустить
poverty, when it is real, is understood by everybody
Бедность, когда она реальна, понятна всем
"Well, patience!" exclaimed Geppetto, rising to his feet
"Ну, терпение!" - воскликнул Джеппетто, поднимаясь на ноги
and he put on his old corduroy jacket
И он надел свою старую вельветовую куртку
and he ran out of the house into the snow
и он выбежал из дома в снег
He returned back to the house soon after
Вскоре после этого он вернулся в дом

in his hand he held a spelling-book for Pinocchio
В руке он держал учебник по орфографии для Пиноккио
but the old jacket he had left with was gone
Но старая куртка, с которой он ушел, исчезла
The poor man was in his shirt-sleeves
Бедняга был в рубашке с рукавами
and outdoors it was cold and snowing
а на улице было холодно и шел снег
"And your jacket, papa?" asked Pinocchio
"А твоя куртка, папа?" - спросил Пиноккио
"I have sold it," confirmed old Geppetto
— Я его продал, — подтвердил старый Джеппетто
"Why did you sell it?" asked Pinocchio
«Почему вы его продали?» — спросил Пиноккио
"Because I found my jacket was too hot"
«Потому что я обнаружила, что моя куртка слишком горячая»
Pinocchio understood this answer in an instant
Буратино мгновенно понял этот ответ
Pinocchio was unable to restrain the impulse of his heart
Пиноккио не мог сдержать порыв своего сердца
Because Pinocchio did have a good heart after all
Потому что у Пиноккио все-таки было доброе сердце
he sprang up and threw his arms around Geppetto's neck
он вскочил и обнял Джеппетто за шею
and he kissed him again and again a thousand times
И он целовал его снова и снова тысячу раз

Pinocchio Goes to See a Puppet Show
Пиноккио идет на кукольный спектакль

eventually it stopped snowing outside
В конце концов снег на улице перестал идти
and Pinocchio set out to go to school
а Буратино отправился в школу
and he had his fine spelling-book under his arm

и он держал под мышкой свой прекрасный учебник по орфографии

he walked along with a thousand ideas in his head

Он шел с тысячей идей в голове

his little brain thought of all the possibilities

его маленький мозг обдумывал все возможности

and he built a thousand castles in the air

и он построил тысячу воздушных замков

each castle was more beautiful than the other

Каждый замок был красивее другого

And, talking to himself, he said;

И, разговаривая сам с собой, он сказал;

"Today at school I will learn to read at once"

"Сегодня в школе я сразу научусь читать"

"then tomorrow I will begin to write"

"потом завтра начну писать"

"and the day after tomorrow I will learn the numbers"

"а послезавтра я выучу цифры"

"all of these things will prove very useful"

«Все эти вещи окажутся очень полезными»

"and then I will earn a great deal of money"

"и тогда я заработаю много денег"

"I already know what I will do with the first money"

«Я уже знаю, что буду делать с первыми деньгами»

"I will immediately buy a beautiful new cloth coat"

"Я сразу куплю красивое новое суконное пальто"

"my papa will not have to be cold anymore"

«Моему папе больше не придется мерзнуть»

"But what am I saying?" he realized

«Но что я говорю?» — понял он

"It shall be all made of gold and silver"

«Все будет сделано из золота и серебра»

"and it shall have diamond buttons"

«И у него будут ромбовидные пуговицы»

"That poor man really deserves it"

«Этот бедняга действительно этого заслуживает»

"he bought me books and is having me taught"

«Он купил мне книги и учит меня»
"and to do so he has remained in a shirt"
«И для этого он остался в рубашке»
"he has done all this for me in such cold weather"
«Он сделал все это для меня в такую холодную погоду»
"only papas are capable of such sacrifices!"
«Только папы способны на такие жертвы!»
he said all this to himself with great emotion
Все это он говорил про себя с большим волнением
but in the distance he thought he heard music
но вдалеке ему казалось, что он слышит музыку
it sounded like pipes and the beating of a big drum
Это было похоже на дудки и бой большого барабана
He stopped and listened to hear what it could be
Он остановился и прислушался, чтобы услышать, что это может быть
The sounds came from the end of a street
Звуки доносились из конца улицы
and the street led to a little village on the seashore
И улица вела в маленькую деревушку на берегу моря
"What can that music be?" he wondered
«Что это может быть за музыка?» — задавался он вопросом
"What a pity that I have to go to school"
«Как жаль, что мне приходится ходить в школу»
"if only I didn't have to go to school..."
«Если бы только мне не нужно было ходить в школу...»
And he remained irresolute
И остался нерешительным
It was, however, necessary to come to a decision
Однако необходимо было прийти к решению
"Should I go to school?" he asked himself
«Должен ли я пойти в школу?» — спрашивал он себя
"or should I go after the music?"
— Или мне следует пойти за музыкой?
"Today I will go and hear the music" he decided
«Сегодня я пойду и послушаю музыку», — решил он

"and tomorrow I will go to school"
"а завтра пойду в школу"
the young scapegrace of a boy had decided
Юный мальчишка решился на отпущение
and he shrugged his shoulders at his choice
И он пожал плечами в ответ на свой выбор
The more he ran the nearer came the sounds of the music
Чем дальше он бежал, тем ближе доносились звуки музыки
and the beating of the big drum became louder and louder
и бой большого барабана становился все громче и громче
At last he found himself in the middle of a town square
Наконец он очутился посреди городской площади
the square was quite full of people
Площадь была довольно полна людей
all the people were all crowded round a building
Все люди столпились вокруг здания
and the building was made of wood and canvas
а здание было сделано из дерева и холста
and the building was painted a thousand colours
и здание было выкрашено в тысячу цветов
"What is that building?" asked Pinocchio
«Что это за здание?» — спросил Пиноккио
and he turned to a little boy
И он повернулся к маленькому мальчику
"Read the placard," the boy told him
«Прочти плакат», — сказал ему мальчик
"it is all written there," he added
«Там все написано», — добавил он
"read it and and then you will know"
"Прочитай и тогда узнаешь"
"I would read it willingly," said Pinocchio
«Я бы охотно прочитал это», — сказал Пиноккио
"but it so happens that today I don't know how to read"
"но так получилось, что сегодня я читать не умею"
"Bravo, blockhead! Then I will read it to you"
«Браво, болван! Тогда я прочитаю это тебе».

"you see those words as red as fire?"
— Ты видишь эти слова красными, как огонь?
"The Great Puppet Theatre," he read to him
«Большой кукольный театр», — читал он ему
"Has the play already begun?"
— Спектакль уже начался?
"It is beginning now," confirmed the boy
«Это начинается», — подтвердил мальчик
"How much does it cost to go in?"
«Сколько стоит войти?»
"A dime is what it costs you"
«Десять центов — это то, во что вам это обходится»
Pinocchio was in a fever of curiosity
Буратино лихорадило любопытство
full of excitement he lost all control of himself
Полный возбуждения, он потерял всякий контроль над собой
and Pinocchio lost all sense of shame
и Буратино потерял всякое чувство стыда
"Would you lend me a dime until tomorrow?"
— Не могли бы вы одолжить мне десять центов до завтра?
"I would lend it to you willingly," said the boy
— Я бы охотно одолжил его тебе, — сказал мальчик
"but unfortunately today I cannot give it to you"
"но, к сожалению, сегодня я не могу вам его отдать"
Pinocchio had another idea to get the money
У Пиноккио была еще одна идея, чтобы получить деньги
"I will sell you my jacket for a dime"
«Я продам вам свою куртку за копейки»
"but your jacket is made of flowered paper"
«Но ваш пиджак сделан из бумаги с цветами»
"what use could I have for such a jacket?"
— Какая мне польза от такой куртки?
"imagine it rained and the jacket got wet"
«Представьте, что пошел дождь и куртка намокла»
"it would be impossible to get it off my back"
«Было бы невозможно снять это с моей спины»

"Will you buy my shoes?" tried Pinocchio
«Ты купишь мои туфли?» — спросил Пиноккио
"They would only be of use to light the fire"
«Они были бы полезны только для того, чтобы разжечь огонь»
"How much will you give me for my cap?"
— Сколько вы дадите мне за мою кепку?
"That would be a wonderful acquisition indeed!"
«Это было бы действительно замечательное приобретение!»
"A cap made of bread crumb!" joked the boy
«Шапочка из хлебного мякиша!» — пошутил мальчик
"There would be a risk of the mice coming to eat it"
«Существует риск того, что мыши придут его съесть»
"they might eat it whilst it was still on my head!"
«Они могли бы съесть его, пока он еще был у меня на голове!»
Pinocchio was on thorns about his predicament
Пиноккио был на тернии из-за своего затруднительного положения
He was on the point of making another offer
Он был готов сделать еще одно предложение
but he had not the courage to ask him
Но у него не хватило смелости спросить его
He hesitated, felt irresolute and remorseful
Он колебался, чувствовал себя нерешительным и раскаивающимся
At last he raised the courage to ask
Наконец он набрался смелости и спросил
"Will you give me a dime for this new spelling-book?"
— Вы дадите мне десять центов за этот новый учебник по правописанию?
but the boy declined this offer too
Но и мальчик отказался от этого предложения
"I am a boy and I don't buy from boys"
«Я мальчик и не покупаю у мальчиков»
a hawker of old clothes had overheard them

Их услышал лоточник в старой одежде
"I will buy the spelling-book for a dime"
«Я куплю учебник по орфографии за копейки»
And the book was sold there and then
И книга была продана там и тогда
poor Geppetto had remained at home trembling with cold
бедный Джеппетто остался дома, дрожа от холода
in order that his son could have a spelling-book
для того, чтобы у его сына была книга по орфографии

The Puppets Recognize their Brother Pinocchio
Куклы узнают своего брата Пиноккио

Pinocchio was in the little puppet theatre
Пиноккио играл в маленьком кукольном театре
an incident occurred that almost produced a revolution
Произошел инцидент, который едва не привел к революции
The curtain had gone up and the play had already begun
Занавес поднялся, и спектакль уже начался
Harlequin and Punch were quarrelling with each other
Арлекин и Панч ссорились друг с другом
every moment they were threatening to come to blows
каждую минуту они грозили дойти до драки
All at once Harlequin stopped and turned to the public
Внезапно Арлекин остановился и повернулся к публике
he pointed with his hand to someone far down in the pit
Он указал рукой на кого-то далеко внизу в яме
and he exclaimed in a dramatic tone
И он воскликнул драматическим тоном
"Gods of the firmament!"
«Боги небесного свода!»
"Do I dream or am I awake?"
«Мне снится сон или я бодрствую?»
"But, surely that is Pinocchio!"
— Но, конечно, это Пиноккио!

"It is indeed Pinocchio!" cried Punch
— Это действительно Пиноккио! — закричал Панч
And Rose peeped out from behind the scenes
А Роуз выглянула из-за кулис
"It is indeed himself!" screamed Rose
"Это действительно он сам!" - закричала Роуз
and all the puppets shouted in chorus
и все марионетки хором закричали
"It is Pinocchio! it is Pinocchio!"
«Это Пиноккио! это Пиноккио!»
and they leapt from all sides onto the stage
и они со всех сторон выскочили на сцену
"It is Pinocchio!" all the puppets exclaimed
«Это Пиноккио!» — воскликнули все марионетки
"It is our brother Pinocchio!"
«Это наш брат Пиноккио!»
"Long live Pinocchio!" they cheered together
«Да здравствует Пиноккио!» — закричали они вместе
"Pinocchio, come up here to me," cried Harlequin
— Пиноккио, подойди ко мне, — закричал Арлекин
"throw yourself into the arms of your wooden brothers!"
«Бросьтесь в объятия своих деревянных братьев!»
Pinocchio couldn't decline this affectionate invitation
Буратино не мог отказаться от этого ласкового приглашения
he leaped from the end of the pit into the reserved seats
Он прыгнул с конца ямы на зарезервированные места
another leap landed him on the head of the drummer
Еще один прыжок приземлил его на голову барабанщика
and he then sprang upon the stage
И тогда он выскочил на сцену
The embraces and the friendly pinches
Объятия и дружеские щипки
and the demonstrations of warm brotherly affection
и проявления теплой братской любви
Pinocchio reception from the puppets was beyond description

Прием Пиноккио от кукол был неописуемо
The sight was doubtless a moving one
Зрелище, несомненно, было трогательным
but the public in the pit had become impatient
Но публика в яме стала нетерпеливой
they began to shout, "we came to watch a play"
Они начали кричать: «Мы пришли посмотреть спектакль»
"go on with the play!" they demanded
«Продолжайте играть!» — требовали они
but the puppets didn't continue the recital
Но куклы не продолжили декламацию
the puppets doubled their noise and outcries
Куклы удвоили свой шум и крики
they put Pinocchio on their shoulders
они положили себе на плечи Буратино
and they carried him in triumph before the footlights
и они с триумфом несли его перед прожекторами
At that moment the ringmaster came out
В этот момент вышел шталмейстер
He was a big and ugly man
Он был большим и уродливым человеком
the sight of him was enough to frighten anyone
одного его вида было достаточно, чтобы напугать кого угодно
His beard was as black as ink and long
Его борода была черной, как чернила, и длинной
and his beard reached from his chin to the ground
и его борода доходила от подбородка до земли
and he trod upon his beard when he walked
и он наступал на бороду свою, когда шел
His mouth was as big as an oven
Его рот был большим, как печь
and his eyes were like two lanterns of burning red glass
и глаза его были как два фонаря из горящего красного стекла
He carried a large whip of twisted snakes and foxes' tails
Он нес большой кнут из скрученных змей и лисьих хвостов

and he cracked his whip constantly
и он постоянно щелкал кнутом
At his unexpected appearance there was a profound silence
При его неожиданном появлении воцарилась глубокая тишина
no one dared to even breathe
никто не смел даже дышать
A fly could have been heard in the stillness
В тишине можно было услышать муху
The poor puppets of both sexes trembled like leaves
Бедные куклы обоего пола дрожали, как листья
"have you come to raise a disturbance in my theatre?"
— Вы пришли устроить беспорядки в моем театре?
he had the gruff voice of a goblin
У него был грубый голос гоблина
a goblin suffering from a severe cold
гоблин, страдающий от сильной простуды
"Believe me, honoured sir, it it not my fault!"
— Поверьте мне, милостивый государь, это не моя вина!
"That is enough from you!" he blared
«С тебя довольно!» — закричал он
"Tonight we will settle our accounts"
«Сегодня вечером мы рассчитаемся»
soon the play was over and the guests left
Вскоре спектакль закончился, и гости разошлись
the ringmaster went into the kitchen
Шталмейстер пошел на кухню
a fine sheep was being prepared for his supper
Прекрасная овца готовилась к его ужину
it was turning slowly on the fire
Он медленно поворачивался на огне
there was not enough wood to finish roasting the lamb
Не хватало дров, чтобы закончить запекание ягненка
so he called for Harlequin and Punch
поэтому он позвал Арлекина и Панч
"Bring that puppet here," he ordered them
«Приведите сюда эту марионетку», — приказал он им

"you will find him hanging on a nail"
«Вы найдете его висящим на гвозде»
"It seems to me that he is made of very dry wood"
"Мне кажется, что он сделан из очень сухой древесины"
"I am sure he would make a beautiful blaze"
«Я уверен, что он мог бы разжечь прекрасное пламя»
At first Harlequin and Punch hesitated
Сначала Арлекин и Панч колебались
but they were appalled by a severe glance from their master
Но они были потрясены суровым взглядом своего хозяина
and they had no choice but to obey his wishes
и у них не было другого выбора, кроме как повиноваться его желаниям
In a short time they returned to the kitchen
Через короткое время они вернулись на кухню
this time they were carrying poor Pinocchio
на этот раз везли бедного Буратино
he was wriggling like an eel out of water
он извивался, как угорь из воды
and he was screaming desperately
И он отчаянно кричал
"Papa! papa! save me! I will not die!"
«Папа! папа! Спаси меня! Я не умру!»

The Fire-Eater Sneezes and Pardons Pinocchio
Пожиратель Огня чихает и прощает Буратино

The ringmaster looked like a wicked man
Шталмейстер выглядел как злой человек
and he was known by all as Fire-eater
и он был известен всем как Пожиратель Огня
his black beard covered his chest and legs
Черная борода прикрывала грудь и ноги
it was like he was wearing an apron
Как будто на нем был фартук
and this made him look especially wicked

И это делало его особенно злым
On the whole, however, he did not have a bad heart
В целом, однако, у него не было больного сердца
he saw poor Pinocchio brought before him
он видел, как к нему привели бедного Буратино
he saw the puppet struggling and screaming
Он видел, как кукла борется и кричит
"I will not die, I will not die!"
«Я не умру, я не умру!»
and he was quite moved by what he saw
И он был очень тронут увиденным
he felt very sorry for the helpless puppet
Ему было очень жаль беспомощную марионетку
he tried to hold his sympathies within himself
Он старался держать свои симпатии в себе
but after a little they all came out
но через некоторое время они все вышли
he could contain his sympathy no longer
он больше не мог сдерживать свое сочувствие
and he let out an enormous violent sneeze
И он сильно чихнул
up until that moment Harlequin had been worried
до этого момента Арлекин волновался
he had been bowing down like a weeping willow
Он кланялся, как плакучая ива
but when he heard the sneeze he became cheerful
но когда он услышал чихание, он оживился
he leaned towards Pinocchio and whispered;
он наклонился к Пиноккио и прошептал:
"Good news, brother, the ringmaster has sneezed"
«Хорошая новость, брат, шталмейстер чихнул»
"that is a sign that he pities you"
«Это знак того, что Он жалеет вас»
"and if he pities you, then you are saved"
"И если Он вас пожалеет, то вы спасены"
most men weep when they feel compassion
Большинство мужчин плачут, когда испытывают

сострадание
or at least they pretend to dry their eyes
Или хотя бы делают вид, что сушат глаза
Fire-Eater, however, had a different habit
У Пожирателя Огня, однако, была другая привычка
when moved by emotion his nose would tickle him
Когда его трогали эмоции, его нос щекотал его
the ringmaster didn't stop acting the ruffian
Шталмейстер не переставал играть в хулигана
"are you quite done with all your crying?"
— Ты совсем устал от своего плача?
"my stomach hurts from your lamentations"
«У меня болит живот от твоих причитаний»
"I feel a spasm that almost..."
«Я чувствую спазм, который почти...»
and the ringmaster let out another loud sneeze
И шталмейстер снова громко чихнул
"Bless you!" said Pinocchio, quite cheerfully
— Благослови вас, — весело сказал Пиноккио
"Thank you! And your papa and your mamma?"
«Спасибо! А твой папа и твоя мама?
"are they still alive?" asked Fire-Eater
"Они еще живы?" - спросил Пожиратель Огня
"My papa is still alive and well," said Pinocchio
«Мой папа все еще жив и здоров», — сказал Пиноккио
"but my mamma I have never known," he added
— Но маму я никогда не знал, — добавил он
"good thing I did not have you thrown on the fire"
«Хорошо, что я не бросил тебя в огонь»
"your father would have lost all who he still had"
«Твой отец потерял бы все, что у него осталось»
"Poor old man! I pity him!"
«Бедный старик! Мне его жаль!
"Etchoo! etchoo! etchoo!" Fire-eater sneezed
«Этчу! Etchoo! Чу!» Пожиратель огня чихнул
and he sneezed again three times
и он снова трижды чихнул

"Bless you," said Pinocchio each time
«Благослови вас», — каждый раз говорил Пиноккио
"Thank you! Some compassion is due to me"
«Спасибо! Я должен проявить некоторое сострадание»
"as you can see I have no more wood"
"Как видишь, у меня больше нет дров"
"so I will struggle to finish roasting my mutton"
«Так что мне будет трудно закончить жарить баранину»
"you would have been of great use to me!"
— Вы были бы мне очень полезны!
"However, I have had pity on you"
«Однако я сжалился над тобой»
"so I must have patience with you"
«Поэтому я должен быть терпелив с вами»
"Instead of you I will burn another puppet"
"Вместо тебя я сожгу другую марионетку"
At this call two wooden gendarmes immediately appeared
На этот зов немедленно появились два деревянных жандарма
They were very long and very thin puppets
Это были очень длинные и очень тонкие куклы
and they had wonky hats on their heads
И на головах у них были неуклюжие шляпы
and they held unsheathed swords in their hands
и они держали в руках обнаженные мечи
The ringmaster said to them in a hoarse voice:
Шталмейстер сказал им хриплым голосом:
"Take Harlequin and bind him securely"
«Возьми Арлекина и крепко свяжи его»
"and then throw him on the fire to burn"
"а потом бросить его в огонь сжечь"
"I am determined that my mutton shall be well roasted"
«Я твердо решил, что моя баранина будет хорошо прожарена»
imagine how poor Harlequin must have felt!
Представьте себе, как должен был чувствовать себя бедный Арлекин!

His terror was so great that his legs bent under him
Его ужас был настолько велик, что ноги подогнулись под него
and he fell with his face on the ground
и он упал лицом на землю
Pinocchio was agonized by what he was seeing
Пиноккио был мучительно от того, что он видел
he threw himself at the ringmaster's feet
Он бросился к ногам шталмейстера
he bathed his long beard with his tears
он омывал свою длинную бороду своими слезами
and he tried to beg for Harlequin's life
и он пытался умолять Арлекина сохранить ему жизнь
"Have pity, Sir Fire-Eater!" Pinocchio begged
— Сжальтесь, сэр Пожиратель Огня! Буратино умолял
"Here there are no sirs," the ringmaster answered severely
— Здесь нет сэров, — строго ответил шталмейстер
"Have pity, Sir Knight!" Pinocchio tried
- Сжальтесь, сэр рыцарь! Буратино постарался
"Here there are no knights!" the ringmaster answered
«Здесь нет рыцарей!» — ответил шталмейстер
"Have pity, Commander!" Pinocchio tried
— Сжальтесь, командир! Буратино постарался
"Here there are no commanders!"
«Здесь нет командиров!»
"Have pity, Excellence!" Pinocchio pleaded
«Сжальтесь, ваше совершенство!» — взмолился Пиноккио
Fire-eater quite liked what he had just heard
Пожирателю огня очень понравилось то, что он только что услышал
Excellence was something he did aspire to
Совершенство было тем, к чему он стремился
and the ringmaster began to smile again
И шталмейстер снова начал улыбаться
and he became at once kinder and more tractable
и он сразу стал добрее и сговорчивее
Turning to Pinocchio, he asked:

Повернувшись к Буратино, он спросил:
"Well, what do you want from me?"
— Ну, что ты хочешь от меня?
"I implore you to pardon poor Harlequin"
«Я умоляю вас простить бедного Арлекина»
"For him there can be no pardon"
«Для него не может быть прощения»
"I have spared you, if you remember"
«Я пощадил тебя, если ты помнишь»
"so he must be put on the fire"
«Так его надо предать огню»
"I am determined that my mutton shall be well roasted"
«Я твердо решил, что моя баранина будет хорошо прожарена»
Pinocchio stood up proudly to the ringmaster
Буратино гордо встал перед шталмейстером
and he threw away his cap of bread crumb
И он выбросил свою шапку с хлебным мякишем
"In that case I know my duty"
«В таком случае я знаю свой долг»
"Come on, gendarmes!" he called the soldiers
«Вперед, жандармы!» — крикнул он солдатам
"Bind me and throw me amongst the flames"
«Свяжи меня и брось в пламя»
"it would not be just for Harlequin to die for me!"
— Было бы несправедливо, если бы Арлекин умер за меня!
"he has been a true friend to me"
«Он был для меня настоящим другом»
Pinocchio had spoken in a loud, heroic voice
Пиноккио говорил громким, героическим голосом
and his heroic actions made all the puppets cry
И его героические поступки заставили плакать всех марионеток
Even though the gendarmes were made of wood
Даже несмотря на то, что жандармы были деревянными
they wept like two newly born lambs
они плакали, как два новорожденных агнца

Fire-eater at first remained as hard and unmoved as ice
Пожиратель огня поначалу оставался твердым и неподвижным, как лед
but little by little he began to melt and sneeze
Но понемногу он начал таять и чихать
he sneezed again four or five times
Он чихнул еще раз четыре или пять раз
and he opened his arms affectionately
и он ласково раскрыл свои объятия
"You are a good and brave boy!" he praised Pinocchio
«Ты хороший и храбрый мальчик!» — похвалил он Пиноккио
"Come here and give me a kiss"
«Подойди сюда и поцелуй меня»
Pinocchio ran to the ringmaster at once
Буратино тут же побежал к шталмейстеру
he climbed up the ringmaster's beard like a squirrel
Он взобрался на бороду шталмейстера, как белка
and he deposited a hearty kiss on the point of his nose
И он от души поцеловал его в нос
"Then the pardon is granted?" asked poor Harlequin
"Значит, помилование даровано?" - спросил бедный Арлекин
in a faint voice that was scarcely audible
слабым голосом, который был едва слышен
"The pardon is granted!" answered Fire-Eater
"Прощение даровано!" - ответил Пожиратель Огня
he then added, sighing and shaking his head:
Затем он добавил, вздохнув и покачав головой:
"I must have patience with my puppets!"
«Я должен быть терпелив со своими куклами!»
"Tonight I shall have to eat the mutton half raw;"
— Сегодня вечером мне придется съесть баранину наполовину сырой;
"but another time, woe to him who displeases me!"
— Но в другой раз, горе тому, кто мне неугоден!
At the news of the pardon the puppets all ran to the stage

При известии о помиловании все куклы выбежали на сцену
they lit all the lamps and chandeliers of the show
Они зажгли все лампы и люстры шоу
it was as if there was a full-dress performance
Это было похоже на парадное представление
they began to leap and to dance merrily
Они начали прыгать и весело танцевать
when dawn had come they were still dancing
Когда наступил рассвет, они все еще танцевали

Pinocchio Receives Five Gold Pieces
Пиноккио получает пять золотых монет

The following day Fire-eater called Pinocchio over
На следующий день Пожиратель Огня позвал Буратино к себе
"What is your father's name?" he asked Pinocchio
«Как зовут твоего отца?» — спросил он Пиноккио
"My father is called Geppetto," Pinocchio answered
— Моего отца зовут Джеппетто, — ответил Пиноккио

"And what trade does he follow?" asked Fire-eater
"А каким ремеслом он занимается?" - спросил Пожиратель Огня
"He has no trade, he is a beggar"
«У него нет торговли, он нищий»
"Does he earn much?" asked Fire-eater
"Много ли он зарабатывает?" - спросил Пожиратель Огня
"No, he has never a penny in his pocket"
«Нет, у него никогда не бывает ни копейки в кармане»
"once he bought me a spelling-book"
«Однажды он купил мне учебник по правописанию»
"but he had to sell the only jacket he had"
«Но ему пришлось продать единственную куртку, которая у него была»
"Poor devil! I feel almost sorry for him!"
— Бедный дьявол! Мне его почти жаль!
"Here are five gold pieces for him"
«Вот ему пять золотых»
"Go at once and take the gold to him"
«Иди сейчас же и отнеси ему золото»
Pinocchio was overjoyed by the present
Буратино был вне себя от радости от подарка
he thanked the ringmaster a thousand times
Он тысячу раз поблагодарил шталмейстера
He embraced all the puppets of the company
Он обнял всех кукол компании
he even embraced the troop of gendarmes
Он даже обнял отряд жандармов
and then he set out to return straight home
А затем он отправился прямо домой
But Pinocchio didn't get very far
Но Буратино далеко не ушел
on the road he met a Fox with a lame foot
По дороге он встретил Лису с хромой ногой
and he met a Cat blind in both eyes
и он встретил Кошку слепую в обоих глазах
they were going along helping each other

они шли вместе, помогая друг другу
they were good companions in their misfortune
они были хорошими товарищами в их несчастье
The Fox, who was lame, walked leaning on the Cat
Лиса, которая хромала, шла, опираясь на Кота
and the Cat, who was blind, was guided by the Fox
а Кошку, которая была слепой, вела Лиса
the Fox greeted Pinocchio very politely
Лиса очень вежливо поздоровалась с Буратино
"Good-day, Pinocchio," said the Fox
— Добрый день, Пиноккио, — сказала Лиса
"How do you come to know my name?" asked the puppet
«Откуда ты узнал мое имя?» — спросила кукла
"I know your father well," said the fox
— Я хорошо знаю твоего отца, — сказала лиса
"Where did you see him?" asked Pinocchio
"Где ты его видел?" - спросил Пиноккио
"I saw him yesterday, at the door of his house"
«Я видел его вчера, у дверей его дома»
"And what was he doing?" asked Pinocchio
"И что он делал?" - спросил Пиноккио
"He was in his shirt and shivering with cold"
«Он был в рубашке и дрожал от холода»
"Poor papa! But his suffering is over now"
— Бедный папа! Но теперь его страдания закончились»
"in the future he shall shiver no more!"
«В будущем он уже не будет дрожать!»
"Why will he shiver no more?" asked the fox
"Почему он больше не будет дрожать?" - спросила лиса
"Because I have become a gentleman" replied Pinocchio
«Потому что я стал джентльменом», — ответил Пиноккио
"A gentleman—you!" said the Fox
— Джентльмен — ты, — сказала Лиса
and he began to laugh rudely and scornfully
И он начал грубо и пренебрежительно смеяться
The Cat also began to laugh with the fox
Кот тоже стал смеяться вместе с лисой

but she did better at concealing her laughter
но ей удавалось лучше скрывать свой смех
and she combed her whiskers with her forepaws
и она расчесывала усы передними лапами
"There is little to laugh at," cried Pinocchio angrily
— Тут не над чем смеяться, — сердито воскликнул Пиноккио
"I am really sorry to make your mouth water"
«Мне очень жаль, что у тебя слюнки потекли»
"if you know anything then you know what these are"
«Если вы что-то знаете, то вы знаете, что это такое»
"you can see that they are five pieces of gold"
«Вы можете видеть, что это пять золотых монет»
And he pulled out the money that Fire-eater had given him
И он вытащил деньги, которые дал ему Пожиратель Огня
for a moment the fox and the cat did a strange thing
На мгновение лиса и кошка сделали странную вещь
the jingling of the money really got their attention
Звон денег действительно привлек их внимание
the Fox stretched out the paw that seemed crippled
Лиса протянула лапу, которая казалась искалеченной
and the Cat opened wide her two eyes
и Кошка широко раскрыла свои глаза
her eyes looked like two green lanterns
Ее глаза были похожи на два зеленых фонаря

it is true that she shut her eyes again
Правда, она снова закрыла глаза
she was so quick that Pinocchio didn't notice
она была так быстра, что Пиноккио этого не заметил
the Fox was very curious about what he had seen
Лису было очень любопытно узнать о том, что он увидел
"what are you going to do with all that money?"
«Что ты собираешься делать со всеми этими деньгами?»
Pinocchio was all too proud to tell them his plans
Пиноккио был слишком горд, чтобы рассказать им о своих планах
"First of all, I intend to buy a new jacket for my papa"
«Прежде всего, я намерена купить новую куртку для своего папы»
"the jacket will be made of gold and silver"
"Куртка будет сделана из золота и серебра"
"and the coat will come with diamond buttons"
"А пальто будет с бриллиантовыми пуговицами"
"and then I will buy a spelling-book for myself"
"А потом я куплю себе учебник по правописанию"
"You will buy a spelling book for yourself?"
— Ты купишь себе учебник по правописанию?
"Yes indeed, for I wish to study in earnest"
«Да, действительно, потому что я хочу учиться всерьез»
"Look at me!" said the Fox
"Посмотри на меня!" - сказала Лиса
"Through my foolish passion for study I have lost a leg"
«Из-за моей глупой страсти к учебе я потерял ногу»
"Look at me!" said the Cat
"Посмотри на меня!" - сказал Кот
"Through my foolish passion for study I have lost my eyes"
«Из-за моей глупой страсти к учебе я потерял глаза»
At that moment a white Blackbird began his usual song
В этот момент белый черный дрозд начал свою обычную песню
"Pinocchio, don't listen to the advice of bad companions"
«Буратино, не слушай советов плохих товарищей»

"if you listen to their advice you will repent it!"

«Если ты будешь слушать их советы, ты раскаешься в этом!»

Poor Blackbird! If only he had not spoken!

Бедный Черный Дрозд! Если бы только он не говорил!

The Cat, with a great leap, sprang upon him

Кот с большим прыжком прыгнул на него

she didn't even give him time to say "Oh!"

она даже не дала ему времени, чтобы сказать: «О!».

she ate him in one mouthful, feathers and all

Она съела его в один глоток, перья и все остальное

Having eaten him, she cleaned her mouth

Съев его, она убрала рот

and then she shut her eyes again

А потом снова закрыла глаза

and she feigned blindness just as before

И она притворялась слепой, как и раньше

"Poor Blackbird!" said Pinocchio to the Cat

"Бедный Черный Дрозд!" - сказал Пиноккио Коту

"why did you treat him so badly?"

— Почему ты так плохо с ним обращался?

"I did it to give him a lesson"

«Я сделал это, чтобы преподать ему урок»

"He will learn not to meddle in other people's affairs"

«Он научится не лезть в чужие дела»

by now they had gone almost half-way home

К этому времени они прошли почти половину пути домой

the Fox, halted suddenly, and spoke to the puppet

Лиса внезапно остановилась и заговорила с куклой

"Would you like to double your money?"

«Хотели бы вы удвоить свои деньги?»

"In what way could I double my money?"

«Каким образом я могу удвоить свои деньги?»

"Would you like to multiply your five miserable coins?"

— Хочешь приумножить свои пять жалких монет?

"I would like that very much! but how?"

«Мне бы очень хотелось! Но как?»
"The way to do it is easy enough"
«Сделать это достаточно просто»
"Instead of returning home you must go with us"
«Вместо того, чтобы возвращаться домой, ты должен поехать с нами»
"And where do you wish to take me?"
— И куда вы хотите меня отвезти?
"We will take you to the land of the Owls"
«Мы заберем вас в страну Сов»
Pinocchio reflected a moment to think
Буратино задумался на мгновение
and then he said resolutely "No, I will not go"
и тогда он решительно сказал: «Нет, я не пойду»
"I am already close to the house"
«Я уже близко к дому»
"and I will return home to my papa"
"и я вернусь домой к своему папе"
"he has been waiting for me in the cold"
«Он ждал меня на холоде»
"all day yesterday I did not come back to him"
«Весь вчерашний день я к нему не возвращалась»
"Who can tell how many times he sighed!"
«Кто знает, сколько раз он вздыхал!»
"I have indeed been a bad son"
«Я действительно был плохим сыном»
"and the talking little cricket was right"
«И говорящий маленький сверчок был прав»
"Disobedient boys never come to any good"
«Непослушные мальчишки никогда не приходят ни к чему хорошему»
"what the talking little cricket said is true"
«То, что сказал говорящий маленький сверчок, правда»
"many misfortunes have happened to me"
«Много несчастий случилось со мной»
"Even yesterday in fire-eater's house I took a risk"
"Еще вчера в доме Пожирателя Огня я рискнул"

"Oh! it makes me shudder to think of it!"
— О! Я содрогаюсь при мысли об этом!
"Well, then," said the Fox, "you've decided to go home?"
— Ну, значит, — сказала Лиса, — ты решил вернуться домой?
"Go, then, and so much the worse for you"
«Тогда иди, и тем хуже для тебя»
"So much the worse for you!" repeated the Cat
"Тем хуже для тебя!" - повторил Кот
"Think well of it, Pinocchio," they advised him
— Подумай хорошенько, Пиноккио, — посоветовали они ему
"because you are giving a kick to fortune"
«Потому что ты даешь пинка фортуне»
"a kick to fortune!" repeated the Cat
"Удар фортуны!" - повторил Кот
"all it would have taken would have been a day"
«На это ушел бы всего один день»
"by tomorrow your five coins could have multiplied"
«К завтрашнему дню ваши пять монет могут приумножиться»
"your five coins could have become two thousand"
«Ваши пять монет могли превратиться в две тысячи»
"Two thousand sovereigns!" repeated the Cat
"Две тысячи соверенов!" - повторил Кот
"But how is it possible?" asked Pinocchio
«Но как же это возможно?» — спросил Пиноккио
and he remained with his mouth open from astonishment
и он остался с открытым ртом от изумления
"I will explain it to you at once," said the Fox
— Я тебе сейчас же объясню, — сказала Лиса
"in the land of the Owls there is a sacred field"
"в стране Сов есть священное поле"
"everybody calls it the field of miracles"
«Все называют его полем чудес»
"In this field you must dig a little hole"
«На этом поле ты должен выкопать маленькую яму»

"and you must put a gold coin into the hole"
«И ты должен положить в отверстие золотую монету»
"then you cover up the hole with a little earth"
"Затем вы засыпаете отверстие небольшим количеством земли"
"you must get water from the fountain nearby"
«Вы должны набрать воды из фонтана неподалеку»
"you must water they hole with two pails of water"
«Ты должен напоить их яму двумя ведрами воды»
"then sprinkle the hole with two pinches of salt"
"затем посыпьте лунку двумя щепотками соли"
"and when night comes you can go quietly to bed"
"А когда наступит ночь, ты можешь спокойно лечь спать"
"during the night the miracle will happen"
"Ночью произойдет чудо"
"the gold pieces you planted will grow and flower"
«Золотые монеты, которые вы посадили, будут расти и цвести»
"and what do you think you will find in the morning?"
— И что, по-вашему, вы найдете утром?
"You will find a beautiful tree where you planted it"
«Вы найдете красивое дерево там, где вы его посадили»
"they tree will be laden with gold coins"
«Их дерево будет нагружено золотыми монетами»
Pinocchio grew more and more bewildered
Пиноккио становился все более и более сбитым с толку
"let's suppose I bury my five coins in that field"
«Допустим, я закопаю свои пять монет в этом поле»
"how many coins might I find the following morning?"
«Сколько монет я смогу найти на следующее утро?»
"That is an exceedingly easy calculation," replied the Fox
— Это чрезвычайно легкий расчет, — ответил Лис
"a calculation you can make with your hands"
"Расчет, который можно сделать своими руками"
"Every coin will give you an increase of five-hundred"
"Каждая монета даст вам прибавку в пятьсот"
"multiply five hundred by five and you have your answer"

«Умножьте пятьсот на пять, и вы получите свой ответ»
"you will find two-thousand-five-hundred shining gold pieces"
«Вы найдете две тысячи пятьсот сияющих золотых монет»
"Oh! how delightful!" cried Pinocchio, dancing for joy
— О! Как восхитительно!» — воскликнул Пиноккио, пританцовывая от радости
"I will keep two thousand for myself"
«Две тысячи я оставлю себе»
"and the other five hundred I will give you two"
"а остальные пятьсот я дам вам два"
"A present to us?" cried the Fox with indignation
"Подарок нам?" - воскликнула Лиса с негодованием
and he almost appeared offended at the offer
И он почти выглядел оскорбленным этим предложением
"What are you dreaming of?" asked the Fox
"О чем ты мечтаешь?" - спросила Лиса
"What are you dreaming of?" repeated the Cat
"О чем ты мечтаешь?" - повторил Кот
"We do not work to accumulate interest"
«Мы не работаем на накопление процентов»
"we work solely to enrich others"
«Мы работаем исключительно для того, чтобы обогащать других»
"to enrich others!" repeated the Cat
"Обогащать других!" - повторил Кот
"What good people!" thought Pinocchio to himself
«Какие хорошие люди!» — подумал про себя Пиноккио
and he forgot all about his papa and the new jacket
И он совсем забыл о своем папе и новом пиджаке
and he forgot about the spelling-book
и он забыл про учебник по орфографии
and he forgot all of his good resolutions
и он забыл все свои добрые обещания
"Let us be off at once" he suggested
— Давай сейчас же уйдем, — предложил он
"I will go with you two to the field of Owls"

"Я пойду с вами вдвоем на поле Сов"

The Inn of the Red Craw-Fish
Постоялый двор красных раков

They walked, and walked, and walked
Они шли, шли и шли
all tired out, they finally arrived at an inn
Все уставшие, они наконец прибыли в гостиницу
The Inn of The Red Craw-Fish
Постоялый двор «Красный рак»
"Let us stop here a little," said the Fox
— Давай остановимся здесь, — сказала Лиса
"we should have something to eat," he added
«У нас должно быть что-нибудь поесть», — добавил он
"we need to rest ourselves for an hour or two"
«Нам нужно отдохнуть часок-другой»
"and then we will start again at midnight"
"А потом мы снова начнем в полночь"
"we'll arrive at the Field of Miracles in the morning"
"мы прибудем на Поле Чудес утром"
Pinocchio was also tired from all the walking
Буратино тоже устал от всей этой прогулки
so he was easily convinced to go into the inn
Поэтому его легко убедить пойти в гостиницу
all three of them sat down at a table
Все трое сели за стол
but none of them really had any appetite
Но ни у кого из них на самом деле не было аппетита

The Cat was suffering from indigestion
Кот страдал от несварения желудка
and she was feeling seriously indisposed
и она чувствовала себя серьезно нездоровой
she could only eat thirty-five fish with tomato sauce
Она могла съесть только тридцать пять рыб с томатным соусом
and she had just four portions of noodles with Parmesan
и у нее было всего четыре порции лапши с пармезаном
but she thought the noodles weres not seasoned enough
Но она считала, что лапша была недостаточно приправленной
so she asked three times for the butter and grated cheese!
Поэтому она трижды попросила масло и тертый сыр!
The Fox could also have gone without eating
Лиса тоже могла обойтись без еды
but his doctor had ordered him a strict diet
Но его врач прописал ему строгую диету
so he was forced to content himself simply with a hare
Поэтому он был вынужден довольствоваться просто

зайцем
the hare was dressed with a sweet and sour sauce
Зайца заправляли кисло-сладким соусом
it was garnished lightly with fat chickens
Его слегка украшали жирными цыплятами
then he ordered a dish of partridges and rabbits
Затем он заказал блюдо из куропаток и кроликов
and he also ate some frogs, lizards and other delicacies
А еще он ел немного лягушек, ящериц и других деликатесов
he really could not eat anything else
Ничего другого он действительно не мог есть
He cared very little for food, he said
По его словам, он очень мало заботился о еде
and he said he struggled to put it to his lips
И он сказал, что изо всех сил пытался поднести это к своим губам
The one who ate the least was Pinocchio
Меньше всех ел Буратино
He asked for some walnuts and a hunch of bread
Он попросил немного грецких орехов и кусок хлеба
and he left everything on his plate
И он оставил все себе на тарелке
The poor boy's thoughts were not with the food
Бедный мальчик думал не о еде
he continually fixed his thoughts on the Field of Miracles
он постоянно устремлял свои мысли на Поле Чудес
When they had supped, the Fox spoke to the host
Когда они поужинали, Лиса заговорила с хозяином
"Give us two good rooms, dear inn-keeper"
«Дайте нам две хорошие комнаты, дорогой хозяин гостиницы»
"please provide us one room for Mr. Pinocchio"
«Пожалуйста, предоставьте нам одну комнату для мистера Пиноккио»
"and I will share the other room with my companion"
"А я буду делить другую комнату с моим спутником"

"We will snatch a little sleep before we leave"
«Мы немного поспим перед отъездом»
"Remember, however, that we wish to leave at midnight"
«Помните, однако, что мы хотим уйти в полночь»
"so please call us, to continue our journey"
"Поэтому, пожалуйста, позвоните нам, чтобы продолжить наше путешествие"
"Yes, gentlemen," answered the host
— Да, джентльмены, — ответил хозяин
and he winked at the Fox and the Cat
и он подмигнул Лисе и Коту
it was as if he said "I know what you are up to"
он как бы сказал: «Я знаю, что ты замышляешь»
the wink seemed to say, "we understand one another!"
Подмигивание, казалось, говорило: «Мы понимаем друг друга!»
Pinocchio was very tired from the day
Буратино очень устал за день
he fell asleep as soon as he got into his bed
Он засыпал, как только ложился в свою кровать
and as soon as he started sleeping he started to dream
и как только он начинал засыпать, ему начинались сниться сны
he dreamed that he was in the middle of a field
Ему приснилось, что он находится посреди поля
the field was full of shrubs as far as the eye could see
Насколько хватало глаз, поле было заросло кустарником
the shrubs were covered with clusters of gold coins
кусты были покрыты гроздьями золотых монет
the gold coins swung in the wind and rattled
Золотые монеты развевались на ветру и гремели
and they made a sound like, "tzinn, tzinn, tzinn"
И они издали звук вроде: «Цинн, Цинн, Цинн»
they sounded as if they were speaking to Pinocchio
они звучали так, как будто разговаривали с Пиноккио
"Let who whoever wants to come and take us"
«Пусть кто хочет придет и возьмет нас»

Pinocchio was just about to stretch out his hand
Пиноккио как раз собирался протянуть руку
he was going to pick handfuls of those beautiful gold pieces
Он собирался сорвать горсти этих прекрасных золотых монет
and he almost was able to put them in his pocket
и он почти смог положить их в карман
but he was suddenly awakened by three knocks on the door
Но внезапно его разбудили три стука в дверь
It was the host who had come to wake him up
Это был хозяин, который пришел, чтобы разбудить его
"I have come to let you know it's midnight"
«Я пришел, чтобы сообщить вам, что сейчас полночь»
"Are my companions ready?" asked the puppet
"Готовы ли мои спутники?" - спросила кукла
"Ready! Why, they left two hours ago"
«Готов! Ведь они ушли два часа назад»
"Why were they in such a hurry?"
— Почему они так спешили?
"Because the Cat had received a message"
«Потому что Кот получил сообщение»
"she got news that her eldest kitten was ill"
«Она получила известие, что ее старший котенок заболел»
"Did they pay for the supper?"
— Они заплатили за ужин?
"What are you thinking of?"
— О чем ты думаешь?
"They are too well educated to dream of insulting you"
«Они слишком хорошо образованы, чтобы мечтать об оскорблении вас»
"a gentleman like you would not let his friends pay"
«Такой джентльмен, как вы, не позволил бы своим друзьям платить»
"What a pity!" thought Pinocchio
«Какая жалость!» — подумал Буратино
"such an insult would have given me much pleasure!"
— Такое оскорбление доставило бы мне большое

удовольствие!

"And where did my friends say they would wait for me?"
«И откуда мои друзья сказали, что будут ждать меня?»

"At the Field of Miracles, tomorrow morning at daybreak"
"На Поле Чудес, завтра утром на рассвете"

Pinocchio paid a coin for the supper of his companions
Пиноккио заплатил монету за ужин своих спутников

and then he left for the field of Miracles
и тогда он ушел на ниву Чудес

Outside the inn it was almost pitch black
Снаружи постоялого двора было почти темно как смоль

Pinocchio could only make progress by groping his way
Пиноккио мог добиться прогресса, только нащупывая себе путь

it was impossible to see his hand's in front of him
Невозможно было разглядеть его руки перед собой

Some night-birds flew across the road
Через дорогу перелетели какие-то ночные птицы

they brushed Pinocchio's nose with their wings
они крыльями коснулись носа Буратино

it caused him a terrible fright
Это вызвало у него страшный страх

springing back, he shouted: "who goes there?"
Отскочив назад, он закричал: «Кто туда идет?»

and the echo in the hills repeated in the distance
и эхо в холмах повторялось вдалеке

"Who goes there?" - "Who goes there?" - "Who goes there?"
"Кто туда идет?" - "Кто туда идет?" - "Кто туда идет?"

on the trunk of the tree he saw a little light
На стволе дерева он увидел небольшой огонек

it was a little insect he saw shining dimly
Это было маленькое насекомое, которое он видел тускло сияющим

like a night-light in a lamp of transparent china
Как ночник в лампе из прозрачного фарфора

"Who are you?" asked Pinocchio
"Кто ты?" - спросил Пиноккио

the insect answered in a low voice;
Насекомое ответило тихим голосом;
"I am the ghost of the talking little cricket"
«Я призрак говорящего маленького сверчка»
the voice was fainter than can be described
голос был слабее, чем можно описать
the voice seemed to come from the other world
Голос словно доносился из потустороннего мира
"What do you want with me?" said the puppet
"Что ты хочешь от меня?" - спросила кукла
"I want to give you some advice"
«Я хочу дать вам несколько советов»
"Go back and take the four coins that you have left"
«Вернись и возьми четыре монеты, которые у тебя остались»
"take your coins to your poor father"
«Отнеси свои монеты бедному отцу»
"he is weeping and in despair at home"
«Он плачет и пребывает в отчаянии дома»
"because you have not returned to him"
«Потому что ты к нему не вернулась»
but Pinocchio had already thought of this
но Буратино уже додумался до этого
"By tomorrow my papa will be a gentleman"
«К завтрашнему дню мой папа будет джентльменом»
"these four coins will become two thousand"
«Эти четыре монеты станут двумя тысячами»
"Don't trust those who promise to make you rich in a day"
«Не доверяй тем, кто обещает сделать тебя богатым за один день»
"Usually they are either mad or rogues!"
«Обычно они либо сумасшедшие, либо мошенники!»
"Give ear to me, and go back, my boy"
«Выслушай меня и возвращайся, мой мальчик»
"On the contrary, I am determined to go on"
«Напротив, я полон решимости идти дальше»
"The hour is late!" said the cricket

«Час поздний!» — сказал сверчок
"I am determined to go on"
«Я полон решимости идти дальше»
"The night is dark!" said the cricket
"Ночь темная!" - сказал сверчок
"I am determined to go on"
«Я полон решимости идти дальше»
"The road is dangerous!" said the cricket
«Дорога опасна!» — сказал сверчок
"I am determined to go on"
«Я полон решимости идти дальше»
"boys are bent on following their wishes"
«Мальчики стремятся следовать своим желаниям»
"but remember, sooner or later they repent it"
"Но помните, рано или поздно они раскаиваются в этом"
"Always the same stories. Good-night, little cricket"
«Всегда одни и те же истории. Спокойной ночи, маленький сверчок!
The Cricket wished Pinocchio a good night too
Крикет тоже пожелал Пиноккио спокойной ночи
"may Heaven preserve you from dangers and assassins"
«Да хранит вас Небеса от опасностей и убийц»
then the talking little cricket vanished suddenly
Затем говорящий маленький сверчок внезапно исчез
like a light that has been blown out
как погасший свет
and the road became darker than ever
И дорога стала темнее, чем когда-либо

Pinocchio Falls into the Hands of the Assassins
Пиноккио попадает в руки ассасинов

Pinocchio resumed his journey and spoke to himself
Пиноккио продолжил свой путь и заговорил сам с собой
"how unfortunate we poor boys are"
«Как несчастны мы, бедные мальчики»

"Everybody scolds us and gives us good advice"
«Нас все ругают и дают дельные советы»
"but I don't choose to listen to that tiresome little cricket"
— Но я не хочу слушать этого надоедливого маленького сверчка.
"who knows how many misfortunes are to happen to me!"
«Кто знает, сколько несчастий со мной случится!»
"I haven't even met any assassins yet!"
«Я еще даже не встречал ни одного убийцы!»
"That is, however, of little consequence"
«Это, однако, не имеет большого значения»
"for I don't believe in assassins"
"Ибо я не верю в убийц"
"I have never believed in assassins"
«Я никогда не верил в убийц»
"I think that assassins have been invented purposely"
«Я думаю, что убийцы были придуманы специально»
"papas use them to frighten little boys"
«Папы используют их, чтобы напугать маленьких мальчиков»
"and then little boys are scared of going out at night"
«А потом маленькие мальчики боятся выходить на улицу по ночам»
"Anyway, let's suppose I was to come across assassins"
«В любом случае, предположим, что я столкнусь с убийцами»
"do you imagine they would frighten me?"
— Ты думаешь, они меня напугают?
"they would not frighten me in the least"
«Они меня нисколько не испугают»
"I will go to meet them and call to them"
«Я пойду им навстречу и позову их»
'Gentlemen assassins, what do you want with me?'
— Господа убийцы, что вам от меня нужно?
'Remember that with me there is no joking'
«Помни, что со мной нет шуток»
'Therefore, go about your business and be quiet!'

— Поэтому занимайся своими делами и молчи!
"At this speech they would run away like the wind"
«При этой речи они убежали бы, как ветер»
"it could be that they are badly educated assassins"
«Может быть, они плохо образованные убийцы»
"then the assassins might not run away"
«Тогда убийцы могут не убежать»
"but even that isn't a great problem"
«Но даже это не большая проблема»
"then I would just run away myself"
"тогда я бы просто убежал сам"
"and that would be the end of that"
«И на этом все закончится»
But Pinocchio had no time to finish his reasoning
Но у Буратино не было времени закончить свои рассуждения
he thought that he heard a slight rustle of leaves
Ему показалось, что он слышит легкий шелест листьев
He turned to look where the noise had come from
Он обернулся, чтобы посмотреть, откуда доносился шум
and he saw in the gloom two evil-looking black figures
и он увидел во мраке две зловещие черные фигуры
they were completely enveloped in charcoal sacks
Они были полностью завернуты в мешки с углем
They were running after him on their tiptoes
Они бежали за ним на цыпочках
and they were making great leaps like two phantoms
И они делали огромные прыжки, как два фантома
"Here they are in reality!" he said to himself
«Вот они на самом деле!» — сказал он себе
he didn't have anywhere to hide his gold pieces
Ему некуда было спрятать свои золотые монеты
so he put them in his mouth, under his tongue
Поэтому он положил их ему в рот, под язык
Then he turned his attention to escaping
Затем он обратил свое внимание на побег
But he did not manage to get very far

Но далеко ему не удалось уйти
he felt himself seized by the arm
Он почувствовал, как его схватили за руку

and he heard two horrid voices threatening him
и он услышал два ужасных голоса, угрожающих ему
"Your money or your life!" they threatened
«Ваши деньги или ваша жизнь!» — угрожали они
Pinocchio was not able to answer in words
Буратино так и не смог ответить словами
because he had put his money in his mouth
потому что он вложил свои деньги в рот
so he made a thousand low bows
Поэтому он сделал тысячу низких поклонов
and he offered a thousand pantomimes
и он предложил тысячу пантомим.
He tried to make the two figures understand
Он попытался объяснить этим двум фигурам
he was just a poor puppet without any money
Он был просто бедной марионеткой без денег
he had not as much as a nickel in his pocket

В кармане у него не было ни копейки
but the two robbers were not convinced
Но двух грабителей это не убедило
"Less nonsense and out with the money!"
«Поменьше ерунды и долой деньги!»
And the puppet made a gesture with his hands
И кукла сделала жест руками
he pretended to turn his pockets inside out
Он сделал вид, что выворачивает карманы наизнанку
Of course Pinocchio didn't have any pockets
Конечно, у Буратино не было никаких карманов
but he was trying to signify, "I have no money"
но он пытался показать: «У меня нет денег»
slowly the robbers were losing their patience
Постепенно разбойники теряли терпение
"Deliver up your money or you are dead," said the taller one
«Отдай свои деньги, или ты умрешь», — сказал тот, кто повыше
"Dead!" repeated the smaller one
"Мертв!" - повторил меньший
"And then we will also kill your father!"
«И тогда мы убьем еще и твоего отца!»
"Also your father!" repeated the smaller one again
"И твой отец!" - повторил снова младший
"No, no, no, not my poor papa!" cried Pinocchio in despair
"Нет, нет, нет, не мой бедный папа!" - в отчаянии закричал Пиноккио
and as he said it the coins clinked in his mouth
и когда он произнес эти слова, у него во рту звякнули монеты
"Ah! you rascal!" realized the robbers
—! Ты негодяй!» — поняли грабители
"you have hidden your money under your tongue!"
«Ты спрятал свои деньги под языком!»
"Spit it out at once!" he ordered him
«Выплюнь это немедленно!» — приказал он ему
"spit it out," repeated the smaller one

— Выплюнь, — повторил меньший
Pinocchio was obstinate to their commands
Буратино был упрям в их командах
"Ah! you pretend to be deaf, do you?"
—! Вы притворяетесь глухим, не так ли?
"leave it to us to find a means"
«Предоставьте нам найти средство»
"we will find a way to make you give up your money"
"Мы найдем способ заставить вас отказаться от своих денег"
"We will find a way," repeated the smaller one
— Мы найдем выход, — повторил меньший
And one of them seized the puppet by his nose
И один из них схватил марионетку за нос
and the other took him by the chin
а другой взял его за подбородок
and they began to pull brutally
и тянуть стали зверски
one pulled up and the other pulled down
Один подтянул вверх, а другой опустил вниз
they tried to force him to open his mouth
Они пытались заставить его открыть рот
But it was all to no purpose
Но все было напрасно
Pinocchio's mouth seemed to be nailed together
Рот Пиноккио, казалось, был скреплен гвоздями
Then the shorter assassin drew out an ugly knife
Тогда невысокий убийца вытащил уродливый нож
and he tried to put it between his lips
и он попытался засунуть его между губ
But Pinocchio, as quick as lightning, caught his hand
Но Пиноккио молниеносно поймал его за руку
and he bit him with his teeth
и он укусил его зубами своими
and with one bite he bit the hand clean off
и одним укусом он откусил руку начисто
but it wasn't a hand that he spat out

Но это была не рука, которую он выплюнул
it was hairier than a hand, and had claws
Он был волосатее ладони, и у него были когти
imagine Pinocchio's astonishment when saw a cat's paw
Представьте себе изумление Пиноккио, когда он увидел кошачью лапу
or at least that's what he thought he saw
Или, по крайней мере, так ему казалось, что он видел
Pinocchio was encouraged by this first victory
Пиноккио был воодушевлен этой первой победой
now he used his fingernails to break free
Теперь он использовал свои ногти, чтобы вырваться на свободу
he succeeded in liberating himself from his assailants
Ему удалось освободиться от нападавших
he jumped over the hedge by the roadside
Он перепрыгнул через изгородь на обочине дороги
and began to run across the fields
и стал бегать по полям
The assassins ran after him like two dogs chasing a hare
Убийцы побежали за ним, как две собаки за зайцем
and the one who had lost a paw ran on one leg
А тот, кто потерял лапу, бегал на одной ноге
and no one ever knew how he managed it
И никто никогда не знал, как ему это удавалось
After a race of some miles Pinocchio could run no more
Пробежав несколько миль, Пиноккио больше не мог бежать
he thought his situation was lost
Он думал, что его положение потеряно
he climbed the trunk of a very high pine tree
Он забрался на ствол очень высокой сосны
and he seated himself in the topmost branches
и он сел на самые верхние ветви
The assassins attempted to climb after him
Убийцы попытались вслед за ним
when they reached half-way up the tree they slid down

again
Когда они добрались до половины дерева, они снова соскользнули вниз
and they arrived on the ground with their skin grazed
и они прибыли на землю с запачканной кожей
But they didn't give up so easily
Но они не сдавались так просто
they piled up some dry wood beneath the pine
Они сложили под сосной немного сухого дерева
and then they set fire to the wood
А потом подожгли дрова
very quickly the pine began to burn higher
очень быстро сосна стала гореть выше
like a candle blown by the wind
как свеча, поддуваемая ветром
Pinocchio saw the flames rising higher and higher
Пиноккио видел, как пламя поднимается все выше и выше
he did not wish to end his life like a roasted pigeon
Он не хотел закончить свою жизнь, как жареный голубь
so he made a stupendous leap from the top of the tree
Поэтому он совершил колоссальный прыжок с вершины дерева
and he ran across the fields and vineyards
и бежал он по полям и виноградникам
The assassins followed him again
Убийцы снова последовали за ним
and they kept behind him without giving up
и они держались за ним, не сдаваясь
The day began to break and they were still pursuing him
День начал клониться к исходу, а они все еще преследовали его
Suddenly Pinocchio found his way barred by a ditch
Неожиданно Пиноккио оказался на пути, прегражденном канавой
it was full of stagnant water the colour of coffee
Он был полон стоячей воды цвета кофе
What was our Pinocchio to do now?

Что теперь было делать нашему Буратино?

"One! two! three!" cried the puppet

— Один! Два! три!" - закричала кукла

making a rush, he sprang to the other side

Сделав рывок, он перескочил на другую сторону

The assassins also tried to jump over the ditch

Убийцы также пытались перепрыгнуть через ров

but they had not measured the distance

Но они не измерили расстояние

splish splash! they fell into the middle of the ditch

Сплиш Сплэш! Они упали посреди рва

Pinocchio heard the plunge and the splashing
Пиноккио услышал грохот и плеск
"A fine bath to you, gentleman assassins"
«Прекрасная ванна вам, джентльмены-убийцы»
And he felt convinced that they were drowned
И он был убежден, что они утонули
but it's good that Pinocchio did look behind him
но хорошо, что Буратино все-таки оглянулся за его спину
because his two assassins had not drowned
Потому что двое его убийц не утонули
the two assassins had got out the water again
Двое убийц снова выбрались из воды
and they were both still running after him
и они оба все еще бежали за ним
they were still enveloped in their sacks
Они все еще были закутаны в свои мешки
and the water was dripping from them
и вода капала с них
as if they had been two hollow baskets
как будто это были две полые корзины

The Assassins Hang Pinocchio to the Big Oak Tree
Ассасины вешают Пиноккио на большой дуб

At this sight, the puppet's courage failed him
При этом зрелище мужество куклы покинуло его
he was on the point of throwing himself on the ground
Он был готов броситься на землю
and he wanted to give himself over for lost
И он хотел отдать себя за погибшего
he turned his eyes in every direction
Он смотрел во все стороны
he saw a small house as white as snow
Он увидел маленький домик, белый, как снег
"If only I had breath to reach that house"
«Если бы у меня было дыхание, чтобы добраться до этого

дома»
"perhaps then I might be saved"
«Может быть, тогда я смогу спастись»
without delaying an instant he recommenced running
Не теряя ни секунды, он снова пустился в бег
poor little Pinocchio was running for his life
бедный маленький Пиноккио бежал, спасая свою жизнь
he ran through the wood with the assassins after him
Он побежал через лес, а убийцы последовали за ним
there was a desperate race of nearly two hours
Шла отчаянная гонка почти два часа
and finally he arrived quite breathless at the door
И, наконец, запыхавшись подошел к двери
he desperately knocked on the door of the house
Он отчаянно стучал в дверь дома
but no one answered Pinocchio's knock
но на стук Буратино никто не ответил
He knocked at the door again with great violence
Он снова постучал в дверь с большой силой
because he heard the sound of steps approaching him
потому что он слышал звук приближающихся шагов
and he heard the the heavy panting of his persecutors
и он услышал тяжелое дыхание своих преследователей
there was the same silence as before
Наступила та же тишина, что и раньше
he saw that knocking was useless
Он видел, что стучать бесполезно
so he began in desperation to kick and pommel the door
Поэтому он в отчаянии начал пинать и стучать ногами в дверь
The window next to the door then opened
Затем окно рядом с дверью открылось
and a beautiful Child appeared at the window
и в окне появился прекрасный Младенец
the beautiful child had blue hair
У красивой девочки были голубые волосы
and her face was as white as a waxen image

и лицо ее было белым, как восковое изображение
her eyes were closed as if she was asleep
Ее глаза были закрыты, как будто она спала
and her hands were crossed on her breast
и руки ее были скрещены на груди
Without moving her lips in the least, she spoke
Ничуть не шевельнув губами, она заговорила
"In this house there is no one, they are all dead"
«В этом доме никого нет, они все мертвы»
and her voice seemed to come from the other world
И ее голос словно доносился из потустороннего мира
but Pinocchio shouted and cried and implored
но Буратино кричал, плакал и умолял
"Then at least open the door for me"
«Тогда хотя бы открой мне дверь»
"I am also dead," said the waxen image
«Я тоже умер», — сказал восковой образ
"Then what are you doing there at the window?"
— Тогда что ты делаешь там, у окна?
"I am waiting to be taken away"
«Я жду, когда меня заберут»
Having said this she immediately disappeared
Сказав это, она тут же исчезла
and the window was closed again without the slightest noise
и окно снова закрылось без малейшего шума
"Oh! beautiful Child with blue hair," cried Pinocchio"
— О! красивый Ребенок с голубыми волосами», — закричал Пиноккио.
"open the door, for pity's sake!"
— Открой дверь, ради жалости!
"Have compassion on a poor boy pursued..."
«Сжальтесь над бедным мальчиком, которого преследуют...»
But he could not finish the sentence
Но закончить предложение он не смог
because he felt himself seized by the collar
потому что он почувствовал, как его схватили за шиворот

the same two horrible voices said to him threateningly:
Те же два ужасных голоса угрожающе сказали ему:
"You shall not escape from us again!"
— Ты больше не убежишь от нас!
"You shall not escape," panted the little assassin
— Ты не убежишь, — задыхался маленький убийца
The puppet saw death was staring him in the face
Кукла увидела, что смерть смотрит ему в лицо
he was taken with a violent fit of trembling
Его охватил сильный припадок дрожи
the joints of his wooden legs began to creak
Суставы его деревянных ног начали скрипеть
and the coins hidden under his tongue began to clink
и монеты, спрятанные у него под языком, начали звенеть
"will you open your mouth—yes or no?" demanded the assassins
«Вы откроете рот — да или нет?» — потребовали убийцы
"Ah! no answer? Leave it to us"
—! Нет ответа? Предоставьте это нам»
"this time we will force you to open it!"
«На этот раз мы заставим вас открыть его!»
"we will force you," repeated the second assassin
— Мы заставим вас, — повторил второй убийца
And they drew out two long, horrid knives
И они вытащили два длинных, ужасных ножа
and the knifes were as sharp as razors
а ножи были острыми, как бритвы
they attempted to stab him twice
Они дважды попытались ударить его ножом
but the puppet was lucky in one regard
Но марионетке повезло в одном отношении
he had been made from very hard wood
Он был сделан из очень твердой древесины
the knives broke into a thousand pieces
Ножи разбились на тысячу осколков
and the assassins were left with just the handles
А у убийц остались только ручки

for a moment they could only stare at each other
Мгновение они могли только смотреть друг на друга
"I see what we must do," said one of them
«Я вижу, что мы должны делать», — сказал один из них
"He must be hung! Let us hang him!"
— Его надо повесить! Давайте повесим его!»
"Let us hang him!" repeated the other
"Давайте его повесим!" - повторил другой
Without loss of time they tied his arms behind him
Не теряя времени, они связали ему руки за спиной
and they passed a running noose round his throat
и они надели ему на горло петлю
and they hung him to the branch of the Big Oak
и повесили его на ветке Большого Дуба
They then sat down on the grass watching Pinocchio
Затем они сели на траву и наблюдали за Буратино
and they waited for his struggle to end
И они ждали, когда закончится его борьба
but three hours had already passed
Но прошло уже три часа
the puppet's eyes were still open
Глаза куклы все еще были открыты
his mouth was closed just as before
Его рот был закрыт так же, как и раньше
and he was kicking more than ever
И он бил сильнее, чем когда-либо
they had finally lost their patience with him
Они окончательно потеряли терпение по отношению к нему
they turned to Pinocchio and spoke in a bantering tone
они повернулись к Буратино и заговорили шутливым тоном
"Good-bye Pinocchio, see you again tomorrow"
«До свидания, Буратино, увидимся завтра»
"hopefully you'll be kind enough to be dead"
«Надеюсь, ты будешь достаточно добр, чтобы умереть»
"and hopefully you will have your mouth wide open"

«И, надеюсь, у вас будет широко открыт рот»
And they walked off in a different direction
И они ушли в другую сторону
In the meantime a northerly wind began to blow and roar
Тем временем начал дуть и реветь северный ветер
and the wind beat the poor puppet from side to side
и ветер бил бедную марионетку из стороны в сторону

the wind made him swing about violently
Ветер заставлял его сильно раскачиваться
like the clatter of a bell ringing for a wedding
как звон колокольчика на свадьбу
And the swinging gave him atrocious spasms
И качание вызывало у него зверские спазмы
and the noose became tighter and tighter around his throat
и петля становилась все туже и туже вокруг его горла
and finally it took away his breath
И в конце концов у него перехватило дыхание
Little by little his eyes began to grow dim
Мало-помалу его глаза стали тускнеть
he felt that death was near
Он чувствовал, что смерть близка
but Pinocchio never gave up hope
но Пиноккио никогда не терял надежды
"perhaps some charitable person will come to my assistance"
«Может быть, какой-нибудь благотворительный человек придет мне на помощь»
But he waited and waited and waited
Но он ждал, ждал и ждал
and in the end no one came, absolutely no one
И в итоге никто не пришел, абсолютно никто
then he remembered his poor father
Тогда он вспомнил о своем бедном отце
thinking he was dying, he stammered out
думая, что умирает, он запнулся
"Oh, papa! papa! if only you were here!"
— О, папа! папа! Если бы ты только был здесь!»
His breath failed him and he could say no more
У него перехватило дыхание, и он больше ничего не мог сказать
He shut his eyes and opened his mouth
Он закрыл глаза и открыл рот
and he stretched out his arms and legs
и он протянул руки и ноги свои
he gave one final long shudder

Он в последний раз глубоко вздрогнул
and then he hung stiff and insensible
А потом он повис окоченевший и бесчувственный

The Beautiful Child Rescues the Puppet
Красивое дитя спасает куклу

poor Pinocchio was still suspended from the Big Oak tree
бедный Буратино все еще был подвешен к Большому Дубу
but apparently Pinocchio was more dead than alive
но видимо Буратино был скорее мертв, чем жив
the beautiful Child with blue hair came to the window again
красавица Младенец с голубыми волосами снова подошла к окну
she saw the unhappy puppet hanging by his throat
Она увидела несчастную куклу, висящую у него за горлом
she saw him dancing up and down in the gusts of the wind
Она видела, как он танцует взад и вперед под порывами ветра
and she was moved by compassion for him
и она была движима состраданием к нему
the beautiful child struck her hands together
Красавица девочка сжала ладонями
and she gave three little claps
И она трижды похлопала в ладоши
there came a sound of wings flying rapidly
Раздался звук быстро летящих крыльев
a large Falcon flew on to the window-sill
большой Сокол залетел на подоконник

"What are your orders, gracious Fairy?" he asked
"Что ты приказываешь, милостивая Фея?" - спросил он
and he inclined his beak in sign of reverence
и он наклонил клюв в знак почтения
"Do you see that puppet dangling from the Big Oak tree?"
— Видишь ту марионетку, свисающую с Большого Дуба?
"I see him," confirmed the falcon
— Я вижу его, — подтвердил сокол
"Fly over to him at once," she ordered him
— Лети к нему немедленно, — приказала она ему
"use your strong beak to break the knot"
«Используй свой сильный клюв, чтобы развязать узел»
"lay him gently on the grass at the foot of the tree"
«Положите его осторожно на траву у подножия дерева»
The Falcon flew away to carry out his orders
Сокол улетел, чтобы выполнить его приказ
and after two minutes he returned to the child
и через две минуты вернулся к ребенку
"I have done as you commanded"
«Я сделал, как ты повелел»

"And how did you find him?"
— И как вы его нашли?
"when I first saw him he appeared dead"
«Когда я впервые увидел его, он казался мертвым»
"but he couldn't really have been entirely dead"
«Но он не мог быть полностью мертв»
"I loosened the noose around his throat"
«Я ослабил петлю на его горле»
"and then he gave soft a sigh"
— А потом он тихо вздохнул.
"he muttered to me in a faint voice"
«Он пробормотал мне слабым голосом»
"'Now I feel better!' he said"
«Теперь я чувствую себя лучше!» — сказал он.
The Fairy then struck her hands together twice
Затем фея дважды ударила ее по рукам
as soon as she did this a magnificent Poodle appeared
как только она это сделала, появился великолепный пудель
the poodle walked upright on his hind legs
Пудель ходил прямо на задних лапах
it was exactly as if he had been a man
Это было точно так, как если бы он был мужчиной
He was in the full-dress livery of a coachman
Он был одет в парадную ливрею кучера
On his head he had a three-cornered cap braided with gold
На голове у него был треугольный колпак, оплетенный золотом
his curly white wig came down on to his shoulders
Его кудрявый белый парик спускался на плечи
he had a chocolate-collared waistcoat with diamond buttons
На нем был жилет с шоколадным воротником и ромбовидными пуговицами
and he had two large pockets to contain bones
и у него было два больших кармана для хранения костей
the bones that his mistress gave him at dinner
кости, которые любовница давала ему за обедом

he also had a pair of short crimson velvet breeches
У него также была пара коротких малиновых бархатных бриджей
and he wore some silk stockings
На нем было несколько шелковых чулок
and he wore smart Italian leather shoes
и он носил элегантные итальянские кожаные туфли
hanging behind him was a species of umbrella case
За его спиной висел чем-то вроде чехла для зонтиков
the umbrella case was made of blue satin
Чехол для зонта был изготовлен из синего атласа
he put his tail into it when the weather was rainy
Он засовывал в него свой хвост, когда погода была дождливой
"Be quick, Medoro, like a good dog!"
— Поторопись, Медоро, как хорошая собака!
and the fairy gave her poodle the commands
И фея дала своему пуделю команды
"get the most beautiful carriage harnessed"
"Запрячь самую красивую карету"
"and have the carriage waiting in my coach-house"
"И пусть карета будет ждать в моем каретном сарае"
"and go along the road to the forest"
"и идти по дороге в лес"
"When you come to the Big Oak tree you will find a poor puppet"
«Когда ты придешь к Большому Дубу, ты найдешь бедную куклу»
"he will be stretched on the grass half dead"
"Он будет распростерт на траве полумертвый"
"you will have to pick him up gently"
«Вам придется взять его на руки осторожно»
"lay him flat on the cushions of the carriage"
«Положите его на подушки кареты»
"when you have done this bring him here to me"
«Когда ты сделаешь это, приведи его сюда, ко мне»
"Do you understand?" she asked one last time

«Ты понимаешь?» — спросила она в последний раз
The Poodle showed that he had understood
Пудель показал, что понял
he shook the case of blue satin three or four times
Он встряхнул футляр из синего атласа три или четыре раза
and then he ran off like a race-horse
А потом он убежал, как скаковая лошадь
soon a beautiful carriage came out of the coach-house
Вскоре из каретного сарая выехала красивая карета
The cushions were stuffed with canary feathers
Подушки были набиты канареечными перьями
the carriage was lined on the inside with whipped cream
Карета была выстлана изнутри взбитыми сливками
and custard and vanilla wafers made the seating
А заварной крем и ванильные устроили рассадку
The little carriage was drawn by a hundred white mice
Маленькая карета была запряжена сотней белых мышей
and the Poodle was seated on the coach-box
а пудель сидел на каретной будке
he cracked his whip from side to side
Он щелкал кнутом из стороны в сторону
like a driver when he is afraid that he is behind time
как водитель, когда боится, что опаздывает на время
less than a quarter of an hour passed
Прошло менее четверти часа
and the carriage returned to the house
и карета вернулась к дому
The Fairy was waiting at the door of the house
Фея ждала у дверей дома
she took the poor puppet in her arms
Она взяла бедную куклу на руки
and she carried him into a little room
И она отнесла его в маленькую комнату
the room was wainscoted with mother-of-pearl
Комната была обшита перламутром
she called for the most famous doctors in the neighbourhood

Она позвала самых известных врачей в округе
They came immediately, one after the other
Они пришли сразу, один за другим
a Crow, an Owl, and a talking little cricket
ворона, сова и говорящий сверчок
"I wish to know something from you, gentlemen," said the Fairy
— Я хочу кое-что узнать от вас, джентльмены, — сказала Фея
"is this unfortunate puppet alive or dead?"
«Эта несчастная марионетка жива или мертва?»
the Crow started by feeling Pinocchio's pulse
Ворон вздрогнул, пощупав пульс Пиноккио
he then felt his nose and his little toe
Затем он ощупал свой нос и мизинец
he carefully made his diagnosis of the puppet
Он тщательно поставил свой диагноз марионетке
and then he solemnly pronounced the following words:
А затем торжественно произнес следующие слова:
"To my belief the puppet is already dead"
«По моему мнению, марионетка уже мертва»
"but there is always the chance he's still alive"
«Но всегда есть шанс, что он все еще жив»
"I regret," said the Owl, "to contradict the Crow"
"Мне жаль, - сказала Сова, - что я противоречу Вороне"
"my illustrious friend and colleague"
"Мой выдающийся друг и коллега"
"in my opinion the puppet is still alive"
"По-моему, марионетка еще жива"
"but there's always a chance he's already dead"
«Но всегда есть шанс, что он уже мертв»
lastly the Fairy asked the talking little Cricket
Наконец Фея спросила говорящего маленького сверчка
"And you, have you nothing to say?"
— А вам, вам нечего сказать?
"doctors are not always called upon to speak"
«Врачам не всегда приходится говорить»

"sometimes the wisest thing is to be silent"
«Иногда самое мудрое – молчать»
"but let me tell you what I know"
— Но позволь мне рассказать тебе то, что я знаю.
"that puppet has a face that is not new to me"
«У этой куклы лицо, которое для меня не ново»
"I have known him for some time!"
— Я знаю его уже некоторое время!
Pinocchio had lain immovable up to that moment
До этого момента Пиноккио лежал неподвижно
he was just like a real piece of wood
Он был похож на настоящий кусок дерева
but then he was seized with a fit of convulsive trembling
Но тут его охватил приступ судорожной дрожи
and the whole bed shook from his shaking
и вся кровать сотрясалась от его тряски
the talking little Cricket continued talking
говорящий маленький сверчок продолжал говорить
"That puppet there is a confirmed rogue"
«Та марионетка там — подтверждённый проходимец»
Pinocchio opened his eyes, but shut them again immediately
Буратино открыл глаза, но тут же закрыл их
"He is a good for nothing ragamuffin vagabond"
"Он ни на что не годный бродяга-оборванец"
Pinocchio hid his face beneath the clothes
Пиноккио спрятал лицо под одеждой
"That puppet there is a disobedient son"
"Та марионетка там - сын непослушный"
"he will make his poor father die of a broken heart!"
«Он заставит своего бедного отца умереть от разбитого сердца!»
At that instant everyone could hear something
В этот момент каждый мог что-то услышать
suffocated sound of sobs and crying was heard
Были слышны сдавленные рыдания и плач
the doctors raised the sheets a little
Врачи немного приподняли простыни

Imagine their astonishment when they saw Pinocchio
Представьте себе их изумление, когда они увидели Пиноккио
the crow was the first to give his medical opinion
Ворона была первой, кто высказал свое медицинское заключение
"When a dead person cries he's on the road to recovery"
«Когда мертвый человек плачет, он находится на пути к выздоровлению»
but the owl was of a different medical opinion
Но сова придерживалась другого медицинского мнения
"I grieve to contradict my illustrious friend"
«Я скорблю противоречить моему прославленному другу»
"when the dead person cries it means he's is sorry to die"
«Когда мертвец плачет, это означает, что ему жаль умирать»

Pinocchio Refuses to Take his Medicine
Пиноккио отказывается принимать лекарство

The doctors had done all that they could
Врачи сделали все, что могли
so they left Pinocchio with the fairy
вот и оставили Буратино с феей
the Fairy touched Pinocchio's forehead
Фея коснулась лба Буратино
she could tell that he had a high fever
Она могла сказать, что у него высокая температура
the Fairy knew exactly what to give Pinocchio
Фея точно знала, что подарить Буратино
she dissolved a white powder in some water
Она растворила белый порошок в небольшом количестве воды
and she offered Pinocchio the tumbler of water
и она предложила Пиноккио стакан с водой
and she reassured him that everything would fine

И она заверила его, что все будет хорошо
"Drink it and in a few days you will be cured"
«Выпей это, и через несколько дней ты выздоровеешь»
Pinocchio looked at the tumbler of medicine
Буратино посмотрел на стакан лекарств
and he made a wry face at the medicine
И он скривился, глядя на лекарство
"Is it sweet or bitter?" he asked plaintively
«Он сладкий или горький?» — спросил он жалобно
"It is bitter, but it will do you good"
«Это горько, но это пойдет вам на пользу»
"If it is bitter, I will not drink it"
«Если оно горькое, я не буду его пить»
"Listen to me," said the Fairy, "drink it"
— Послушай меня, — сказала Фея, — выпей это.
"I don't like anything bitter," he objected
— Я не люблю ничего горького, — возразил он
"I will give you a lump of sugar"
«Я дам тебе кусочек сахара»
"it will take away the bitter taste"
«Это уберет горький вкус»
"but first you have to drink your medicine"
«Но сначала ты должен выпить свое лекарство»
"Where is the lump of sugar?" asked Pinocchio
"Где кусок сахара?" - спросил Пиноккио
"Here is the lump of sugar," said the Fairy
— Вот кусочек сахара, — сказала Фея
and she took out a piece from a gold sugar-basin
и она вынула кусок из золотой сахарницы
"please give me the lump of sugar first"
«Пожалуйста, дай мне сначала кусочек сахара»
"and then I will drink that bad bitter water"
«И тогда я буду пить эту плохую горькую воду»
"Do you promise me?" she asked Pinocchio
«Ты мне обещаешь?» — спросила она Пиноккио
"Yes, I promise," answered Pinocchio
— Да, обещаю, — ответил Пиноккио

so the Fairy gave Pinocchio the piece of sugar
поэтому Фея дала Буратино кусочек сахара
and Pinocchio crunched up the sugar and swallowed it
а Пиноккио схрустнул сахаром и проглотил его
he licked his lips and enjoyed the taste
Он облизнул губы и наслаждался вкусом
"It would be a fine thing if sugar were medicine!"
— Было бы прекрасно, если бы сахар был лекарством!
"then I would take medicine every day"
«тогда я бы принимал лекарства каждый день»
the Fairy had not forgotten Pinocchio's promise
Фея не забыла обещание Пиноккио
"keep your promise and drink this medicine"
«Сдержи свое обещание и выпей это лекарство»
"it will restore you back to health"
«Это вернет вам здоровье»
Pinocchio took the tumbler unwillingly
Буратино неохотно взял стакан
he put the point of his nose to the tumbler
Он приложил острие носа к стакану
and he lowered the tumbler to his lips
И он опустил стакан к губам
and then again he put his nose to it
А потом опять сунул нос в нее
and at last he said, "It is too bitter!"
и наконец он сказал: «Это слишком горько!»
"I cannot drink anything so bitter"
«Я не могу пить ничего более горького»
"you don't know yet if you can't," said the Fairy
— Ты еще не знаешь, если не сможешь, — сказала Фея
"you have not even tasted it yet"
«Вы еще даже не пробовали»
"I can imagine how it's going to taste!"
«Представляю, какой он будет на вкус!»
"I know it from the smell," objected Pinocchio
— Я узнаю это по запаху, — возразил Пиноккио
"first I want another lump of sugar please"

«Сначала я хочу еще кусочек сахара, пожалуйста»
"and then I promise that will drink it!"
— И тогда я обещаю, что выпью его!
The Fairy had all the patience of a good mamma
У Феи было все терпение доброй мамы
and she put another lump of sugar in his mouth
и она положила ему в рот еще один кусочек сахара
and again, she presented the tumbler to him
И снова она подарила ему стакан
"I still cannot drink it!" said the puppet
"Я до сих пор не могу его пить!" - сказала кукла
and Pinocchio made a thousand grimaced faces
а Буратино сделал тысячу гримас
"Why can't you drink it?" asked the fairy
"Почему ты не можешь его пить?" - спросила фея
"Because that pillow on my feet bothers me"
«Потому что меня беспокоит эта подушка на ногах»
The Fairy removed the pillow from his feet
Фея сняла подушку с его ног
Pinocchio excused himself again
Буратино снова извинился
"I've tried my best but it doesn't help me"
«Я старался изо всех сил, но мне это не помогает»
"Even without the pillow I cannot drink it"
«Даже без подушки я не могу его пить»
"What is the matter now?" asked the fairy
"В чем дело?" - спросила фея
"The door of the room is half open"
«Дверь комнаты полуоткрыта»
"it bothers me when doors are half open"
«Меня беспокоит, когда двери полуоткрыты»
The Fairy went and closed the door for Pinocchio
Фея подошла и закрыла дверь для Пиноккио
but this didn't help, and he burst into tears
Но это не помогло, и он расплакался
"I will not drink that bitter water—no, no, no!"
— Я не хочу пить эту горькую воду — нет, нет, нет!

"My boy, you will repent it if you don't"
«Мой мальчик, ты раскаешься, если этого не сделаешь»
"I don't care if I will repent it," he replied
«Мне все равно, буду ли я раскаиваться в этом», — ответил он
"Your illness is serious," warned the Fairy
"Твоя болезнь серьезна," предупредила Фея
"I don't care if my illness is serious"
«Мне все равно, серьезна ли моя болезнь»
"The fever will carry you into the other world"
«Лихорадка унесет вас в мир иной»
"then let the fever carry me into the other world"
«Тогда пусть лихорадка унесет меня в мир иной»
"Are you not afraid of death?"
— Разве ты не боишься смерти?
"I am not in the least afraid of death!"
— Я нисколько не боюсь смерти!
"I would rather die than drink bitter medicine"
«Я лучше умру, чем буду пить горькое лекарство»
At that moment the door of the room flew open
В этот момент дверь комнаты распахнулась
four rabbits as black as ink entered the room
Четыре черных, как чернила, кролика вошли в комнату
on their shoulders they carried a little bier
На плечах они несли немного носилки

"What do you want with me?" cried Pinocchio
"Что ты хочешь от меня?" - закричал Пиноккио
and he sat up in bed in a great fright
и он сел в постели в великом испуге
"We have come to take you," said the biggest rabbit
«Мы пришли, чтобы забрать вас», — сказал самый большой кролик
"you cannot take me yet; I am not dead"
— Вы еще не можете взять меня; Я не умер»
"where are you planning to take me to?"
— Куда ты планируешь меня отвезти?
"No, you are not dead yet," confirmed the rabbit
— Нет, ты еще не умер, — подтвердил кролик
"but you have only a few minutes left to live"
«Но вам осталось жить всего несколько минут»

"because you refused the bitter medicine"
«Потому что ты отказался от горького лекарства»
"the bitter medicine would have cured your fever"
«Горькое лекарство вылечило бы вашу лихорадку»
"Oh, Fairy, Fairy!" the puppet began to scream
"О, Фея, Фея!" - начала кричать кукла
"give me the tumbler at once," he begged
— Дайте мне стакан немедленно, — умолял он
"be quick, for pity's sake, I do not want die"
«Поторопись, ради жалости, я не хочу умирать»
"no, I will not die today"
«Нет, я не умру сегодня»
Pinocchio took the tumbler with both hands
Пиноккио взял стакан обеими руками

and he emptied the water one one big gulp
и он опорожнил воду одним большим глотком
"We must have patience!" said the rabbits
"Мы должны набраться терпения!" - сказали кролики
"this time we have made our journey in vain"
«На этот раз мы проделали наше путешествие напрасно»
they took the little bier on their shoulders again
Они снова взвалили маленький носилок себе на плечи
and they left the room back to where they came from
и они вышли из комнаты обратно туда, откуда пришли
and they grumbled and murmured between their teeth
а они ворчали и шептали сквозь зубы
Pinocchio's recovery did not take long at all
Выздоровление Пиноккио не заставило себя долго ждать
a few minutes later he jumped down from the bed
Через несколько минут он спрыгнул с кровати
wooden puppets have a special privilege
Деревянные куклы имеют особую привилегию
they seldom get seriously ill like us
они редко болеют серьезно, как мы
and they are lucky to be cured very quickly
И им повезло, что они очень быстро излечиваются
"has my medicine done you good?" asked the fairy
"Помогло ли вам мое лекарство?" - спросила фея
"your medicine has done me more than good"
«Ваше лекарство принесло мне более чем пользу»
"your medicine has saved my life"
«Ваше лекарство спасло мне жизнь»
"why didn't you take your medicine sooner?"
— Почему ты не принял лекарство раньше?
"Well, Fairy, we boys are all like that!"
— Ну, Фея, мы все такие!
"We are more afraid of medicine than of the illness"
«Мы больше боимся медицины, чем болезни»
"Disgraceful!" cried the fairy in indignation
"Позор!" - воскликнула фея в негодовании
"Boys ought to know the power of medicine"

«Мальчики должны знать силу медицины»
"a good remedy may save them from a serious illness"
«Хорошее лекарство может спасти их от тяжелой болезни»
"and perhaps it even saves you from death"
"И, возможно, это даже спасает вас от смерти"
"next time I shall not require so much persuasion"
«В следующий раз мне не потребуется столько уговоров»
"I shall remember those black rabbits"
«Я буду помнить этих черных кроликов»
"and I shall remember the bier on their shoulders"
"И я буду помнить носилки на их плечах"
"and then I shall immediately take the tumbler"
— И тогда я немедленно возьму стакан.
"and I will drink all the medicine in one go!"
«И я выпью все лекарства за один раз!»
The Fairy was happy with Pinocchio's words
Фея обрадовалась словам Пиноккио
"Now, come here to me and sit on my lap"
«А теперь подойди ко мне сюда и сядь ко мне на колени»
"and tell me all about the assassins"
«И расскажи мне все об убийцах»
"how did you end up hanging from the big Oak tree?"
«Как ты оказался повешенным на большом дубе?»
And Pinocchio ordered all the events that happened
И Буратино отдавал приказ обо всех событиях, которые происходили
"You see, there was a ringmaster; Fire-eater"
— Видишь ли, там был шталмейстер; Пожиратель огня»
"Fire-eater gave me some gold pieces"
«Пожиратель огня дал мне несколько золотых монет»
"he told me to take the gold to my father"
«Он велел мне отнести золото моему отцу»
"but I didn't take the gold straight to my father"
«Но я не отнес золото прямо к отцу»
"on the way home I met a Fox and a Cat"
"По дороге домой я встретил Лису и Кошку"

"they made me an offer I couldn't refuse"
«Они сделали мне предложение, от которого я не мог отказаться»
'Would you like those pieces of gold to multiply?'
— Ты хочешь, чтобы эти золотые кусочки умножились?
"'Come with us and,' they said"
«Пойдем с нами и», — сказали они.
'we will take you to the Field of Miracles'
«Мы отвезем вас на Поле Чудес»
"and I said, 'Let's go to the Field of Miracles'"
«И я сказал: «Пойдем на Поле Чудес».
"And they said, 'Let us stop at this inn'"
«И они сказали: «Давайте остановимся в этой гостинице».
"and we stopped at the Red Craw-Fish in"
— И мы остановились у Ред Крау-Фиш в...
"all of us went to sleep after our food"
«Все мы легли спать после еды»
"when I awoke they were no longer there"
«когда я проснулся, их уже не было»
"because they had to leave before me"
«Потому что они должны были уйти раньше меня»
"Then I began to travel by night"
«Потом я стал путешествовать по ночам»
"you cannot imagine how dark it was"
«Вы не представляете, как там было темно»
"that's when I met the two assassins"
«Вот тогда я и познакомился с двумя убийцами»
"and they were wearing charcoal sacks"
«И они были одеты в мешки с углем»
"they said to me: 'Out with your money'"
«Они сказали мне: «Долой свои деньги».
"and I said to them, 'I have no money'"
«И я сказал им: «У меня нет денег».
"because I had hidden the four gold pieces"
«потому что я спрятал четыре золотых»
"I had put the money in my mouth"
«Я положил деньги в рот»

"one tried to put his hand in my mouth"
«Один пытался засунуть руку мне в рот»
"and I bit his hand off and spat it out"
"и я откусил ему руку и выплюнул её"
"but instead of a hand it was a cat's paw"
"Но вместо руки это была кошачья лапа"
"and then the assassins ran after me"
«А потом убийцы побежали за мной»
"and I ran and ran as fast as I could"
"И я бежал и бежал так быстро, как только мог"
"but in the end they caught me anyway"
«Но в итоге меня все равно поймали»
"and they tied a noose around my neck"
"И повязали мне на шею петлю"
"and they hung me from the Big Oak tree"
"и повесили меня на Большом Дубе"
"they waited for me to stop moving"
«Они ждали, когда я перестану двигаться»
"but I never stopped moving at all"
«но я никогда не переставал двигаться»
"and then they called up to me"
"И тогда они окликнули меня"
'Tomorrow we shall return here'
«Завтра мы вернемся сюда»
'then you will be dead with your mouth open'
«Тогда ты умрешь с открытым ртом»
'and we will have the gold under your tongue'
«И у нас будет золото под языком твоим»
the Fairy was interested in the story
Фея заинтересовалась историей
"And where have you put the pieces of gold now?"
— И куда вы сейчас положили золотые?
"I have lost them!" said Pinocchio, dishonestly
«Я их потерял!» — нечестно сказал Пиноккио
he had the pieces of gold in his pocket
В кармане у него были золотые монеты
as you know Pinocchio already had a long nose

как известно у Буратино уже был длинный нос
but lying made his nose grow even longer
Но от лжи его нос стал еще длиннее
and his nose grew another two inches
и его нос вырос еще на два дюйма
"And where did you lose the gold?"
— И куда ты потерял золото?
"I lost it in the woods," he lied again
— Я потерял его в лесу, — снова солгал он
and his nose also grew at his second lie
И нос у него тоже вырос от второй лжи
"worry not about the gold," said the fairy
— Не беспокойся о золоте, — сказала фея
"we will go to the woods and find your gold"
«Мы пойдем в лес и найдем твое золото»
"all that is lost in those woods is always found"
«Все, что потеряно в тех лесах, всегда находится»
Pinocchio got quite confused about his situation
Пиноккио сильно запутался в своей ситуации
"Ah! now I remember all about it," he replied
—! теперь я все помню об этом, — ответил он
"I didn't lose the four gold pieces at all"
«Я совсем не потерял четыре золотых»
"I just swallowed your medicine, didn't I?"
— Я только что проглотил ваше лекарство, не так ли?
"I swallowed the coins with the medicine"
«Я проглотил монеты с лекарством»
at this daring lie his nose grew even longer
От этой дерзкой лжи его нос стал еще длиннее
now Pinocchio could not move in any direction
теперь Буратино не мог двигаться ни в каком направлении
he tried to turn to his left side
Он попытался повернуться на левый бок
but his nose struck the bed and window-panes
но его нос ударился о кровать и оконные стекла
he tried to turn to the right side
Он попытался повернуться на правую сторону

but now his nose struck against the walls
Но теперь его нос ударился о стены
and he could not raise his head either
И он тоже не мог поднять головы
because his nose was long and pointy
потому что нос у него был длинный и заостренный
and his nose could have poke the Fairy in the eye
и его нос мог бы ткнуть Фею в глаз
the Fairy looked at him and laughed
Фея посмотрела на него и рассмеялась
Pinocchio was very confused about his situation
Пиноккио был очень смущен своей ситуацией
he did not know why his nose had grown
Он не знал, почему у него вырос нос
"What are you laughing at?" asked the puppet
"Над чем ты смеешься?" - спросила кукла
"I am laughing at the lies you've told me"
«Я смеюсь над ложью, которую ты мне сказал»
"how can you know that I have told lies?"
— Откуда вы можете знать, что я солгал?
"Lies, my dear boy, are found out immediately"
«Ложь, мой дорогой мальчик, разоблачается сразу»
"in this world there are two sorts of lies"
«В этом мире есть два вида лжи»
"There are lies that have short legs"
«Есть ложь, у которой короткие ноги»
"and there are lies that have long noses"
"А есть ложь, у которой длинные носы"
"Your lie is one of those that has a long nose"
"Ваша ложь - одна из тех, у которых длинный нос"
Pinocchio did not know where to hide himself
Буратино не знал, где спрятаться
he was ashamed of his lies being discovered
Ему было стыдно за то, что его ложь была раскрыта
he tried to run out of the room
Он попытался выбежать из комнаты
but he did not succeed at escaping

Но бежать ему не удалось
his nose had gotten too long to escape
Его нос стал слишком длинным, чтобы вырваться
and he could no longer pass through the door
и он больше не мог пройти через дверь

Pinocchio Meets the Fox and the Cat Again
Пиноккио снова встречает лису и кота

the Fairy understood the importance of the lesson
Фея поняла важность урока
she let the puppet to cry for a good half-hour
Она позволила кукле плакать добрых полчаса
his nose could no longer pass through the door
его нос больше не мог пройти через дверь
telling lies is the worst thing a boy can do
Лгать – это худшее, что может сделать мальчик
and she wanted him to learn from his mistakes
И она хотела, чтобы он учился на своих ошибках
but she could not bear to see him weeping
но она не могла вынести его плача
she felt full of compassion for the puppet
Она чувствовала полное сострадания к кукле
so she clapped her hands together again
Поэтому она снова хлопнула в ладоши
a thousand large Woodpeckers flew in from the window
тысяча больших Дятлов прилетела из окна
The woodpeckers immediately perched on Pinocchio's nose
Дятлы тут же уселись на нос Буратино
and they began to peck at his nose with great zeal
И они стали клевать его нос с великим усердием
you can imagine the speed of a thousand woodpeckers
Вы можете представить себе скорость тысячи дятлов
within no time at all Pinocchio's nose was normal
в мгновение ока нос Пиноккио стал нормальным
of course you remember he always had a big nose

Конечно, вы помните, что у него всегда был большой нос

"What a good Fairy you are," said the puppet

— Какая же ты добрая фея, — сказала кукла

and Pinocchio dried his tearful eyes

и Буратино вытер свои заплаканные глаза

"and how much I love you!" he added

«И как сильно я тебя люблю!» — добавил он

"I love you also," answered the Fairy

— Я и тебя люблю, — ответила Фея

"if you remain with me you shall be my little brother"

«Если ты останешься со мной, ты будешь моим младшим братом»

"and I will be your good little sister"

«И я буду твоей хорошей сестрой»

"I would like to remain very much," said Pinocchio

«Я бы очень хотел остаться», — сказал Пиноккио

"but I have to go back to my poor papa"

— Но мне нужно вернуться к моему бедному папе.

"I have thought of everything," said the fairy

— Я все продумала, — сказала фея

"I have already let your father know"

«Я уже сообщил твоему отцу»

"and he will come here tonight"

«И Он придет сюда сегодня вечером»

"Really?" shouted Pinocchio, jumping for joy

«Правда?» — закричал Пиноккио, подпрыгивая от радости

"Then, little Fairy, I have a wish"

«Тогда, маленькая Фея, у меня есть желание»

"I would very much like to go and meet him"

«Я бы очень хотел поехать и встретиться с ним»

"I want to give a kiss to that poor old man"

«Я хочу поцеловать этого бедного старика»

"he has suffered so much on my account"

«Он так много пострадал из-за меня»

"Go, but be careful not to lose your way"

«Иди, но будь осторожен, чтобы не заблудиться»

"Take the road that goes through the woods"
«Езжайте по дороге, которая идет через лес»
"I am sure that you will meet him there"
«Я уверен, что вы встретите его там»
Pinocchio set out to go through the woods
Пиноккио отправляется идти по лесу
once in the woods he began to run like a kid
Однажды в лесу он начал бегать, как пацан
But then he had reached a certain spot in the woods
Но тут он добрался до одного места в лесу
he was almost in front of the Big Oak tree
он был почти перед Большим Дубом
he thought he heard people amongst the bushes
Ему показалось, что он слышит людей в кустах
In fact, two persons came out on to the road
На самом деле на дорогу вышли два человека
Can you guess who they were?
Догадываетесь, кто это был?
they were his two travelling companions
Они были двумя его спутниками в путешествии
in front of him was the Fox and the Cat
перед ним были Лиса и Кошка
his companions who had taken him to the inn
его спутники, которые отвели его в гостиницу

"Why, here is our dear Pinocchio!" cried the Fox
"Да вот и наш милый Пиноккио!" - воскликнула Лиса
and he kissed and embraced his old friend
и он поцеловал и обнял своего старого друга
"How came you to be here?" asked the fox
"Как ты здесь оказался?" - спросил лис
"How come you to be here?" repeated the Cat
"Как же ты здесь оказался?" - повторил Кот
"It is a long story," answered the puppet
— Это долгая история, — ответила кукла
"I will tell you the story when I have time"
«Я расскажу вам эту историю, когда у меня будет время»
"but I must tell you what happened to me"
— Но я должен рассказать вам, что со мной случилось.
"do you know that the other night I met with assassins?"
— Ты знаешь, что на днях я встречался с убийцами?
"Assassins! Oh, poor Pinocchio!" worried the Fox
«Убийцы! О, бедный Пиноккио!» - забеспокоился Лис
"And what did they want?" he asked
«А что они хотели?» — спросил он
"They wanted to rob me of my gold pieces"
«Они хотели отнять у меня мои золотые монеты»
"Villains!" said the Fox
"Злодеи!" - сказала Лиса
"Infamous villains!" repeated the Cat
"Гнусные злодеи!" - повторил Кот
"But I ran away from them," continued the puppet
— Но я убежала от них, — продолжала кукла
"they did their best to catch me"
«Они сделали все возможное, чтобы поймать меня»
"and after a long chase they did catch me"
"И после долгой погони они меня поймали"
"they hung me from a branch of that oak tree"
«Они повесили меня на ветке того дуба»
And Pinocchio pointed to the Big Oak tree
И Буратино указал на Большой Дуб
the Fox was appalled by what he had heard

Лис был потрясен услышанным
"Is it possible to hear of anything more dreadful?"
— Разве можно услышать о чем-нибудь более ужасном?
"In what a world we are condemned to live!"
«В каком мире мы обречены жить!»
"Where can respectable people like us find a safe refuge?"
«Где такие уважаемые люди, как мы, могут найти безопасное убежище?»
the conversation went on this way for some time
Так продолжался разговор некоторое время
in this time Pinocchio observed something about the Cat
в это время Пиноккио заметил что-то о Коте
the Cat was lame of her front right leg
Кошка хромала на переднюю правую ногу
in fact, she had lost her paw and all its claws
На самом деле, она потеряла свою лапу и все ее когти
Pinocchio wanted to know what had happened
Буратино хотел знать, что произошло
"What have you done with your paw?"
— Что ты сделал со своей лапой?
The Cat tried to answer, but became confused
Кот попытался ответить, но растерялся
the Fox jumped in to explain what had happened
Лис вмешался, чтобы объяснить, что произошло
"you must know that my friend is too modest"
«Вы должны знать, что мой друг слишком скромен»
"her modesty is why she doesn't usually speak"
«Ее скромность — вот почему она обычно не говорит»
"so let me tell the story for her"
«Так что позволь мне рассказать ей историю»
"an hour ago we met an old wolf on the road"
"Час назад мы встретили на дороге старого волка"
"he was almost fainting from want of food"
«Он чуть не упал в обморок от недостатка пищи»
"and he asked alms of us"
"И Он просил у нас милостыню"
"we had not so much as a fish-bone to give him"

«У нас не было даже рыбьей кости, чтобы дать ему»
"but what did my friend do?"
— Но что сделал мой друг?
"well, she really has the heart of a César"
«Ну, у нее действительно сердце Сезаря»
"She bit off one of her fore paws"
«Она откусила себе одну из передних лап»
"and the threw her paw to the poor beast"
"И бросила лапу свою бедному зверю"
"so that he might appease his hunger"
«чтобы утолить голод Свой»
And the Fox was brought to tears by his story
И Лиса была доведена до слез его рассказом
Pinocchio was also touched by the story
Пиноккио тоже был тронут этой историей
approaching the Cat, he whispered into her ear
Подойдя к Кошке, он прошептал ей на ухо
"If all cats resembled you, how fortunate the mice would be!"
«Если бы все кошки были похожи на вас, как бы повезло мышам!»
"And now, what are you doing here?" asked the Fox
"И что же ты здесь делаешь?" - спросила Лиса
"I am waiting for my papa," answered the puppet
— Я жду своего папу, — ответила кукла
"I am expecting him to arrive at any moment now"
«Я жду, что он приедет в любой момент»
"And what about your pieces of gold?"
— А как насчет твоих золотых монет?
"I have got them in my pocket," confirmed Pinocchio
«Они у меня в кармане», — подтвердил Пиноккио
although he had to explain that he had spent one coin
Хотя ему пришлось объяснить, что он потратил одну монету
the cost of their meal had come to one piece of gold
Стоимость их еды составила одну золотую монету
but he told them not to worry about that

Но он сказал им, чтобы они не беспокоились об этом
but the Fox and the Cat did worry about it
но Лиса и Кошка беспокоились об этом
"Why do you not listen to our advice?"
— Почему ты не слушаешь наших советов?
"by tomorrow you could have one or two thousand!"
«К завтрашнему дню у вас может быть одна или две тысячи!»
"Why don't you bury them in the Field of Miracles?"
«Почему бы вам не похоронить их в Поле Чудес?»
"Today it is impossible," objected Pinocchio
— Сегодня это невозможно, — возразил Буратино
"but don't worry, I will go another day"
«Но не волнуйся, я уйду в другой день»
"Another day it will be too late!" said the Fox
"Еще раз будет поздно!" - сказала Лиса
"Why would it be too late?" asked Pinocchio
«Почему бы уже не поздно?» — спросил Пиноккио
"Because the field has been bought by a gentleman"
«Потому что поле купил джентльмен»
"after tomorrow no one will be allowed to bury money there"
"После завтрашнего дня никому не будет позволено закапывать там деньги"
"How far off is the Field of Miracles?"
«Как далеко находится Поле Чудес?»
"It is less than two miles from here"
«Отсюда меньше двух миль»
"Will you come with us?" asked the Fox
"Ты пойдешь с нами?" - спросила Лиса
"In half an hour we can be there"
«Через полчаса мы можем быть на месте»
"You can bury your money straight away"
«Вы можете сразу закопать свои деньги»
"and in a few minutes you will collect two thousand coins"
"И за несколько минут вы соберете две тысячи монет"
"and this evening you will return with your pockets full"

"И сегодня вечером ты вернешься с полными карманами"
"Will you come with us?" the Fox asked again
"Ты пойдешь с нами?" - снова спросила Лиса
Pinocchio thought of the good Fairy
Пиноккио подумал о доброй Фее
and Pinocchio thought of old Geppetto
а Пиноккио подумал о старом Джеппетто
and he remembered the warnings of the talking little cricket
И он вспомнил предостережения говорящего маленького сверчка
and he hesitated a little before answering
И он немного помедлил, прежде чем ответить
by now you know what kind of boy Pinocchio is
Теперь вы уже знаете, какой мальчик Пиноккио
Pinocchio is one of those boys without much sense
Пиноккио – один из тех мальчишек без особого смысла
he ended by giving his head a little shake
В заключение он слегка покачал головой
and then he told the Fox and the Cat his plans
и тогда он рассказал Лисе и Коту о своих планах
"Let us go: I will come with you"
«Отпусти нас: я пойду с тобой»
and they went to the field of miracles
И пошли они на поле чудес
they walked for half a day and reached a town
Они шли полдня и добрались до города
the town was the Trap for Blockheads
город был ловушкой для болванов
Pinocchio noticed something interesting about this town
Буратино заметил кое-что интересное в этом городке
everywhere where you looked there were dogs
Куда бы вы ни посмотрели, везде были собаки
all the dogs were yawning from hunger
Все собаки зевали от голода
and he saw shorn sheep trembling with cold
и он увидел остриженных овец, дрожащих от холода
even the cockerels were begging for Indian corn

даже петушки выпрашивали индийскую кукурузу
there were large butterflies that could no longer fly
появились большие бабочки, которые уже не могли летать
because they had sold their beautiful coloured wings
Потому что они продали свои красивые цветные крылья
there were peacocks that were ashamed to be seen
Были павлины, которых стыдилось видеть
because they had sold their beautiful coloured tails
потому что они продали свои красивые цветные хвосты
and pheasants went scratching about in a subdued fashion
и фазаны стали приглушенно чесаться
they were mourning for their gold and silver feathers
они оплакивали свои золотые и серебряные перья
most were beggars and shamefaced creatures
Большинство из них были нищими и стыдливыми существами
but among them some lordly carriage passed
но среди них проезжала какая-то барская карета
the carriages contained a Fox, or a thieving Magpie
в каретах была лиса или вороватая сорока
or the carriage seated some other ravenous bird of prey
или в карете сидела какая-нибудь другая хищная птица
"And where is the Field of Miracles?" asked Pinocchio
«А где же находится Поле чудес?» — спросил Пиноккио
"It is here, not two steps from us"
«Оно здесь, а не в двух шагах от нас»
They crossed the town and and went over a wall
Они пересекли город и перелезли через стену
and then they came to a solitary field
И тогда они вышли на уединенное поле
"Here we are," said the Fox to the puppet
— Вот и мы, — сказала Лиса кукле
"Now stoop down and dig with your hands a little hole"
«Теперь наклонись и выкопай своими руками маленькую ямку»
"and put your gold pieces into the hole"
"И положи в дыру свои золотые монеты"

Pinocchio obeyed what the fox had told him
Пиноккио повиновался тому, что сказал ему лис
He dug a hole and put into it the four gold pieces
Он выкопал яму и положил в нее четыре золотых монеты
and then he filled up the hole with a little earth
а затем засыпал яму небольшим количеством земли
"Now, then," said the Fox, "go to that canal close to us"
— Ну, а теперь, — сказала Лиса, — ступай к тому каналу поближе к нам.
"fetch a bucket of water from the canal"
"Принесите ведро воды из канала"
"water the ground where you have sowed the gold"
«Поливайте землю, где ты посеял золото»
Pinocchio went to the canal without a bucket
Буратино пошел на канал без ведра
as he had no bucket, he took off one of his old shoes
Так как у него не было ведра, он снял один из своих старых ботинок
and he filled his shoe with water
и он наполнил свой ботинок водой
and then he watered the ground over the hole
А потом полил землю над лункой
He then asked, "Is there anything else to be done?
Затем он спросил: «Есть ли что-нибудь еще, что нужно сделать?
"you need not do anything else," answered the Fox
— Вам больше ничего не нужно делать, — ответила Лиса
"there is no need for us to stay here"
«Нам не нужно здесь оставаться»
"you can return in about twenty minutes"
«Вы можете вернуться примерно через двадцать минут»
"and then you will find a shrub in the ground"
"И тогда ты найдешь куст в земле"
"the tree's branches will be loaded with money"
«Ветви дерева будут нагружены деньгами»
The poor puppet was beside himself with joy
Бедная кукла была вне себя от радости

he thanked the Fox and the Cat a thousand times
он тысячу раз благодарил Лису и Кота
and he promised them many beautiful presents
и он обещал им много прекрасных подарков
"We wish for no presents," answered the two rascals
- Мы не желаем подарков, - ответили два негодяя
"It is enough for us to have taught you how to enrich yourself"
«Нам достаточно того, что мы научили вас обогащаться»
"there is nothing worse than seeing others do hard work"
«Нет ничего хуже, чем видеть, как другие выполняют тяжелую работу»
"and we are as happy as people out for a holiday"
«И мы счастливы, как люди, вышедшие на праздник»
Thus saying, they took leave of Pinocchio
Сказав это, они простились с Буратино
and they wished him a good harvest
и пожелали ему хорошего урожая
and then they went about their business
А дальше они занимались своими делами

Pinocchio is Robbed of his Money
У Пиноккио Украли Деньги

The puppet returned to the town
Кукла вернулась в город
and he began to count the minutes one by one
И он начал отсчитывать минуты одну за другой
and soon he thought he had counted long enough
и вскоре он подумал, что считает достаточно долго
so he took the road leading to the Field of Miracles
поэтому он выбрал дорогу, ведущую к Полю Чудес
And he walked along with hurried steps
И он шел торопливыми шагами
and his heart beat fast with great excitement
и сердце его билось быстро от великого волнения

like a drawing-room clock going very well
как часы в гостиной идут очень хорошо
Meanwhile he was thinking to himself:
Между тем он думал про себя:
"what if I don't find a thousand gold pieces?"
«Что, если я не найду тысячу золотых?»
"what if I find two thousand gold pieces instead?"
«Что, если вместо этого я найду две тысячи золотых?»
"but what if I don't find two thousand gold pieces?"
— А что, если я не найду две тысячи золотых?
"what if I find five thousand gold pieces!"
«А вдруг я найду пять тысяч золотых!»
"what if I find a hundred thousand gold pieces??"
«Что, если я найду сто тысяч золотых??»
"Oh! what a fine gentleman I should then become!"
— О! Каким же прекрасным джентльменом я стал бы тогда!
"I could live in a beautiful palace"
«Я мог бы жить в красивом дворце»
"and I would have a thousand little wooden horses"
«И у меня была бы тысяча маленьких деревянных лошадок»
"a cellar full of currant wine and sweet syrups"
"Погреб, полный смородинового вина и сладких сиропов"
"and a library quite full of candies and tarts"
«И библиотека, полная конфет и пирожных»
"and I would have plum-cakes and macaroons"
"А я бы ел сливовые пирожные и макаруны"
"and I would have biscuits with cream"
"а я бы печенье с кремом"
he walked along building castles in the sky
Он ходил по нему, строя в небе замки
and he build many of these castles in the sky
И многие из этих замков он построил в небе
and eventually he arrived at the edge of the field
И в конце концов он оказался на краю поля
and he stopped to look about for a tree

и он остановился, чтобы оглядеться в поисках дерева
there were other trees in the field
В поле были и другие деревья
but they had been there when he had left
но они были там, когда он ушел
and he saw no money tree in all the field
и не видел он денежного дерева во всем поле
He walked along the field another hundred steps
Он прошел по полю еще на сто шагов
but he couldn't find the tree he was looking for
Но он не мог найти дерево, которое искал
he then entered into the field
Затем он вступил в поле
and he went up to the little hole
И он подошел к маленькой дырочке
the hole where he had buried his coins
яма, где он закопал свои монеты
and he looked at the hole very carefully
И он очень внимательно посмотрел на отверстие
but there was definitely no tree growing there
Но дерева там точно не росло
He then became very thoughtful
Тогда он стал очень задумчивым
and he forget the rules of society
и он забывает о правилах общества
and he didn't care for good manners for a moment
И на мгновение он перестал заботиться о хороших манерах
he took his hands out of his pocket
Он вынул руки из кармана
and he gave his head a long scratch
и он долго чесал голову
At that moment he heard an explosion of laughter
В этот момент он услышал взрыв смеха
someone close by was laughing himself silly
Кто-то рядом сам глупо смеялся
he looked up one of the nearby trees

Он посмотрел на одно из ближайших деревьев
he saw a large Parrot perched on a branch
он увидел большого попугая, сидящего на ветке
the parrot brushed the few feathers he had left
попугай почистил несколько оставшихся перьев
Pinocchio asked the parrot in an angry voice;
— сердито спросил Пиноккио у попугая.
"Why are you here laughing so loud?"
«Почему ты здесь так громко смеешься?»
"I am laughing because in brushing my feathers"
«Я смеюсь, потому что расчесываю свои перья»
"I was just brushing a little under my wings"
«Я просто немного подметал себе под крыло»
"and while brushing my feathers I tickled myself"
"и, расчесывая свои перья, я щекотал себя"
The puppet did not answer the parrot
Кукла не ответила попугаю
but instead Pinocchio went to the canal
но вместо этого Буратино отправился на канал
he filled his old shoe full of water again
Он снова наполнил свой старый ботинок водой
and he proceeded to water the hole once more
И он снова начал поливать яму
While he was busy doing this he heard more laughter
Пока он был занят этим, он услышал еще больше смеха
the laughter was even more impertinent than before
Смех стал еще более дерзким, чем раньше
it rang out in the silence of that solitary place
Он раздавался в тишине этого уединенного места
Pinocchio shouted out even angrier than before
Пиноккио закричал еще злее, чем раньше
"Once for all, may I know what you are laughing at?"
«Раз и навсегда, могу ли я узнать, над чем вы смеетесь?»
"I am laughing at simpletons," answered the parrot
— Я смеюсь над простаками, — ответил попугай
"simpletons who believe in foolish things
"Простаки, которые верят в глупости

"the foolish things that people tell them"
«глупости, которые им говорят»
"I laugh at those who let themselves be fooled"
«Я смеюсь над теми, кто позволяет себя обмануть»
"fooled by those more cunning than they are"
"одурачены теми, кто хитрее их есть"
"Are you perhaps speaking of me?"
— Может быть, ты говоришь обо мне?
"Yes, I am speaking of you, poor Pinocchio"
«Да, я говорю о тебе, бедный Пиноккио»
"you have believed a very foolish thing"
«Вы поверили в очень глупую вещь»
"you believed that money can be grown in fields"
«Вы считали, что деньги можно вырастить в полях»
"you thought money can be grown like beans"
«Вы думали, что деньги можно вырастить, как бобы»
"I also believed it once," admitted the parrot
— Я тоже когда-то в это верил, — признался попугай
"and today I am suffering for having believed it"
«и сегодня я страдаю за то, что верил в это»
"but I have learned my lesson from that trick"
— Но я извлек урок из этого трюка.
"I turned my efforts to honest work"
«Я направил свои усилия на честную работу»
"and I have put a few pennies together"
«и я сложил несколько грошей»
"it is necessary to know how to earn your pennies"
"Надо уметь зарабатывать свои копейки"
"you have to earn them either with your hands"
"их надо зарабатывать либо руками"
"or you have to earn them with your brains"
"Или их надо зарабатывать своими мозгами"
"I don't understand you," said the puppet
— Я тебя не понимаю, — сказала кукла
and he was already trembling with fear
А он уже дрожал от страха
"Have patience!" rejoined the parrot

— Наберись терпения, — возразил попугай
"I will explain myself better, if you let me"
«Я лучше объяснюсь, если вы позволите»
"there is something that you must know"
«Есть кое-что, что вы должны знать»
"something happened while you were in the town"
«Что-то произошло, пока ты был в городе»
"the Fox and the Cat returned to the field"
«Лиса и Кошка вернулись в поле»
"they took the money you had buried"
«Они забрали деньги, которые вы закопали»
"and then they fled from the scene of the crime"
"А потом скрылись с места преступления"
"And now he that catches them will be clever"
«А теперь ловящий их будет умнее»
Pinocchio remained with his mouth open
Буратино остался с открытым ртом
and he chose not to believe the Parrot's words
и он предпочел не верить словам Попугая
he began with his hands to dig up the earth
он начал руками перекапывать землю
And he dug deep into the ground
И глубоко в землю закопал
a rick of straw could have stood in the hole
В яме мог стоять клочок соломы
but the money was no longer there
Но денег уже не было
He rushed back to the town in a state of desperation
В отчаянии он помчался обратно в город
and he went at once to the Courts of Justice
и он тотчас же отправился в суд
and he spoke directly with the judge
И он говорил непосредственно с судьей
he denounced the two knaves who had robbed him
Он донес на двух мошенников, которые его ограбили
The judge was a big ape of the gorilla tribe
Судья был большой обезьяной из племени горилл

an old ape respectable because of his white beard
старая обезьяна, респектабельная из-за своей белой бороды
and he was respectable for other reasons
и он был респектабельным по другим причинам
because he had gold spectacles on his nose
потому что у него на носу были золотые очки
although, his spectacles were without glass
Хотя, очки у него были без стекол
but he was always obliged to wear them
но он всегда был вынужден их носить
on account of an inflammation of the eyes
из-за воспаления глаз

Pinocchio told him all about the crime
Буратино рассказал ему все о преступлении
the crime of which he had been the victim of
преступление, жертвой которого он стал
He gave him the names and the surnames
Он дал ему имена и фамилии
and he gave all the details of the rascals
И он рассказал все подробности о негодяях
and he ended by demanding to have justice
И он закончил тем, что потребовал справедливости
The judge listened with great benignity
Судья выслушал его с большим благосклонностью
he took a lively interest in the story
Он проявил живой интерес к этой истории
he was much touched and moved by what he heard
Он был очень тронут и тронут услышанным
finally the puppet had nothing further to say
В конце концов марионетке больше нечего было сказать
and then the gorilla rang a bell
И тогда горилла позвонила в колокольчик
two mastiffs appeared at the door
В дверях появились два мастифа
the dogs were dressed as gendarmes
Собаки были одеты как жандармы
The judge then pointed to Pinocchio
Затем судья указал на Пиноккио
"That poor devil has been robbed"
«Этого бедного дьявола ограбили»
"rascals took four gold pieces from him"
"Негодяи забрали у него четыре золотых"
"take him away to prison immediately," he ordered
«Немедленно отведите его в тюрьму», — приказал он
The puppet was petrified on hearing this
Кукла окаменела, услышав это
it was not at all the judgement he had expected
Это было совсем не то суждение, которого он ожидал
and he tried to protest the judge

и он попытался выразить протест судье
but the gendarmes stopped his mouth
Но жандармы заткнули ему рот
they didn't want to lose any time
Они не хотели терять время
and they carried him off to the prison
И отнесли его в темницу
And there he remained for four long months
И там он оставался в течение четырех долгих месяцев
and he would have remained there even longer
и остался бы он там еще дольше
but puppets do sometimes have good fortune too
Но и куклам иногда везет
a young King ruled over the Trap for Blockheads
молодой король правил Ловушкой для Болванов
he had won a splendid victory in battle
Он одержал блестящую победу в битве
because of this he ordered great public rejoicings
Из-за этого он приказал устраивать большие общественные торжества
There were illuminations and fireworks
Была иллюминация и фейерверк
and there were horse and velocipede races
и были скачки на лошадях и велосипедах
the King was so happy he released all prisoners
Король был так счастлив, что освободил всех пленных
Pinocchio was very happy at this news
Буратино очень обрадовался этой новости
"if they are freed, then so am I"
"если они освобождены, то и я тоже"
but the jailor had other orders
Но у тюремщика были другие приказы
"No, not you," said the jailor
— Нет, не ты, — сказал тюремщик
"because you do not belong to the fortunate class"
«Потому что вы не принадлежите к классу счастливчиков»
"I beg your pardon," replied Pinocchio

— Прошу прощения, — ответил Пиноккио
"I am also a criminal," he proudly said
«Я тоже преступник», — с гордостью сказал он
the jailor looked at Pinocchio again
тюремщик снова посмотрел на Буратино
"In that case you are perfectly right"
«В таком случае вы совершенно правы»
and he took off his hat
и он снял шляпу
and he bowed to him respectfully
и тот почтительно поклонился ему
and he opened the prison doors
и он отворил двери темницы
and he let the little puppet escape
И он позволил маленькой марионетке сбежать

Pinocchio Goes back to the Fairy's House
Пиноккио возвращается в дом феи

You can imagine Pinocchio's joy
Вы можете представить себе радость Буратино
finally he was free after four months
Наконец он был освобожден через четыре месяца
but he didn't stop in order to celebrate
Но он не остановился, чтобы отпраздновать
instead, he immediately left the town
Вместо этого он немедленно покинул город
he took the road that led to the Fairy's house
он пошел по дороге, которая вела к дому Феи
there had been a lot of rain in recent days
В последние дни было много дождей
so the road had become a went boggy and marsh
Таким образом, дорога превратилась в заболоченную и болотистую
and Pinocchio sank knee deep into the mud
а Буратино по колено утонул в грязи

But the puppet was not one to give up
Но кукла была не из тех, кто сдается
he was tormented by the desire to see his father
Его мучило желание увидеть отца
and he wanted to see his little sister again too
И он тоже хотел снова увидеть свою младшую сестру
and he ran through the marsh like a greyhound
И бежал он по болоту, как борзая
and as he ran he was splashed with mud
и когда он бежал, он был забрызган грязью
and he was covered from head to foot
и он был покрыт с ног до головы
And he said to himself as he went along:
И он сказал себе, идя дальше:
"How many misfortunes have happened to me"
«Сколько несчастий случилось со мной»
"But I deserved these misfortunes"
«Но я заслужил эти несчастья»
"because I am an obstinate, passionate puppet"
«потому что я упрямая, страстная марионетка»

"I am always bent upon having my own way"
«Я всегда стремлюсь идти своим путем»
"and I don't listen to those who wish me well"
«и я не слушаю тех, кто желает мне добра»
"they have a thousand times more sense than I!"
«У них в тысячу раз больше здравого смысла, чем у меня!»
"But from now I am determined to change"
«Но с этого момента я полон решимости измениться»
"I will become orderly and obedient"
«Я стану послушным и послушным»
"because I have seen what happened"
"потому что я видел, что произошло"
"disobedient boys do not have an easy life"
«У непослушных мальчишек нелегкая жизнь»
"they come to no good and gain nothing"
«Они не приходят ни к чему хорошему и ничего не приобретают»
"And has my papa waited for me?"
— А мой папа ждал меня?
"Shall I find him at the Fairy's house?"
— Найду ли я его в доме Феи?
"it has been so long since I last saw him"
«Я так давно его не видела»
"I am dying to embrace him again"
«Я умираю от желания снова обнять его»
"I can't wait to cover him with kisses!"
«Не могу дождаться, чтобы покрыть его поцелуями!»
"And will the Fairy forgive me my bad conduct?"
— И простит ли мне Фея мое дурное поведение?
"To think of all the kindness I received from her"
«Подумать только, сколько доброты я получил от нее»
"oh how lovingly did she care for me"
«О, как любовно она заботилась обо мне»
"that I am now alive I owe to her!"
«Тем, что я теперь жив, я обязан ей!»
"could you find a more ungrateful boy"
«Мог бы ты найти более неблагодарного мальчика?»

"is there a boy with less heart than I have?"
— Есть ли мальчик с меньшим сердцем, чем у меня?
Whilst he was saying this he stopped suddenly
Говоря это, он внезапно остановился
he was frightened to death
Он был напуган до смерти
and he made four steps backwards
И он сделал четыре шага назад
What had Pinocchio seen?
Что видел Буратино?
He had seen an immense Serpent
Он видел огромного Змея
the snake was stretched across the road
змей был растянут поперек дороги
the snake's skin was a grass green colour
Кожа змеи была травянисто-зеленого цвета
and it had red eyes in its head
и у него были красные глаза на голове
and it had a long and pointed tail
и у него был длинный и заостренный хвост
and the tail was smoking like a chimney
А хвост дымился, как дымоход

It would be impossible to imagine the puppet's terror
Невозможно представить себе ужас марионетки
He walked away to a safe distance
Он отошел на безопасное расстояние
and he sat on a heap of stones
и сел он на груду камней
there he waited until the Serpent had finished
там он ждал, пока Змей не закончит
soon the Serpent's business should be done
скоро дело Змея должно быть закончено
He waited an hour; two hours; three hours
Он подождал час; Два часа; Три часа
but the Serpent was always there
но Змей всегда был рядом
even from a distance he could see his fiery eyes
Даже издалека он мог видеть его огненные глаза
and he could see the column of smoke
и он мог видеть столб дыма
the smoke that ascended from the end of his tail
дым, поднимавшийся с конца его хвоста
At last Pinocchio tried to feel courageous
Наконец Пиноккио попытался почувствовать себя мужественным
and he approached to within a few steps
и он подошел на несколько шагов
he spoke to the Serpent in a little soft voice
он заговорил со Змеем маленьким мягким голосом
"Excuse me, Sir Serpent," he insinuated
— Простите, сэр Змей, — намекнул он
"would you be so good as to move a little?"
— Не могли бы вы быть так добры, чтобы немного пошевелиться?
"just a step to the side, if you could"
«Всего лишь шаг в сторону, если можно»
He might as well have spoken to the wall
С таким же успехом он мог бы говорить со стеной

He began again in the same soft voice:
Он снова начал тем же мягким голосом:
"please know, Sir Serpent, I am on my way home"
«Пожалуйста, знайте, сэр Змей, я возвращаюсь домой»
"my father is waiting for me"
«Мой отец ждет меня»
"and it has been such a long time since I saw him!"
— И я так давно его не видела!
"Will you, therefore, allow me to continue?"
— Итак, позволите мне продолжить?
He waited for a sign in answer to this request
Он ждал подписи в ответ на эту просьбу
but the snake made no answer
Но змея ничего не ответила
up to that moment the serpent had been sprightly
До этого момента змей был бодр
up until then it had been full of life
До этого момента он был полон жизни
but now he became motionless and almost rigid
Но теперь он стал неподвижным и почти неподвижным
He shut his eyes and his tail ceased smoking
Он закрыл глаза, и его хвост перестал дымиться
"Can he really be dead?" said Pinocchio
«Неужели он действительно мертв?» — спросил Пиноккио
and he rubbed his hands with delight
и он потер руки от восторга
He decided to jump over him
Он решил перепрыгнуть через него
and then he could reach the other side of the road
и тогда он мог бы добраться до другой стороны дороги
Pinocchio took a little run up
Буратино немного разбежался
and he went to jump over the snake
И он пошел прыгать через змею
but suddenly the Serpent raised himself on end
но вдруг Змей встал дыбом
like a spring set in motion

как пружина, приведенная в движение
and the puppet stopped just in time
И марионетка остановилась как раз вовремя
he stopped his feet from jumping
Он остановил ноги, чтобы не прыгать
and he fell to the ground
и он упал на землю
he fell rather awkwardly into the mud
Он довольно неловко упал в грязь
his head got stuck in the mud
его голова застряла в грязи
and his legs went into the air
и его ноги взлетели в воздух
the Serpent went into convulsions of laughter
Змей разразился смехом в конвульсиях
it laughed until he broke a blood-vessel
он смеялся до тех пор, пока не разорвал кровеносный сосуд
and the snake died from all its laughter
и змей умер от всего своего смеха
this time the snake really was dead
На этот раз змея действительно была мертва
Pinocchio then set off running again
Затем Пиноккио снова пустился в бег
he hoped to reach the Fairy's house before dark
он надеялся добраться до дома Феи до наступления темноты
but soon he had other problems again
Но вскоре у него снова появились другие проблемы
he began to suffer so dreadfully from hunger
Он начал так ужасно страдать от голода
and he could not bear the hunger any longer
и он не мог больше терпеть голод
he jumped into a field by the wayside
Он прыгнул в поле на обочине дороги
perhaps there were some grapes he could pick
Возможно, там был виноград, который он мог бы сорвать

Oh, if only he had never done it!
О, если бы он никогда этого не сделал!
He had scarcely reached the grapes
Он едва добрался до винограда
and then there was a "cracking" sound
А потом раздался «треск»
his legs were caught between something
Его ноги застряли между чем-то
he had stepped into two cutting iron bars
Он наступил на два режущих железных бруса
poor Pinocchio became giddy with pain
У бедного Буратино закружилась голова от боли
stars of every colour danced before his eyes
Звезды всех цветов танцевали перед его глазами
The poor puppet had been caught in a trap
Бедная кукла попала в ловушку
it had been put there to capture polecats
Он был поставлен там, чтобы ловить хорьков

Pinocchio Becomes a Watch-Dog
Пиноккио становится сторожевым псом

Pinocchio began to cry and scream
Буратино начал плакать и кричать
but his tears and groans were useless
Но его слезы и стоны были бесполезны
because there was not a house to be seen
потому что не было видно ни одного дома
nor did living soul pass down the road
и живая душа не проходила по дороге
At last the night had come on
Наконец наступила ночь
the trap had cut into his leg
Ловушка врезалась ему в ногу
the pain brought him the point of fainting
Боль довела его до обморока
he was scared from being alone
Он боялся оставаться в одиночестве
he didn't like the darkness
Ему не нравилась темнота
Just at that moment he saw a Firefly
Как раз в этот момент он увидел светлячка
He called to the firefly and said:
Он позвал светлячка и сказал:
"Oh, little Firefly, will you have pity on me?"
— О, маленький Светлячок, ты будешь жалеть меня?
"please liberate me from this torture"
«Пожалуйста, освободите меня от этой пытки»
"Poor boy!" said the Firefly
"Бедный мальчик!" - сказал Светлячок
the Firefly stopped and looked at him with compassion
Светлячок остановился и посмотрел на него с состраданием
"your legs have been caught by those sharp irons"
«Твои ноги были зажаты этими острыми железами»
"how did you get yourself into this trap?
«Как ты попал в эту ловушку?
"I came into the field to pick grapes"
«Я пришел в поле собирать виноград»

"But where did you plant your grapes?"
«Но где вы посадили свой виноград?»
"No, they were not my grapes"
«Нет, это был не мой виноград»
"who taught you to carry off other people's property?"
«Кто научил вас уносить чужое имущество?»
"I was so hungry," Pinocchio whimpered
«Я был так голоден», — захныкал Пиноккио
"Hunger is not a good reason"
«Голод – не веская причина»
"we cannot appropriated what does not belong to us"
«Мы не можем присвоить то, что нам не принадлежит»
"That is true, that is true!" said Pinocchio, crying
«Это правда, это правда!» — сказал Пиноккио с криком
"I will never do it again," he promised
«Я никогда больше этого не сделаю», — пообещал он
At this moment their conversation was interrupted
В этот момент их разговор был прерван
there was a slight sound of approaching footsteps
Послышался слабый звук приближающихся шагов
It was the owner of the field coming on tiptoe
Это был хозяин поля, идущий на цыпочках
he wanted to see if he had caught a polecat
Он хотел посмотреть, поймал ли он хорька
the polecat that ate his chickens in the night
хорь, который ел его кур по ночам
but he was surprised by what was in his trap
Но он был удивлен тем, что было в его ловушке
instead of a polecat, a boy had been captured
Вместо хорька в плен попал мальчик
"Ah, little thief," said the angry peasant,
—, воришка, — сказал разгневанный мужик.
"then it is you who carries off my chickens?"
— Значит, это вы уносите моих цыплят?
"No, I have not been carrying off your chickens"
«Нет, я не уводил ваших кур»
"I only came into the field to take two grapes!"

«Я пришел в поле только для того, чтобы взять две виноградины!»
"He who steals grapes can easily steal chicken"
«Тот, кто крадет виноград, может легко украсть курицу»
"Leave it to me to teach you a lesson"
«Предоставьте мне преподать вам урок»
"and you won't forget this lesson in a hurry"
"И ты не забудешь этот урок в спешке"
Opening the trap, he seized the puppet by the collar
Открыв ловушку, он схватил марионетку за шиворот
and he carried him to his house like a young lamb
И отнес его в дом свой, как молодого агнца
they reached the yard in front of the house
Они вышли во двор перед домом
and he threw him roughly on the ground
и грубо швырнул его на землю
he put his foot on his neck and said to him:
Он поставил ему ногу на шею и сказал:
"It is late and I want to go to bed"
«Уже поздно и я хочу ложиться спать»
"we will settle our accounts tomorrow"
«Завтра мы рассчитаемся»
"the dog who kept guard at night died today"
"Сегодня умерла собака, которая несли караул по ночам"
"you will live in his place from now"
«Отныне ты будешь жить на его месте»
"You shall be my watch-dog from now"
«Отныне ты будешь моим сторожевым псом»
he took a great dog collar covered with brass knobs
Он взял большой собачий ошейник, покрытый латунными набалдашниками
and he strapped the dog collar around Pinocchio's neck
и он накинул собачий ошейник на шею Пиноккио
it was so tight that he could not pull his head out
Она была настолько тугой, что он не мог вытащить голову
the dog collar was attached to a heavy chain
Собачий ошейник крепился на тяжелую цепь

and the heavy chain was fastened to the wall
и тяжелая цепь была прикреплена к стене
"If it rains tonight you can go into the kennel"
«Если сегодня ночью пойдет дождь, вы можете пойти в конуру»
"my poor dog had a little bed of straw in there"
«У моей бедной собаки там была маленькая подстилка из соломы»
"remember to keep your ears pricked for robbers"
«Не забывайте держать ухо востро в ожидании грабителей»
"and if you hear robbers, then bark loudly"
"а если слышишь разбойников, то громко лаешь"
Pinocchio had received his orders for the night
Пиноккио получил приказ на ночь
and the poor man finally went to bed
И бедняга наконец лег спать

Poor Pinocchio remained lying on the ground
Бедный Буратину остался лежать на земле
he felt more dead than he felt alive
Он чувствовал себя скорее мертвым, чем живым
the cold, and hunger, and fear had taken all his energy
Холод, голод и страх отняли у него все силы
From time to time he put his hands angrily to the go collar
Время от времени он сердито прикладывал руки к воротнику
"It serves me right!" he said to himself
«Это служит мне по праву!» — сказал он себе
"I was determined to be a vagabond"
«Я был полон решимости стать бродягой»
"I wanted to live the life of a good-for-nothing"
«Я хотел жить жизнью никчемного человека»
"I used to listen to bad companions"
«Раньше я слушал плохих товарищей»
"and that is why I always meet with misfortunes"
"и именно поэтому я всегда встречаюсь с несчастьями"
"if only I had been a good little boy"
«Если бы я только был хорошим маленьким мальчиком»
"then I would not be in the midst of the field"
«тогда я не был бы посреди поля»
"I wouldn't be here if I had stayed at home"
«Меня бы здесь не было, если бы я остался дома»
"I wouldn't be a watch-dog if I had stayed with my papa"
«Я не был бы сторожевым псом, если бы остался с папой»
"Oh, if only I could be born again!"
«О, если бы я только мог родиться свыше!»
"But now it is too late to change anything"
«Но сейчас уже слишком поздно что-либо менять»
"the best thing to do now is having patience!"
«Лучшее, что можно сделать сейчас, — это набраться терпения!»
he was relieved by this little outburst
Он почувствовал облегчение от этой небольшой вспышки
because it had come straight from his heart

Потому что это исходило прямо из его сердца
and he went into the dog-kennel and fell asleep
И он пошел в собачью конуру и заснул

Pinocchio Discovers the Robbers
Пиноккио обнаруживает грабителей

He had been sleeping heavily for about two hours
Он крепко спал около двух часов
then he was aroused by a strange whispering
Затем его разбудил странный шепот
the strange voices were coming from the courtyard
Странные голоса доносились со двора
he put the point of his nose out of the kennel
Он высунул острие своего носа из конуры
and he saw four little beasts with dark fur
и увидел он четырех зверьков с темным мехом
they looked like cats making a plan
Они выглядели как кошки, составляющие план
But they were not cats, they were polecats
Но это были не кошки, это были хорьки
what polecats are are carnivorous little animals
Кто такие хорьки – это плотоядные зверьки
they are especially greedy for eggs and young chickens
Особенно они жадны до яиц и молодых кур
One of the polecats came to the opening of the kennel
Один из хорьков пришел на открытие питомника
he spoke in a low voice, "Good evening, Melampo"
он сказал тихим голосом: «Добрый вечер, Мелампо»
"My name is not Melampo," answered the puppet
— Меня зовут не Мелампо, — ответила кукла
"Oh! then who are you?" asked the polecat
— О! Тогда кто ты?» — спросил хорек
"I am Pinocchio," answered Pinocchio
«Я Пиноккио», — ответил Пиноккио
"And what are you doing here?"

— И что ты здесь делаешь?
"I am acting as watch-dog," confirmed Pinocchio
— Я выступаю в роли сторожевого пса, — подтвердил Пиноккио
"Then where is Melampo?" wondered the polecat
«Тогда где же Мелампо?» — удивился хорек
"Where is the old dog who lived in this kennel?"
— Где старая собака, которая жила в этой конуре?
"He died this morning," Pinocchio informed
«Он умер сегодня утром», — сообщил Пиноккио
"Is he dead? Poor beast! He was so good"
«Он мертв? Бедный зверь! Он был таким хорошим»
"but I would say that you were also a good dog"
— Но я бы сказал, что ты тоже был хорошей собакой.
"I can see it in your face"
«Я вижу это по твоему лицу»
"I beg your pardon, I am not a dog"
«Прошу прощения, я не собака»
"Not a dog? Then what are you?"
«Не собака? Тогда кто ты?
"I am a puppet," corrected Pinocchio
— Я марионетка, — поправил его Буратино
"And you are acting as watch-dog?"
— И вы выступаете в качестве сторожевого пса?
"now you understand the situation"
"теперь вы понимаете ситуацию"
"I have been made to be a watch dog as a punishment"
«В наказание меня сделали сторожевым псом»
"well, then we shall tell you what the deal is"
«Ну, тогда мы расскажем вам, в чем дело»
"the same deal we had with the deceased Melampo"
«Такая же сделка была у нас с покойным Мелампо»
"I am sure you will be agree to the deal"
«Я уверен, что вы согласитесь на сделку»
"What are the conditions of this deal?"
«Каковы условия этой сделки?»
"one night a week we will visit the poultry-yard"

«Один вечер в неделю мы будем посещать птичий двор»
"and you will allow us to carry off eight chickens"
"И вы позволите нам унести восемь куриц"
"Of these chickens seven are to be eaten by us"
«Из этих цыплят семь должны быть съедены нами»
"and we will give one chicken to you"
"А мы вам одну курицу дадим"
"your end of the bargain is very easy"
"Ваша часть сделки очень проста"
"all you have to do is pretend to be asleep"
«Все, что тебе нужно сделать, это притвориться спящим»
"and don't get any ideas about barking"
"И не приходите в голову насчет лая"
"you are not to wake the peasant when we come"
«Вы не должны будить мужика, когда мы придем»
"Did Melampo act in this manner?" asked Pinocchio
«Разве Мелампо действовал таким образом?» — спросил Пиноккио
"that is the deal we had with Melampo"
«Такова сделка, которую мы заключили с Мелампо»
"and we were always on the best terms with him"
«И мы всегда были с ним в лучших отношениях
"sleep quietly and let us do our business"
«Спите спокойно и позвольте нам заниматься своими делами»
"and in the morning you will have a beautiful chicken"
"а утром у вас будет красивая курица"
"it will be ready plucked for your breakfast tomorrow"
"Он будет готов к твоему завтрашнему завтраку"
"Have we understood each other clearly?"
— Мы ясно поняли друг друга?
"Only too clearly!" answered Pinocchio
"Слишком ясно!" - ответил Пиноккио
and he shook his head threateningly
И он угрожающе покачал головой
as if to say: "You shall hear of this shortly!"
как бы говоря: «Вы скоро услышите об этом!»

the four polecats thought that they had a deal
Четыре хорька думали, что у них есть сделка
so they continued to the poultry-yard
И они продолжили путь на птичий двор
first they opened the gate with their teeth
сначала они зубами открывали ворота
and then they slipped in one by one
А потом они проскользнули один за другим
they hadn't been in the chicken-coup for long
Они недолго участвовали в курином перевороте
but then they heard the gate shut behind them
но потом они услышали, как за ними закрылись ворота
It was Pinocchio who had shut the gate
Это Пиноккио захлопнул ворота
and Pinocchio took some extra security measures
и Буратино принял некоторые дополнительные меры безопасности
he put a large stone against the gate
Он приставил большой камень к воротам
this way the polecats couldn't get out again
Таким образом, хорьки больше не могли выбраться
and then Pinocchio began to bark like a dog
и тогда Буратино начал лаять как собака
and he barked exactly like a watch-dog barks
и он лаял точно так же, как лает сторожевой пес
the peasant heard Pinocchio barking
крестьянин услышал лай Буратино
he quickly awoke and jumped out of bed
Он быстро проснулся и вскочил с постели
with his gun he came to the window
С пистолетом он подошел к окну
and from the window he called to Pinocchio
и из окна он окликнул Буратино
"What is the matter?" he asked the puppet
"В чем дело?" - спросил он у куклы
"There are robbers!" answered Pinocchio
"Там разбойники!" - ответил Буратино

"Where are they?" he wanted to know
«Где они?» — хотел он знать
"they are in the poultry-yard," confirmed Pinocchio
— Они на птичьем дворе, — подтвердил Пиноккио
"I will come down directly," said the peasant
— Я сейчас спущусь, — сказал мужик
and he came down in a great hurry
и он спустился с большой поспешностью
it would have taken less time to say "Amen"
на произнесение «Аминь» ушло бы меньше времени
He rushed into the poultry-yard
Он бросился на птичий двор
and quickly he caught all the polecats
и быстро поймал всех хорьков
and then he put the polecats into a sack
А потом он положил хорьков в мешок
he said to them in a tone of great satisfaction:
Он сказал им тоном глубокого удовлетворения:
"At last you have fallen into my hands!"
«Наконец-то ты попал в мои руки!»
"I could punish you, if I wanted to"
«Я мог бы наказать тебя, если бы захотел»
"but I am not so cruel," he comforted them
— Но я не так жесток, — утешал он их
"I will content myself in other ways"
«Я удовлетворюсь другими способами»
"I will carry you in the morning to the innkeeper"
«Я отнесу тебя утром к хозяину гостиницы»
"he will skin and cook you like hares"
«Он снимет шкуру с вас и сварит вас, как зайцев»
"and you will be served with a sweet sauce"
"И вас подадут со сладким соусом"
"It is an honour that you don't deserve"
«Это честь, которую вы не заслуживаете»
"you're lucky I am so generous with you"
«Тебе повезло, что я так щедр с тобой»
He then approached Pinocchio and stroked him

Затем он подошел к Пиноккио и погладил его
"How did you manage to discover the four thieves?"
— Как вам удалось обнаружить четверых воров?
"my faithful Melampo never found out anything!"
— Мой верный Мелампо так и ничего не узнал!
The puppet could then have told him the whole story
Тогда кукла могла бы рассказать ему всю историю
he could have told him about the treacherous deal
Он мог бы рассказать ему о предательской сделке
but he remembered that the dog was dead
Но он помнил, что собака была мертва
and the puppet thought to himself:
И кукла подумала про себя:
"of what use it it accusing the dead?"
— К чему обвинять мертвых?
"The dead are no longer with us"
«Мертвых больше нет с нами»
"it is best to leave the dead in peace!"
«Лучше всего оставить мертвых в покое!»
the peasant went on to ask more questions
Крестьянин продолжил задавать еще несколько вопросов
"were you sleeping when the thieves came?"
— Ты спал, когда пришли воры?
"I was asleep," answered Pinocchio
— Я спал, — ответил Пиноккио
"but the polecats woke me with their chatter"
"Но хорьки разбудили меня своей болтовней"
"one of the polecats came to the kennel"
"Один из хорьков пришел в питомник"
he tried to make a terrible deal with me
Он пытался заключить со мной ужасную сделку
"promise not to bark and we'll give you fine chicken"
"Обещай не лаять, и мы дадим тебе прекрасную курицу"
"I was offended by such an underhanded offer"
«Я обиделся на такое закулисное предложение»
"I can admit that I am a naughty puppet"
«Могу признать, что я непослушная марионетка»

"but there is one thing I will never be guilty of"
«Но есть одна вещь, в которой я никогда не буду виноват»
"I will not make terms with dishonest people!"
«Я не буду заключать соглашения с нечестными людьми!»
"and I will not share their dishonest gains"
"и я не буду делиться их нечестными доходами"
"Well said, my boy!" cried the peasant
"Хорошо сказано, мой мальчик!" - воскликнул крестьянин
and he patted Pinocchio on the shoulder
и он похлопал Буратино по плечу
"Such sentiments do you great honour, my boy"
— Такие чувства делают тебе великую честь, мой мальчик.
"let me show you proof of my gratitude to you"
«Позвольте мне показать вам доказательство моей благодарности вам»
"I will at once set you at liberty"
«Я сейчас же отпущу вас на свободу»
"and you may return home as you please"
«И вы можете возвращаться домой, как вам угодно»
And he removed the dog-collar from Pinocchio
И он снял собачий ошейник с Буратино

Pinocchio Flies to the Seashore
Буратино летит на берег моря

a dog-collar had hung around Pinocchio's neck
на шее Пиноккио висел собачий ошейник
but now Pinocchio had his freedom again
но теперь Пиноккио снова обрел свободу
and he wore the humiliating dog-collar no more
и он больше не носил унизительный собачий ошейник
he ran off across the fields
он побежал по полям
and he kept running until he reached the road
и он продолжал бежать, пока не достиг дороги
the road that led to the Fairy's house

дорога, которая вела к дому Феи
in the woods he could see the Big Oak tree
в лесу он мог видеть Большой Дуб
the Big Oak tree to which he had been hung
Большой дуб, на котором он был повешен
Pinocchio looked around in every direction
Буратино огляделся по сторонам
but he couldn't see his sister's house
Но он не мог видеть дом своей сестры
the house of the beautiful Child with blue hair
дом прекрасной Младенцы с голубыми волосами
Pinocchio was seized with a sad presentiment
Буратино охватило грустное предчувствие
he began to run with all the strength he had left
Он побежал изо всех сил, которые у него остались
in a few minutes he reached the field
Через несколько минут он добрался до поля
he was where the little house had once stood
Он был там, где когда-то стоял маленький домик
But the little white house was no longer there
Но маленького белого домика уже не было
Instead of the house he saw a marble stone
Вместо дома он увидел мраморный камень
on the stone were engraved these sad words:
На камне были выгравированы такие печальные слова:
"Here lies the child with the blue hair"
"Здесь лежит ребенок с синими волосами"
"she was abandoned by her little brother Pinocchio"
"ее бросил младший брат Буратино"
"and from the sorrow she succumbed to death"
«и от горя она умерла»
with difficulty he had read this epitaph
С трудом он прочитал эту эпитафию
I leave you to imagine the puppet's feelings
Я предоставляю вам представить себе чувства куклы
He fell with his face on the ground
Он упал лицом на землю

he covered the tombstone with a thousand kisses
Он покрыл надгробие тысячей поцелуев
and he burst into an agony of tears
И он разразился слезами
He cried for all of that night
Он плакал всю ту ночь
and when morning came he was still crying
И когда наступило утро, он все еще плакал
he cried although he had no tears left
Он плакал, хотя слез у него не осталось
his lamentations were heart-breaking
Его причитания были душераздирающими
and his sobs echoed in the surrounding hills
и его рыдания эхом разносились по окрестным холмам
And while he was weeping he said:
И, плача, сказал:
"Oh, little Fairy, why did you die?"
— О, маленькая Фея, почему ты умерла?
"Why did I not die instead of you?"
«Почему я не умер вместо вас?»
"I who am so wicked, whilst you were so good"
«Я, который такой злой, в то время как ты был таким добрым»
"And my papa? Where can he be?"
— А мой папа? Где он может быть?»
"Oh, little Fairy, tell me where I can find him"
«О, маленькая Фея, скажи мне, где я могу его найти?»
"for I want to remain with him always"
«Ибо я хочу быть с ним всегда»
"and I never want to leave him ever again!"
— И я никогда больше не хочу его оставлять!
"tell me that it is not true that you are dead!"
— Скажи мне, что это неправда, что ты умер!
"If you really love your little brother, come to life again"
«Если ты действительно любишь своего младшего брата, оживи снова»
"Does it not grieve you to see me alone in the world?"

— Разве вам не грустно видеть меня одного на свете?
"does it not sadden you to see me abandoned by everybody?"
— Разве вам не грустно, что меня все бросили?
"If assassins come they will hang me from the tree again"
«Если придут убийцы, они снова повесят меня на дереве»
"and this time I would die indeed"
"И на этот раз я действительно умру"
"What can I do here alone in the world?"
«Что я могу сделать здесь один в этом мире?»
"I have lost you and my papa"
«Я потерял тебя и моего папу»
"who will love me and give me food now?"
«Кто теперь будет любить меня и давать мне еду?»
"Where shall I go to sleep at night?"
«Куда мне пойти спать ночью?»
"Who will make me a new jacket?"
«Кто сделает мне новую куртку?»
"Oh, it would be better for me to die also!"
— О, лучше бы и мне умереть!
"not to live would be a hundred times better"
"не жить было бы в сто раз лучше"
"Yes, I want to die," he concluded
«Да, я хочу умереть», — заключил он
And in his despair he tried to tear his hair
И в отчаянии он пытался рвать на себе волосы
but his hair was made of wood
но волосы у него были деревянные
so he could not have the satisfaction
Поэтому он не мог получить удовлетворения
Just then a large Pigeon flew over his head
В этот момент над его головой пролетел большой голубь
the pigeon stopped with distended wings
Голубь остановился, расправив крылья
and the pigeon called down from a great height
и голубь крикнул вниз с большой высоты
"Tell me, child, what are you doing there?"

— Скажи мне, дитя мое, что ты там делаешь?
"Don't you see? I am crying!" said Pinocchio
— Разве ты не видишь? Я плачу!» — сказал Пиноккио
and he raised his head towards the voice
и он поднял голову в сторону голоса
and he rubbed his eyes with his jacket
и он протер глаза своей курткой
"Tell me," continued the Pigeon
— Скажи мне, — продолжал Голубь
"do you happen to know a puppet called Pinocchio?"
«Вы случайно не знаете марионетку по имени Пиноккио?»
"Pinocchio? Did you say Pinocchio?" repeated the puppet
«Пиноккио? Вы сказали «Пиноккио»?» — повторила марионетка
and he quickly jumped to his feet
И он быстро вскочил на ноги
"I am Pinocchio!" he exclaimed with hope
«Я Пиноккио!» — воскликнул он с надеждой
At this answer the Pigeon descended rapidly
Услышав этот ответ, голубь быстро опустился вниз
He was larger than a turkey
Он был крупнее индейки
"Do you also know Geppetto?" he asked
«Вы тоже знаете Джеппетто?» — спросил он
"Do I know him! He is my poor papa!"
— Знаю ли я его! Он мой бедный папа!
"Has he perhaps spoken to you of me?"
— Может быть, он говорил вам обо мне?
"Will you take me to him?"
— Ты отведешь меня к нему?
"Is he still alive?"
«Он все еще жив?»
"Answer me, for pity's sake"
«Ответь мне, ради жалости»
"is he still alive??"
«Он все еще жив??»
"I left him three days ago on the seashore"

- 158 -

«Я оставил его три дня назад на берегу моря»
"What was he doing?" Pinocchio had to know
— Что он делал? Буратино должен был знать
"He was building a little boat for himself"
«Он строил для себя маленькую лодку»
"he was going to cross the ocean"
«Он собирался пересечь океан»
"that poor man has been going all round the world"
«Этот бедняга объехал весь мир»
"he has been looking for you"
«Он искал тебя»
"but he had no success in finding you"
«Но ему не удалось найти вас»
"so now he will go to the distant countries"
"Так что теперь он поедет в дальние страны"
"he will search for you in the New World"
«он будет искать вас в Новом Свете»
"How far is it from here to the shore?"
— Как далеко отсюда до берега?
"More than six hundred miles"
«Более шестисот миль»
"Six hundred miles?" echoed Pinocchio
«Шестьсот миль?» — эхом отозвался Пиноккио
"Oh, beautiful Pigeon," pleaded Pinocchio
— О, прекрасный голубь, — взмолился Пиноккио
"what a fine thing it would be to have your wings!"
«Как было бы здорово иметь свои крылья!»
"If you wish to go, I will carry you there"
«Если хочешь пойти, я отнесу тебя туда»
"How could you carry me there?"
— Как ты мог меня туда отнести?
"I can carry you on my back"
«Я могу нести тебя на своей спине»
"Do you weigh much?"
— Вы много весите?
"I weigh next to nothing"
«Я почти ничего не вешу»

"I am as light as a feather"

«Я легкий, как перышко»

Pinocchio didn't hesitate for another moment

Пиноккио не колебался еще мгновение

and he jumped at once on the Pigeon's back

и он тут же прыгнул на спину Голубя

he put a leg on each side of the pigeon

Он положил по ноге с каждой стороны от голубя

just like men do when they're riding horseback

точно так же, как это делают мужчины, когда едут верхом на лошади

and Pinocchio exclaimed joyfully:

и Буратино радостно воскликнул:

"Gallop, gallop, my little horse"

«Галоп, галоп, моя маленькая лошадка»

"because I am anxious to arrive quickly!"

— Потому что мне не терпится приехать поскорее!

The Pigeon took flight into the air

Голубь взлетел в воздух

and in a few minutes they almost touched the clouds

и через несколько минут они почти коснулись облаков

now the puppet was at an immense height
Теперь марионетка была на огромной высоте
and he became more and more curious
и он становился все более и более любопытным
so he looked down to the ground
поэтому он посмотрел вниз на землю
but his head spun round in dizziness
но голова у него кружилась от головокружения
he became ever so frightened of the height
Он все больше боялся высоты
and he had to save himself from the danger of falling
и он должен был спасать себя от опасности упасть
and so held tightly to his feathered steed
и так крепко держался за своего пернатого коня
They flew through the skies all of that day
Они летали по небу весь тот день
Towards evening the Pigeon said:
Ближе к вечеру Голубь сказал:
"I am very thirsty from all this flying!"
«Я очень хочу пить от всех этих полетов!»
"And I am very hungry!" agreed Pinocchio
"А я очень голоден!" - согласился Пиноккио
"Let us stop at that dovecote for a few minutes"
«Давайте остановимся у той голубятни на несколько минут»
"and then we will continue our journey"
«А дальше мы продолжим наше путешествие»
"then we may reach the seashore by dawn tomorrow"
«Тогда мы можем добраться до берега моря завтра к рассвету»
They went into a deserted dovecote
Они зашли в пустынную голубятню
here they found nothing but a basin full of water
Здесь они не нашли ничего, кроме бассейна, полного воды
and they found a basket full of vetch
и нашли корзину, полную вики
The puppet had never in his life been able to eat vetch

Кукла никогда в жизни не умела есть вику
according to him it made him sick
По его словам, от этого он заболел
That evening, however, he ate to repletion
Однако в тот вечер он наелся до избытка
and he nearly emptied the basket of it
и он почти опустошил корзину
and then he turned to the Pigeon and said to him:
а потом он повернулся к Голубю и сказал ему:
"I never could have believed that vetch was so good!"
«Я никогда не мог поверить, что вика так хороша!»
"Be assured, my boy," replied the Pigeon
— Будь уверен, мой мальчик, — ответил голубь
"when hunger is real even vetch becomes delicious"
"Когда голод настоящий, даже вика становится вкусной"
"Hunger knows neither caprice nor greediness"
«Голод не знает ни каприза, ни жадности»
the two quickly finished their little meal
Они быстро закончили свою небольшую трапезу
and they recommenced their journey and flew away
и они снова отправились в путь и улетели
The following morning they reached the seashore
На следующее утро они добрались до берега моря
The Pigeon placed Pinocchio on the ground
Голубь положил Буратино на землю
the pigeon did not wish to be troubled with thanks
Голубь не хотел, чтобы его беспокоили благодарностями
it was indeed a good action he had done
Это был действительно хороший поступок, который он совершил
but he had done it out the goodness of his heart
но он сделал это по доброте своего сердца
and Pinocchio had no time to lose
и Буратино нельзя было терять времени
so he flew quickly away and disappeared
поэтому он быстро улетел и исчез
The shore was crowded with people

Берег был переполнен людьми
the people were looking out to sea
Люди смотрели на море
they shouting and gesticulating at something
они кричат и жестикулируют на что-то
"What has happened?" asked Pinocchio of an old woman
«Что случилось?» — спросил Пиноккио у старухи
"there is a poor father who has lost his son"
«Есть бедный отец, который потерял сына»
"he has gone out to sea in a little boat"
«Он вышел в море на маленькой лодке»
"he will search for him on the other side of the water"
«Он будет искать его по ту сторону воды»
"and today the sea is most tempestuous"
«А сегодня море самое бурное»
"and the little boat is in danger of sinking"
«И маленькая лодка рискует затонуть»
"Where is the little boat?" asked Pinocchio
"Где эта лодка?" - спросил Пиноккио
"It is out there in a line with my finger"
«Он там на одной линии с моим пальцем»
and she pointed to a little boat
И она указала на маленькую лодку
and the little boat looked like a little nutshell
И маленькая лодочка была похожа на маленькую ореховую скорлупу
a little nutshell with a very little man in it
Маленькая скорлупа с очень маленьким человечком в ней
Pinocchio fixed his eyes on the little nutshell
Пиноккио не сводил глаз с маленького ореха
after looking attentively he gave a piercing scream:
Внимательно посмотрев, он издал пронзительный крик:
"It is my papa! It is my papa!"
«Это мой папа! Это мой папа!
The boat, meanwhile, was being beaten by the fury of the waves
Тем временем лодку разбивала ярость волн

at one moment it disappeared in the trough of the sea
В один миг он исчез в морской впадине
and in the next moment the boat came to the surface again
И в следующее мгновение лодка снова всплыла на поверхность
Pinocchio stood on the top of a high rock
Буратино стоял на вершине высокой скалы
and he kept calling to his father
И он все время звал своего отца
and he made every kind of signal to him
и он подавал ему всяческие знаки
he waved his hands, his handkerchief, and his cap
Он взмахнул руками, платком и фуражкой
Pinocchio was very far away from him
Буратино был очень далеко от него
but Geppetto appeared to recognize his son
но Джеппетто, казалось, узнал своего сына
and he also took off his cap and waved it
А еще он снял фуражку и помахал ею
he tried by gestures to make him understand
Он пытался жестами заставить его понять
"I would have returned if it were possible"
«Я бы вернулся, если бы это было возможно»
"but the sea is most tempestuous"
«Но море самое бурное»
"and my oars won't take me to the shores again"
"И мои весла больше не доставят меня до берега"
Suddenly a tremendous wave rose out of the sea
Вдруг из моря поднялась огромная волна
and then the the little nutshell disappeared
А потом маленькая ореховая скорлупа исчезла
They waited, hoping the boat would come again to the surface
Они ждали, надеясь, что лодка снова всплывет на поверхность
but the little boat was seen no more
Но лодку больше не было видно

the fisherman had assembled at the shore
Рыбак собрался на берегу
"Poor man!" they said of him, and murmured a prayer
«Бедный человек!» — говорили они о нем и шептали молитву
and then they turned to go home
А потом они повернулись, чтобы разойтись по домам
Just then they heard a desperate cry
В этот момент они услышали отчаянный крик
looking back, they saw a little boy
Оглянувшись, они увидели маленького мальчика
"I will save my papa," the boy exclaimed
«Я спасу своего папу», — воскликнул мальчик
and he jumped from a rock into the sea
и прыгнул со скалы в море
as you know Pinocchio was made of wood
как известно, Пиноккио был сделан из дерева
so he floated easily on the water
так что он легко плавал на воде
and he swam as well as a fish
И плавал он так же хорошо, как рыба
At one moment they saw him disappear under the water
В какой-то момент они увидели, как он исчез под водой
he was carried down by the fury of the waves
Ярость волн унесла его вниз
and in the next moment he reappeared to the surface of the water
и в следующее мгновение он снова появился на поверхности воды
he struggled on swimming with a leg or an arm
Он испытывал трудности при плавании с ногой или рукой
but at last they lost sight of him
Но в конце концов они потеряли его из виду
and he was seen no more
и больше его не было видно
and they offered another prayer for the puppet
И они вознесли еще одну молитву за марионетку

Pinocchio Finds the Fairy Again
Пиноккио снова находит фею

Pinocchio wanted to be in time to help his father
Пиноккио хотел успеть на помощь отцу
so he swam all through the night
Так он и плыл всю ночь
And what a horrible night it was!
И какая это была ужасная ночь!
The rain came down in torrents
Дождь лил потоками
it hailed and the thunder was frightful
Шел град, и гром был страшный
the flashes of lightning made it as light as day
Вспышки молний делали его светлым, как день

Towards morning he saw a long strip of land
К утру он увидел длинную полосу земли
It was an island in the midst of the sea
Это был остров посреди моря
He tried his utmost to reach the shore
Он изо всех сил старался добраться до берега
but his efforts were all in vain
Но все его усилия были тщетны
The waves raced and tumbled over each other
Волны мчались и кувыркались друг на друга
and the torrent knocked Pinocchio about
и поток выбивал Буратино из колеи
it was as if he had been a wisp of straw
Он был словно клочком соломы
At last, fortunately for him, a billow rolled up
Наконец, к счастью для него, поднялась волна
it rose with such fury that he was lifted up
Он поднялся с такой яростью, что его подняли
and finally he was thrown on to the sands
И в конце концов его выбросило в пески
the little puppet crashed onto the ground
Маленькая кукла рухнула на землю
and all his joints cracked from the impact
и все его суставы затрещали от удара
but he comforted himself, saying:
Но он утешал себя, говоря:
"This time also I have made a wonderful escape!"
— И на этот раз мне удалось совершить чудесный побег!
Little by little the sky cleared
Мало-помалу небо прояснилось
the sun shone out in all his splendour
Солнце сияло во всем своем великолепии
and the sea became as quiet and smooth as oil
и море стало тихим и гладким, как нефть
The puppet put his clothes in the sun to dry
Кукла положила свою одежду на солнце для просушки
and he began to look in every direction

И он стал смотреть во все стороны
somewhere on the water there must be a little boat
Где-то на воде должна быть маленькая лодка
and in the boat he hoped to see a little man
и в лодке он надеялся увидеть маленького человечка
he looked out to sea as far as he could see
Он смотрел в сторону моря так далеко, как только мог видеть
but all he saw was the sky and the sea
но все, что он видел, было небо и море
"If I only knew what this island was called!"
«Если бы я только знал, как называется этот остров!»
"If I only knew whether it was inhabited"
«Если бы я только знал, обитаем ли он»
"perhaps civilized people do live here"
«Возможно, здесь живут цивилизованные люди»
"people who do not hang boys from trees"
«Люди, которые не вешают мальчиков на деревьях»
"but whom can I ask if there is nobody?"
— Но у кого я могу спросить, если никого нет?
Pinocchio didn't like the idea of being all alone
Пиноккио не нравилась мысль о том, чтобы быть совсем одному
and now he was alone on a great uninhabited country
и теперь он был один в огромной необитаемой стране
the idea of it made him melancholy
Мысль об этом вызывала у него меланхолию
he was just about to to cry
Он вот-вот заплачет
But at that moment he saw a big fish swimming by
Но в этот момент он увидел проплывающую мимо большую рыбу
the big fish was only a short distance from the shore
Большая рыба находилась всего в нескольких минутах ходьбы от берега
the fish was going quietly on its own business
рыба спокойно шла по своим делам

and it had its head out of the water
и он вытащил голову из воды
Not knowing its name, the puppet called to the fish
Не зная ее имени, марионетка позвала рыбу
he called out in a loud voice to make himself heard:
Он закричал громким голосом, чтобы его было слышно:
"Eh, Sir Fish, will you permit me a word with you?"
— Эх, сэр Фиш, позволите мне перекинуться с вами парой слов?
"Two words, if you like," answered the fish
"Два слова, если хотите," ответила рыба
the fish was in fact not a fish at all
Рыба на самом деле была вовсе не рыбой
what the fish was was a Dolphin
что это была рыба была дельфином
and you couldn't have found a politer dolphin
И вы не смогли бы найти более вежливого дельфина
"Would you be kind enough to tell:"
— Не будете ли вы так любезны рассказать...
"is there are villages in this island?"
«Есть ли на этом острове деревни?»
"and might there be something to eat in these villages?"
— И может быть, в этих деревнях есть что-нибудь поесть?
"and is there any danger in these villages?"
— И есть ли в этих деревнях какая-нибудь опасность?
"might one get eaten in these villages?"
«Может быть, кого-то съедят в этих деревнях?»
"there certainly are villages," replied the Dolphin
— Конечно, есть деревни, — ответил Дельфин
"Indeed, you will find one village quite close by"
«Действительно, вы найдете одну деревню совсем рядом»
"And what road must I take to go there?"
— И по какой дороге мне нужно идти, чтобы туда попасть?
"You must take that path to your left"
«Ты должен пойти по той тропинке налево»
"and then you must follow your nose"

"И тогда ты должен следовать за своим носом"
"Will you tell me another thing?"
— Ты расскажешь мне что-нибудь еще?
"You swim about the sea all day and night"
«Ты плаваешь по морю весь день и ночь»
"have you by chance met a little boat"
"Вы случайно не встретили маленькую лодку?"
"a little boat with my papa in it?"
— Маленькая лодка с моим папой?
"And who is your papa?"
— А кто твой папа?
"He is the best papa in the world"
«Он лучший папа в мире»
"but it would be difficult to find a worse son than I am"
— Но трудно было бы найти сына хуже, чем я.
The fish regretted to tell him what he feared
Рыба с сожалением рассказала ему о том, чего боится
"you saw the terrible storm we had last night"
«Вы видели, какая страшная буря была у нас прошлой ночью»
"the little boat must have gone to the bottom"
«Маленькая лодка, должно быть, пошла ко дну»
"And my papa?" asked Pinocchio
"А мой папа?" - спросил Пиноккио
"He must have been swallowed by the terrible Dog-Fish"
«Должно быть, его проглотила ужасная рыба-собака»
"of late he has been swimming on our waters"
«В последнее время он плавает в наших водах»
"and he has been spreading devastation and ruin"
«И он сеет опустошение и разорение»
Pinocchio was already beginning to quake with fear
Буратино уже начинал дрожать от страха
"Is this Dog-Fish very big?" asked Pinocchio
"Эта Рыба-Собака очень большая?" - спросил Пиноккио
"oh, very big!" replied the Dolphin
"О, очень большой!" - ответил Дельфин
"let me tell you about this fish"

"Позвольте мне рассказать вам об этой рыбе"
"then you can form some idea of his size"
"Тогда вы сможете составить себе некоторое представление о его размерах"
"he is bigger than a five-storied house"
«Он больше пятиэтажного дома»
"and his mouth is more enormous than you've ever seen"
«И рот у него такой огромный, какого вы когда-либо видели»
"a railway train could pass down his throat"
«Железнодорожный поезд мог пройти ему в горло»
"Mercy upon us!" exclaimed the terrified puppet
"Помилуй нас!" - воскликнула испуганная марионетка
and he put on his clothes with the greatest haste
и он надел свою одежду с величайшей поспешностью
"Good-bye, Sir Fish, and thank you"
— До свидания, сэр Фиш, и спасибо.
"excuse the trouble I have given you"
«Прости за хлопоты, которые я вам доставил»
"and many thanks for your politeness"
"И большое спасибо за вашу вежливость"
He then took the path that had been pointed out to him
Затем он пошел по пути, который ему указали
and he began to walk as fast as he could
И он начал идти так быстро, как только мог
he walked so fast, indeed, that he was almost running
он шел так быстро, что почти бежал
And at the slightest noise he turned to look behind him
И при малейшем шуме он оборачивался, чтобы посмотреть назад
he feared that he might see the terrible Dog-Fish
он боялся, что может увидеть ужасную Рыбу-Собаку
and he imagined a railway train in its mouth
И он представил себе железнодорожный поезд в его пасти
a half-hour walk took him to a little village
Получасовая прогулка привела его в маленькую деревню
the village was The Village of the Industrious Bees

деревня была Деревней трудолюбивых пчел
The road was alive with people
Дорога была полна людей
and they were running here and there
И они бегали туда-сюда
and they all had to attend to their business
и все они должны были заниматься своими делами
all were at work, all had something to do
Все были на работе, у всех было чем заняться
You could not have found an idler or a vagabond
Вы не могли бы найти бездельника или бродягу
even if you searched for him with a lighted lamp
Даже если вы искали его с зажженной лампой
"Ah!" said that lazy Pinocchio at once
«!» — тотчас же сказал этот ленивый Пиноккио
"I see that this village will never suit me!"
«Я вижу, что эта деревня мне никогда не подойдет!»
"I wasn't born to work!"
«Я не был рожден для работы!»
In the meanwhile he was tormented by hunger
В то же время его мучил голод
he had eaten nothing for twenty-four hours
Он ничего не ел в течение двадцати четырех часов
he had not even eaten vetch
Он даже вику не ел
What was poor Pinocchio to do?
Что было делать бедному Буратино?
There were only two ways to obtain food
Было только два способа добыть еду
he could either get food by asking for a little work
Он мог либо достать еду, попросив немного поработать
or he could get food by way of begging
или он мог добыть пищу путем попрошайничества
someone might be kind enough to throw him a nickel
Кто-то может быть настолько любезен, что бросит ему пять центов
or they might give him a mouthful of bread

или они могут дать ему полный рот хлеба
generally Pinocchio was ashamed to beg
вообще буратино постеснялся выпрашивать
his father had always preached him to be industrious
Его отец всегда учил его быть трудолюбивым
he taught him no one had a right to beg
Он учил его, что никто не имеет права попрошайничать
except the aged and the infirm
за исключением престарелых и немощных
The really poor in this world deserve compassion
По-настоящему бедные в этом мире заслуживают сострадания
the really poor in this world require assistance
По-настоящему бедные в этом мире нуждаются в помощи
only those who are aged or sick
только пожилые или больные
those who are no longer able to earn their own bread
те, кто уже не в состоянии зарабатывать себе на хлеб
It is the duty of everyone else to work
Труд – долг всех остальных
and if they don't labour, so much the worse for them
И если они не работают, тем хуже для них
let them suffer from their hunger
пусть страдают от голода
At that moment a man came down the road
В этот момент по дороге шел мужчина
he was tired and panting for breath
Он устал и задыхался
He was dragging two carts full of charcoal
Он тащил две тележки, полные древесного угля
Pinocchio judged by his face that he was a kind man
Пиноккио по лицу судил, что он добрый человек
so Pinocchio approached the charcoal man
поэтому Буратино подошел к угольщику
he cast down his eyes with shame
Он со стыдом опустил глаза
and he said to him in a low voice:

И Он сказал Ему тихим голосом:
"Would you have the charity to give me a nickel?"
— Не могли бы вы дать мне пять центов?
"because, as you can see, I am dying of hunger"
«Потому что, как видите, я умираю от голода»
"You shall have not only a nickel," said the man
— У тебя будет не только пять центов, — сказал человек
"I will give you a dime"
«Я дам тебе десять центов»
"but for the dime you must do some work"
— Но за копейки ты должен кое-что поделать.
"help me to drag home these two carts of charcoal"
«Помогите мне притащить домой эти две тележки с углем»
"I am surprised at you!" answered the puppet
"Я удивляюсь тебе!" - ответила кукла
and there was a tone of offense in his voice
И в его голосе звучала обида
"Let me tell you something about myself"
«Позвольте мне рассказать вам кое-что о себе»
"I am not accustomed to do the work of a donkey"
«Я не привык выполнять работу осла»
"I have never drawn a cart!"
«Я никогда не рисовал тележку!»
"So much the better for you," answered the man
— Тем лучше для вас, — ответил мужчина
"my boy, I see how you are dying of hunger"
«Мой мальчик, я вижу, как ты умираешь от голода»
"eat two fine slices of your pride"
«Съешь два прекрасных кусочка своей гордости»
"and be careful not to get indigestion"
"И будьте осторожны, чтобы не получить несварение желудка"
A few minutes afterwards a mason passed by
Через несколько минут мимо проходил каменщик
he was carrying a basket of mortar
Он нес корзину с раствором

"Would you have the charity to give me a nickel?"
— Не могли бы вы дать мне пять центов?
"me, a poor boy who is yawning for want of food"
«Я, бедный мальчик, который зевает от недостатка еды»
"Willingly," answered the man
— Охотно, — ответил человек
"Come with me and carry the mortar"
«Пойдем со мной и понесем миномет»
"and instead of a nickel I will give you a dime"
"и вместо пятака я дам вам десять центов"
"But the mortar is heavy," objected Pinocchio
— Но миномет тяжелый, — возразил Пиноккио
"and I don't want to tire myself"
"и я не хочу себя утомлять"
"I see you you don't want to tire yourself"
«Я вижу тебя, ты не хочешь утомлять себя»
"then, my boy, go amuse yourself with yawning"
«Тогда, мой мальчик, пойди позабавься зевотой»
In less than half an hour twenty other people went by
Менее чем через полчаса мимо прошли еще двадцать человек
and Pinocchio asked charity of them all
и Буратино попросил у них милостыню
but they all gave him the same answer
Но все они дали ему один и тот же ответ
"Are you not ashamed to beg, young boy?"
— Тебе не стыдно просить милостыню, мальчик?
"Instead of idling about, look for a little work"
«Вместо того, чтобы бездельничать, поищите немного работы»
"you have to learn to earn your bread"
«Вы должны научиться зарабатывать на свой хлеб»
finally a nice little woman walked by
Наконец мимо прошла милая маленькая женщина
she was carrying two cans of water
Она несла две канистры с водой
Pinocchio asked her for charity too

Пиноккио тоже попросил ее о благотворительности
"Will you let me drink a little of your water?"
— Ты позволишь мне выпить немного твоей воды?
"because I am burning with thirst"
«потому что я горю от жажды»
the little woman was happy to help
Маленькая женщина была рада помочь
"Drink, my boy, if you wish it!"
— Пей, мой мальчик, если хочешь!
and she set down the two cans
И она поставила две банки
Pinocchio drank like a fish
Буратино пил как рыба
and as he dried his mouth he mumbled:
и, вытирая рот, он пробормотал:
"I have quenched my thirst"
«Я утолил жажду»
"If I could only appease my hunger!"
«Если бы я только мог утолить свой голод!»
The good woman heard Pinocchio's pleas
Добрая женщина услышала мольбы Буратино
and she was only too willing to oblige
и она была готова угодить
"help me to carry home these cans of water"
«Помоги мне отнести домой эти банки с водой»
"and I will give you a fine piece of bread"
"и Я дам вам хороший кусок хлеба"
Pinocchio looked at the cans of water
Буратино посмотрел на банки с водой
and he answered neither yes nor no
И он не ответил ни да, ни нет
and the good woman added more to the offer
И добрая женщина добавила еще больше к предложению
"As well as bread you shall have cauliflower"
«И хлеб у тебя должна быть цветная капуста»
Pinocchio gave another look at the can
Буратино еще раз взглянул на банку

and he answered neither yes nor no
И он не ответил ни да, ни нет
"And after the cauliflower there will be more"
"А после цветной капусты будет еще"
"I will give you a beautiful syrup bonbon"
"Я дам вам красивый сиропный бонбон"
The temptation of this last dainty was great
Соблазн этого последнего лакомства был велик
finally Pinocchio could resist no longer
наконец Буратино не смог больше сопротивляться
with an air of decision he said:
С решительным видом он сказал:
"I must have patience!"
— Мне нужно набраться терпения!
"I will carry the water to your house"
«Я понесу воду в твой дом»
The water was too heavy for Pinocchio
Вода была слишком тяжелой для Пиноккио
he could not carry it with his hands
он не мог нести его руками
so he had to carry it on his head
Вот и пришлось нести его на голове
Pinocchio did not enjoy doing the work
Пиноккио не получал удовольствия от выполнения работы
but soon they reached the house
Но вскоре они добрались до дома
and the good little woman offered Pinocchio a seat
и добрая маленькая женщина предложила Пиноккио сесть
the table had already been laid
Стол уже был накрыт
and she placed before him the bread
И она поставила перед ним хлеб
and then he got the cauliflower and the bonbon
А потом он достал цветную капусту и конфету
Pinocchio did not eat his food, he devoured it

Буратино не ел свою еду, он ее пожирал
His stomach was like an empty apartment
Его желудок был похож на пустую квартиру
an apartment that had been left uninhabited for months
квартира, которая оставалась незаселенной в течение нескольких месяцев
but now his ravenous hunger was somewhat appeased
Но теперь его ненасытный голод был несколько утолен
he raised his head to thank his benefactress
Он поднял голову, чтобы поблагодарить свою благодетельницу
then he took a better look at her
Затем он пригляделся к ней получше
he gave a prolonged "Oh!" of astonishment
он издал протяжное «О!» от изумления
and he continued staring at her with wide open eyes
И он продолжал смотреть на нее широко открытыми глазами
his fork was in the air
Его вилка была в воздухе
and his mouth was full of cauliflower
и рот его был полон цветной капусты
it was as if he had been bewitched
Он словно был заколдован
the good woman was quite amused
Добрая женщина была весьма удивлена
"What has surprised you so much?"
— Что вас так удивило?
"It is..." answered the puppet
— Это... — ответила марионетка
"it's just that you are like..."
«Просто ты как...»
"it's just that you remind me of someone"
"Просто ты мне кого-то напоминаешь"
"yes, yes, yes, the same voice"
«Да, да, да, тот же голос»
"and you have the same eyes and hair"

"И у вас такие же глаза и волосы"
"yes, yes, yes. you also have blue hair"
«Да, да, да. у тебя тоже синие волосы»
"Oh, little Fairy! tell me that it is you!"
— О, маленькая фея! Скажи мне, что это ты!
"Do not make me cry anymore!"
«Не заставляйте меня больше плакать!»
"If only you knew how much I've cried"
«Если бы ты только знала, сколько я плакала»
"and I have suffered so much"
«И я так страдал»
And Pinocchio threw himself at her feet
И Буратино бросился к ее ногам
and he embraced the knees of the mysterious little woman
И он обнял колени таинственной маленькой женщины
and he began to cry bitterly
и он начал горько плакать

Pinocchio Promises the Fairy he'll be a Good Boy Again
Пиноккио обещает фее, что снова станет хорошим мальчиком

At first the good little woman played innocent
Поначалу добрая маленькая женщина притворялась невинной

she said she was not the little Fairy with blue hair
она сказала, что она не маленькая фея с голубыми волосами

but Pinocchio could not be tricked
но Буратино не удалось обмануть

she had continued the comedy long enough
Она продолжала играть комедию достаточно долго

and so she ended by making herself known
и поэтому она закончила тем, что дала о себе знать

"You naughty little rogue, Pinocchio"
«Ты непослушный маленький плут, Пиноккио»

"how did you discover who I was?"
— Как ты узнал, кто я такой?

"It was my great affection for you that told me"
«Это была моя великая привязанность к тебе, которая сказала мне»

"Do you remember when you left me?"
— Ты помнишь, когда ушел от меня?

"I was still a child back then"
«Тогда я был еще ребенком»

"and now I have become a woman"
"и теперь я стала женщиной"

"a woman almost old enough to be your mamma"
«Женщина, достаточно взрослая, чтобы быть вашей мамой»

"I am delighted at that"
«Я очень рад этому»

"I will not call you little sister anymore"
«Я больше не буду называть тебя младшей сестрой»

"from now I will call you mamma"

«Отныне я буду называть тебя мамой»
"all the other boys have a mamma"
«У всех остальных мальчиков есть мама»
"and I have always wished to also have a mamma"
— И я всегда хотел иметь еще и маму.
"But how did you manage to grow so fast?"
— Но как тебе удалось так быстро вырасти?
"That is a secret," said the fairy
— Это тайна, — сказала фея
Pinocchio wanted to know, "teach me your secret"
Буратино хотел знать: «Научи меня своему секрету»
"because I would also like to grow"
"потому что я тоже хотел бы расти"
"Don't you see how small I am?"
— Разве ты не видишь, какой я маленький?
"I always remain no bigger than a ninepin"
«Я всегда остаюсь не больше кегли»
"But you cannot grow," replied the Fairy
"Но ты не можешь расти, - ответила Фея"
"Why can't I grow?" asked Pinocchio
«Почему я не могу расти?» — спросил Пиноккио
"Because puppets never grow"
«Потому что куклы никогда не растут»
"when they are born they are puppets"
«когда они рождаются, они становятся марионетками»
"and they live their lives as puppets"
"И они живут своей жизнью как марионетки"
"and when they die they die as puppets"
"А когда умирают, то умирают как марионетки"
Pinocchio game himself a slap
Буратино сам себе пощечину
"Oh, I am sick of being a puppet!"
«О, мне надоело быть марионеткой!»
"It is time that I became a man"
«Пришло время мне стать мужчиной»
"And you will become a man," promised the fairy
— И ты станешь мужчиной, — пообещала фея

"but you must know how to deserve it"
"Но вы должны знать, как это заслужить"
"Is this true?" asked Pinocchio
«Это правда?» — спросил Пиноккио
"And what can I do to deserve to be a man?"
«И что я могу сделать, чтобы заслужить быть мужчиной?»
"it is a very easy thing to deserve to be a man"
«Заслужить быть мужчиной – это очень легко»
"all you have to do is learn to be a good boy"
«Все, что тебе нужно сделать, это научиться быть хорошим мальчиком»
"And you think I am not a good boy?"
— И ты думаешь, что я плохой мальчик?
"You are quite the opposite of a good boy"
«Ты полная противоположность хорошему мальчику»
"Good boys are obedient, and you..."
«Хорошие мальчики послушны, а ты...»
"And I never obey," confessed Pinocchio
«И я никогда не слушаюсь», — признался Пиноккио
"Good boys like to learn and to work, and you..."
«Хорошие мальчики любят учиться и работать, а ты...»
"And I instead lead an idle, vagabond life"
«И вместо этого я веду праздную, бродяжническую жизнь»
"Good boys always speak the truth"
«Хорошие мальчики всегда говорят правду»
"And I always tell lies," admitted Pinocchio
«И я всегда говорю неправду», — признался Пиноккио
"Good boys go willingly to school"
«Хорошие мальчики охотно ходят в школу»
"And school gives me pain all over the body"
«И школа вызывает у меня боль по всему телу»
"But from today I will change my life"
«Но с сегодняшнего дня я изменю свою жизнь»
"Do you promise me?" asked the Fairy
"Ты мне обещаешь?" - спросила Фея
"I promise that I will become a good little boy"

«Я обещаю, что стану хорошим маленьким мальчиком»
"and I promise be the consolation of my papa"
«И я обещаю быть утешением моего папы»
"Where is my poor papa at this moment?"
— Где сейчас мой бедный папа?
but the fairy didn't know where his papa was
Но фея не знала, где его папа
"Shall I ever have the happiness of seeing him again?"
— Буду ли я когда-нибудь счастлив увидеть его снова?
"will I ever kiss him again?"
— Поцелую ли я его когда-нибудь снова?
"I think so; indeed, I am sure of it"
— Я думаю, что да; более того, я в этом уверен»
At this answer Pinocchio was delighted
При таком ответе Пиноккио обрадовался
he took the Fairy's hands
он взял Фею за руки
and he began to kiss her hands with great fervour
И он стал целовать ее руки с великим пылом
he seemed beside himself with joy
казалось, он был вне себя от радости
Then Pinocchio raised his face
Тогда Буратино поднял лицо
and he looked at her lovingly
И он посмотрел на нее с любовью
"Tell me, little mamma:"
— Скажи мне, мамочка?
"then it was not true that you were dead?"
— Значит, это не правда, что вы умерли?
"It seems not," said the Fairy, smiling
— Кажется, нет, — сказала Фея, улыбаясь
"If you only knew the sorrow I felt"
«Если бы ты только знал, какую печаль я испытываю»
"you can't imagined the tightening of my throat"
«Вы не можете представить, как у меня сжимается горло»
"reading what was on that stone almost broke my heart"
«Чтение о том, что было на этом камне, чуть не разбило

мне сердце»
"I know what it did to you"
«Я знаю, что это с тобой сделало»
"and that is why I have forgiven you"
«И потому Я простил вас»
"I saw it from the sincerity of your grief"
«Я видел это от искренности твоего горя»
"I saw that you have a good heart"
«Я увидел, что у тебя доброе сердце»
"boys with good hearts are not lost"
«Мальчишки с добрым сердцем не пропадают»
"there is always something to hope for"
«Всегда есть на что надеяться»
"even if they are scamps"
"даже если они скампы"
"and even if they have got bad habits"
"И даже если у них есть вредные привычки"
"there is always hope they change their ways"
«Всегда есть надежда, что они изменят свой образ жизни»
"That is why I came to look for you here"
«Вот почему я пришел искать тебя здесь»
"I will be your mamma"
«Я буду твоей мамой»
"Oh, how delightful!" shouted Pinocchio
"О, как восхитительно!" - закричал Пиноккио
and the little puppet jumped for joy
И маленькая кукла подпрыгнула от радости
"You must obey me, Pinocchio"
«Ты должен слушаться меня, Пиноккио»
"and you must do everything that I bid you"
«и ты должен делать все, что я тебе приказываю»
"I will willingly obey you"
«Я охотно буду повиноваться тебе»
"and I will do as I'm told!"
— И я сделаю так, как мне скажут!
"Tomorrow you will begin to go to school"
«Завтра ты начнешь ходить в школу»

Pinocchio became at once a little less joyful
Буратино сразу стал чуть менее радостным
"Then you must choose a trade to follow"
«Тогда вы должны выбрать сделку, за которой будете следовать»
"you most choose a job according to your wishes"
"Вы больше всего выбираете работу в соответствии со своими пожеланиями"
Pinocchio became very grave at this
Буратино очень посерьезнел по этому поводу
the Fairy asked him in an angry voice:
Фея спросила его сердитым голосом:
"What are you muttering between your teeth?"
— Что ты бормочешь сквозь зубы?
"I was saying..." moaned the puppet in a low voice
— Я говорил... застонала кукла вполголоса
"it seems to me too late for me to go to school now"
«Мне кажется, что мне уже поздно идти в школу»
"No, sir, it is not too late for you to go to school"
«Нет, сэр, вам еще не поздно пойти в школу»
"Keep it in mind that it is never too late"
«Помните, что никогда не поздно»
"we can always learn and instruct ourselves"
«Мы всегда можем учиться и наставлять себя»
"But I do not wish to follow a trade"
«Но я не хочу заниматься торговлей»
"Why do you not wish to follow an trade?"
— Почему бы вам не заняться ремеслом?
"Because it tires me to work"
«Потому что это утомляет меня на работе»
"My boy," said the Fairy lovingly
— Мой мальчик, — ласково сказала Фея
"there are two kinds of people who talk like that"
«Есть два типа людей, которые так говорят»
"there are those that are in prison"
«Есть те, кто сидит в тюрьме»
"and there are those that are in hospital"

"А есть и такие, которые лежат в больнице"
"Let me tell you one thing, Pinocchio;"
— Позволь мне сказать тебе одну вещь, Пиноккио.
"every man, rich or poor, is obliged work"
«Каждый человек, богатый или бедный, обязан работать»
"he has to occupy himself with something"
"он должен себя чем-то занять"
"Woe to those who lead slothful lives"
«Горе тем, кто ведет ленивый образ жизни»
"Sloth is a dreadful illness"
«Лень – страшная болезнь»
"it must be cured at once, in childhood"
«Это надо вылечить сразу, в детстве»
"because it can never be cured once you are old"
«Потому что это никогда не вылечится, когда ты состаришься»

Pinocchio was touched by these words
Буратино был тронут этими словами
lifting his head quickly, he said to the Fairy:
Быстро подняв голову, он сказал Фее:

"I will study and I will work"
«Я буду учиться и буду работать»
"I will do all that you tell me"
«Я сделаю все, что ты мне скажешь»
"for indeed I have become weary of being a puppet"
«Ибо я устал быть марионеткой»
"and I wish at any price to become a boy"
"и я хочу во что бы то ни стало стать мальчиком"
"You promised me that I can become a boy, did you not?"
— Ты обещал мне, что я смогу стать мальчиком, не так ли?
"I did promise you that you can become a boy"
«Я обещал тебе, что ты можешь стать мальчиком»
"and whether you become a boy now depends upon yourself"
«А станешь ли ты теперь мальчиком, зависит от тебя самого»

The Terrible Dog-Fish
Ужасная рыба-собака

The following day Pinocchio went to school
На следующий день Пиноккио пошел в школу
you can imagine the delight of all the little rogues
Вы можете представить себе восторг всех этих маленьких жуликов
a puppet had walked into their school!
В их школу вошла кукла!
They set up a roar of laughter that never ended
Они устроили взрыв смеха, который никогда не прекращался
They played all sorts of tricks on him
Они разыгрывали над ним всякие шутки
One boy carried off his cap
Один мальчишка снял с себя кепку
another boy pulled Pinocchio's jacket over him

другой мальчишка натянул на себя куртку Пиноккио
one tried to give him a pair of inky mustachios
Один из них попытался дать ему пару чернильных усов
another boy attempted to tie strings to his feet and hands
другой мальчик попытался привязать веревки к его ногам и рукам
and then he tried to make him dance
И тогда он попытался заставить его танцевать
For a short time Pinocchio pretended not to care
На короткое время Пиноккио сделал вид, что ему все равно
and he got on as well with school as he could
И он справлялся со школой так хорошо, как мог
but at last he lost all his patience
Но в конце концов он потерял всякое терпение
he turned to those who were teasing him most
Он повернулся к тем, кто дразнил его больше всего
"Beware, boys!" he warned them
«Берегитесь, ребята!» — предупредил он их
"I have not come here to be your buffoon"
«Я пришел сюда не для того, чтобы быть твоим шутом»
"I respect others," he said
«Я уважаю других», — сказал он
"and I intend to be respected"
"и я намерен быть уважаемым"
"Well said, boaster!" howled the young rascals
"Хорошо сказано, хвастун!" - завыли молодые негодяи
"You have spoken like a book!"
«Вы говорили, как книга!»
and they convulsed with mad laughter
и они содрогались от безумного смеха
there was one boy more impertinent than the others
Был один мальчик, который был более дерзким, чем другие
he tried to seize the puppet by the end of his nose
Он попытался схватить куклу за кончик носа
But he could not do so quickly enough

Но он не смог сделать это достаточно быстро
Pinocchio stuck his leg out from under the table
Буратино высунул ногу из-под стола
and he gave him a great kick on his shins
и он сильно ударил его ногой по голени
the boy roared in pain
Мальчик взревел от боли
"Oh, what hard feet you have!"
«О, какие у вас трудные ноги!»
and he rubbed the bruise the puppet had given him
И он потер синяк, нанесенный ему марионеткой
"And what elbows you have!" said another
«А какие у вас локти!» — сказал другой
"they are even harder than his feet!"
«Они еще тверже, чем его ноги!»
this boy had also played rude tricks on him
Этот мальчик также подшучивал над ним
and he had received a blow in the stomach
и он получил удар в живот
But, nevertheless, the kick and the blow acquired sympathy
Но, тем не менее, пинок и удар приобрели симпатию
and Pinocchio earned the esteem of the boys
и Буратино заслужил уважение мальчишек
They soon all made friends with him
Вскоре все они подружились с ним
and soon they liked him heartily
и вскоре он им очень понравился
And even the master praised him
И даже мастер его хвалил
because Pinocchio was attentive in class
потому что Буратино был внимателен на уроках
he was a studious and intelligent student
Он был прилежным и умным учеником
and he was always the first to come to school
И он всегда первым приходил в школу
and he was always the last to leave when school was over
И он всегда уходил последним, когда заканчивалась школа

But he had one fault; he made too many friends
Но у него был один недостаток; У него появилось слишком много друзей

and amongst his friends were several rascals
и среди его друзей было несколько негодяев

these boys were well known for their dislike of study
Эти мальчики были хорошо известны своей нелюбовью к учебе

and they especially loved to cause mischief
и особенно любили они причинять вред

The master warned him about them every day
Мастер предупреждал его о них каждый день

even the good Fairy never failed to tell him:
даже добрая Фея не упускала случая сказать ему:

"Take care, Pinocchio, with your friends!"
«Береги себя, Буратино, со своими друзьями!»

"Those bad school-fellows of yours are trouble"
«Эти твои плохие школьные товарищи — неприятности»

"they will make you lose your love of study"
«Они заставят вас потерять любовь к учебе»

"they may even bring upon you some great misfortune"
«Они могут даже навлечь на вас какое-нибудь большое несчастье»

"There is no fear of that!" answered the puppet
"Этого не страшно!" - ответила кукла

and he shrugged his shoulders and touched his forehead
и он пожал плечами и коснулся лба

"There is so much sense here!"
«Здесь так много смысла!»

one fine day Pinocchio was on his way to school
В один прекрасный день Пиноккио шел в школу
and he met several of his usual companions
и он встретил нескольких своих обычных спутников
coming up to him, they asked:
Подойдя к нему, они спросили:
"Have you heard the great news?"
— Вы слышали великую новость?
"No, I have not heard the great news"
«Нет, я не слышал хороших новостей»
"In the sea near here a Dog-Fish has appeared"
"В море неподалеку отсюда появилась Рыба-Собака"
"he is as big as a mountain"
«Он большой, как гора»
"Is it true?" asked Pinocchio
"Это правда?" - спросил Пиноккио
"Can it be the same Dog-Fish?"
— Может быть, это та же самая Рыба-Собака?
"The Dog-Fish that was there when my papa drowned"
«Рыба-собака, которая была там, когда мой папа утонул»

"We are going to the shore to see him"
«Мы едем на берег, чтобы увидеть его»
"Will you come with us?"
— Ты пойдешь с нами?
"No; I am going to school"
— Нет; Я иду в школу»
"of what great importance is school?"
«Какое большое значение имеет школа?»
"We can go to school tomorrow"
«Завтра мы можем пойти в школу»
"one lesson more or less doesn't matter"
«Один урок больше или меньше не имеет значения»
"we shall always remain the same donkeys"
«Мы всегда останемся такими же осликами»
"But what will the master say?"
— Но что скажет хозяин?
"The master may say what he likes"
«Мастер может говорить что угодно»
"He is paid to grumble all day"
«Ему платят за то, чтобы он ворчал весь день»
"And what will my mamma say?"
— А что скажет моя мама?
"Mammas know nothing," answered the bad little boys
— Мамы ничего не знают, — ответили плохие мальчишки
"Do you know what I will do?" said Pinocchio
«Знаешь, что я буду делать?» — спросил Пиноккио
"I have reasons for wishing to see the Dog-Fish"
«У меня есть причины желать увидеть Рыбу-Собаку»
"but I will go and see him when school is over"
— Но я пойду к нему, когда закончится школа.
"Poor donkey!" exclaimed one of the boys
«Бедный осел!» — воскликнул один из мальчиков
"Do you suppose a fish of that size will wait your convenience?"
— Как вы думаете, рыба такого размера будет ждать вашего удобства?
"when he is tired of being here he will go another place"

«Когда ему надоест быть здесь, он уедет в другое место»
"and then it will be too late"
"И тогда будет поздно"
the Puppet had to think about this
Марионетке пришлось задуматься об этом
"How long does it take to get to the shore?"
«Сколько времени нужно, чтобы добраться до берега?»
"We can be there and back in an hour"
«Мы можем быть туда и обратно через час»
"Then off we go!" shouted Pinocchio
"Тогда поехали!" - закричал Пиноккио
"and he who runs fastest is the best!"
«И кто бежит быстрее всех, тот и лучший!»
and the boys rushed off across the fields
и мальчишки помчались по полям
and Pinocchio was always the first
а Буратино всегда был первым
he seemed to have wings on his feet
У него как будто были крылья на ногах
From time to time he turned to jeer at his companions
Время от времени он начинал насмехаться над своими товарищами
they were some distance behind
они отставали на некотором расстоянии
he saw them panting for breath
Он видел, как они задыхаются
and they were covered with dust
и они покрылись пылью
and their tongues were hanging out of their mouths
и их языки свисали изо рта
and Pinocchio laughed heartily at the sight
и Пиноккио от души рассмеялся при виде этого
The unfortunate boy did not know what was to come
Несчастный мальчик не знал, что его ждет
the terrors and horrible disasters that were coming!
ужасы и ужасные бедствия, которые надвигались!

Pinocchio is Arrested by the Gendarmes
Пиноккио арестован жандармами

Pinocchio arrived at the shore
Буратино прибыл на берег
and he looked out to sea
и он посмотрел на море
but he saw no Dog-Fish
но он не видел Рыбы-Собаки
The sea was as smooth as a great crystal mirror
Море было гладким, как большое хрустальное зеркало
"Where is the Dog-Fish?" he asked
"Где Рыба-Собака?" - спросил он
and he turned to his companions
И он обратился к своим спутникам
all the boys laughed together
Все мальчишки дружно посмеялись
"He must have gone to have his breakfast"
«Он, должно быть, пошел завтракать»
"Or he has thrown himself on to his bed"
«Или он бросился на кровать»
"yes, he's having a little nap"
«Да, он немного вздремнет»
and they laughed even louder
И они смеялись еще громче
their answers seemed particularly absurd
Их ответы казались особенно абсурдными
and their laughter was very silly
и смех у них был очень глупый
Pinocchio looked around at his friends
Пиноккио оглянулся на своих друзей
his companions seemed to be making a fool of him
Его спутники, казалось, дурачили его
they had induced him to believe a tale
они заставили его поверить в сказку
but there was no truth to the tale
Но в этой истории не было правды

Pinocchio did not take the joke well
Буратино не очень хорошо воспринял шутку
and he spoke angrily with the boys
и он сердито разговаривал с мальчиками
"And now??" he shouted
«А теперь??» — закричал он
"you told me a story of the Dog-Fish"
— Вы рассказали мне историю о рыбе-собаке.
"but what fun did you find in deceiving me?"
— Но какое удовольствие вы находили в том, чтобы обманывать меня?
"Oh, it was great fun!" answered the little rascals
"О, это было очень весело!" - ответили маленькие негодяи
"And in what did this fun consist of?"
— А в чем же состояла эта забава?
"we made you miss a day of school"
«Мы заставили тебя пропустить ни одного дня в школе»
"and we persuaded you to come with us"
«И мы уговорили вас поехать с нами»
"Are you not ashamed of your conduct?"
— Разве вам не стыдно за свое поведение?
"you are always so punctual to school"
«Ты всегда так пунктуален в школу»
"and you are always so diligent in class"
"А ты всегда такой прилежный на занятиях"
"Are you not ashamed of studying so hard?"
— Вам не стыдно за то, что вы так усердно учились?
"so what if I study hard?"
«Ну и что, что я буду усердно учиться?»
"what concern is it of yours?"
— Какое вам до этого дело?
"It concerns us excessively"
«Это нас чрезмерно беспокоит»
"because it makes us appear in a bad light"
«Потому что это выставляет нас в плохом свете»
"Why does it make you appear in a bad light?"
— Почему из-за этого ты выглядишь в плохом свете?

"there are those of us who have no wish to study"
«Есть те из нас, у кого нет желания учиться»
"we have no desire to learn anything"
«У нас нет желания ничему учиться»
"good boys make us seem worse by comparison"
«Хорошие мальчики заставляют нас казаться хуже по сравнению с ними»
"And that is too bad for you"
«И это очень плохо для тебя»
"We, too, have our pride!"
«У нас тоже есть своя гордость!»
"Then what must I do to please you?"
— Что же мне делать, чтобы угодить вам?
"You must follow our example"
«Вы должны следовать нашему примеру»
"you must hate school like us"
«Вы, должно быть, ненавидите школу, как мы»
"you must rebel in the lessons"
«Ты должен бунтовать на уроках»
"and you must disobey the master"
«И ты должен ослушаться Хозяина»
"those are our three greatest enemies"
«Это наши три величайших врага»
"And if I wish to continue my studies?"
— А если я захочу продолжить учебу?
"In that case we will have nothing more to do with you"
«В таком случае мы больше не будем иметь с вами ничего общего»
"and at the first opportunity we will make you pay for it"
"И при первой же возможности мы заставим вас за это заплатить"
"Really," said the puppet, shaking his head
— Правда, — ответила кукла, качая головой
"you make me inclined to laugh"
«Ты заставляешь меня смеяться»
"Eh, Pinocchio," shouted the biggest of the boys
— Эх, Пиноккио, — закричал самый большой из

мальчишек
and he confronted Pinocchio directly
и он напрямую столкнулся с Пиноккио
"None of your superiority works here"
"Никакое ваше превосходство здесь не работает"
"don't come here to crow over us"
«Не приходите сюда кукарекать над нами»
"if you are not afraid of us, we are not afraid of you"
«Если вы не боитесь нас, то мы вас не боимся»
"Remember that you are one against seven"
«Помни, что ты один против семи»
"Seven, like the seven deadly sins," said Pinocchio
«Семь, как семь смертных грехов», — сказал Пиноккио
and he shouted with laughter
и он закричал со смехом
"Listen to him! He has insulted us all!"
«Послушайте его! Он оскорбил всех нас!»
"He called us the seven deadly sins!"
«Он назвал нас семью смертными грехами!»
"Take that to begin with," said one of the boys
— Возьми это для начала, — сказал один из мальчиков
"and keep it for your supper tonight"
"И оставь его себе на ужин сегодня вечером"
And, so saying, he punched him on the head
И, сказав это, он ударил его по голове
But it was a give and take
Но это был компромисс
because the puppet immediately returned the blow
потому что марионетка тут же ответила на удар
this was no big surprise
Это не было большим сюрпризом
and the fight quickly got desperate
И бой быстро перерос в отчаянный
it is true that Pinocchio was alone
это правда, что Пиноккио был один
but he defended himself like a hero
Но он защищался, как герой

He used his feet, which were of the hardest wood
Он использовал свои ноги, которые были из самой твердой древесины
and he kept his enemies at a respectful distance
и он держал своих врагов на почтительном расстоянии
Wherever his feet touched they left a bruise
Куда бы ни касались его ноги, они оставляли синяк
The boys became furious with him
Мальчишки пришли на него в ярость
hand to hand they couldn't match the puppet
врукопашную они не могли сравниться с марионеткой
so they took other weapons into their hands
Вот и взяли в руки другое оружие
the boys loosened their satchels
Мальчишки ослабили свои ранцы
and they threw their school-books at him
и они бросали в него свои учебники
grammars, dictionaries, and spelling-books
грамматики, словари и учебники по орфографии
geography books and other scholastic works
учебники по географии и другие схоластические труды
But Pinocchio was quick to react
Но Буратино быстро отреагировал
and he had sharp eyes for these things
и у него был острый глаз на эти вещи
he always managed to duck in time
Ему всегда удавалось вовремя пригнуться
so the books passed over his head
Так что книги проходили над его головой

and instead the books fell into the sea
И вместо этого книги упали в море
Imagine the astonishment of the fish!
Представьте себе изумление рыбок!
they thought the books were something to eat
Они думали, что книги — это что-то поесть
and they all arrived in large shoals of fish
И все они прибывали большими косяками рыбы
but they tasted a couple of the pages
Но они попробовали пару страниц
and they quickly spat the paper out again
И они тут же снова выплюнули бумагу
and the fish made wry faces
и рыба корчила кривые рожи
"this isn't food for us at all"
«Это совсем не еда для нас»
"we are accustomed to something much better!"
«Мы привыкли к чему-то гораздо лучшему!»
The battle meantime had become fiercer than ever
Тем временем битва стала ожесточеннее, чем когда-либо

a big crab had come out of the water
Большой краб вынырнул из воды
and he had climbed slowly up on the shore
и он медленно взобрался на берег
he called out in a hoarse voice
— крикнул он хриплым голосом
it sounded like a trumpet with a bad cold
Это звучало, как труба при сильной простуде
"enough of your fighting, you young ruffians"
«Хватит драться, молодые негодяи»
"because you are nothing other than ruffians!"
— Потому что вы не кто иной, как хулиганы!
"These fights between boys seldom finish well"
«Эти бои между мальчишками редко заканчиваются хорошо»
"Some disaster is sure to happen!"
«Обязательно произойдет какая-нибудь катастрофа!»
but the poor crab should have saved himself the trouble
Но бедный краб должен был избавить себя от неприятностей
He might as well have preached to the wind
С таким же успехом он мог бы проповедовать по ветру
Even that young rascal, Pinocchio, turned around
Даже этот молодой негодяй, Пиноккио, обернулся
he looked at him mockingly and said rudely:
Он насмешливо посмотрел на него и грубо сказал:
"Hold your tongue, you tiresome crab!"
«Попридержи язык, надоедливый краб!»
"You had better suck some liquorice lozenges"
«Ты бы лучше выпил несколько леденцов с лакрицей»
"cure that cold in your throat"
«Вылечи простуду в горле»
Just then the boys had no more books
Как раз в этот момент у мальчиков больше не было книг
at least, they had no books of their own
По крайней мере, у них не было своих книг
they spied at a little distance Pinocchio's bag

они подсмотрели на некотором расстоянии сумку Буратино
and they took possession of his things
и они завладели его вещами
Amongst his books there was one bound in card
Среди его книг была одна в карточном переплете
It was a Treatise on Arithmetic
Это был «Трактат по арифметике»
One of the boys seized this volume
Один из мальчишек изъял этот том
and he aimed the book at Pinocchio's head
и он направил книгу на голову Пиноккио
he threw it at him with all his strength
он бросил его в него изо всех сил
but the book did not hit the puppet
Но книга не попала в куклу
instead the book hit a companion on the head
Вместо этого книга ударила товарища по голове
the boy turned as white as a sheet
Мальчик побелел, как простыня
"Oh, mother! help, I am dying!"
— О, мама! помогите, я умираю!»
and he fell his whole length on the sand
и он упал во весь рост на песок
the boys must have thought he was dead
Мальчики, должно быть, подумали, что он мертв
and they ran off as fast as their legs could run
и они убегали так быстро, как только могли бежать их ноги
in a few minutes they were out of sight
Через несколько минут они скрылись из виду
But Pinocchio remained with the boy
Но Буратино остался с мальчиком
although he would have rather ran off too
хотя он бы скорее тоже сбежал
because his fear was also great
потому что страх у него тоже был велик

nevertheless, he ran over to the sea
Тем не менее, он побежал к морю
and he soaked his handkerchief in the water
и он намочил свой платок в воде
he ran back to his poor school-fellow
Он побежал обратно к своему бедному школьному товарищу
and he began to bathe his forehead
и он начал омывать свой лоб
he cried bitterly in despair
Он горько закричал в отчаянии
and he kept calling him by name
И он продолжал называть его по имени
and he said many things to him:
И сказал ему многое:
"Eugene! my poor Eugene!"
— Женька! мой бедный Юджин!
"Open your eyes and look at me!"
«Открой глаза и посмотри на меня!»
"Why do you not answer?"
— Почему ты не отвечаешь?
"I did not do it to you"
«Я не делал этого с тобой»
"it was not I that hurt you so!"
— Это не я тебя так обидел!
"believe me, it was not me!"
«Поверьте, это был не я!»
"Open your eyes, Eugene"
«Открой глаза, Женька»
"If you keep your eyes shut I shall die, too"
«Если ты будешь держать глаза закрытыми, я тоже умру»
"Oh! what shall I do?"
— О! что мне делать?
"how shall I ever return home?"
— Как же я вернусь домой?
"How can I ever have the courage to go back to my good mamma?"

— Как я могу набраться смелости вернуться к моей доброй маме?
"What will become of me?"
— Что со мной будет?
"Where can I fly to?"
«Куда я могу улететь?»
"had I only gone to school!"
«Если бы я только ходил в школу!»
"Why did I listen to my companions?"
«Почему я слушал своих товарищей?»
"they have been my ruin"
«Они были моей гибелью»
"The master said it to me"
«Мастер сказал мне это»
"and my mamma repeated it often"
«И моя мама часто повторяла это»
'Beware of bad companions!'
— Остерегайся плохих товарищей!
"Oh, dear! what will become of me?"
— О, боже! Что со мной будет?
And Pinocchio began to cry and sob
И Буратино начал плакать и рыдать
and he struck his head with his fists
и ударил его кулаками по голове
Suddenly he heard the sound of footsteps
Вдруг он услышал звук шагов
He turned and saw two soldiers
Он обернулся и увидел двух солдат
"What are you doing there?"
— Что ты там делаешь?
"why are you lying on the ground?"
«Почему ты лежишь на земле?»
"I am helping my school-fellow"
«Я помогаю своему школьному товарищу»
"Has he been hurt?"
— Он ранен?
"It seems he has been hurt"

«Кажется, ему причинили боль»
"Hurt indeed!" said one of them
«Действительно больно!» — сказал один из них
and he stooped down to examine Eugene closely
и он наклонился, чтобы внимательно рассмотреть Юджина
"This boy has been wounded on the head"
«Этот мальчик был ранен в голову»
"Who wounded him?" they asked Pinocchio
«Кто его ранил?» — спрашивали они Буратино
"Not I," stammered the puppet breathlessly
— Не я, — запинаясь, пробормотала кукла
"If it was not you, who then did it?"
«Если не ты, то кто тогда это сделал?»
"Not I," repeated Pinocchio
— Не я, — повторил Пиноккио
"And with what was he wounded?"
— А чем он был ранен?
"he was hurt with this book"
«Он был задет этой книгой»
And the puppet picked up from the ground his book
И кукла подняла с земли свою книгу
the Treatise on Arithmetic
Трактат по арифметике
and he showed the book to the soldier
И он показал книгу солдату
"And to whom does this belong?"
— И кому это принадлежит?
"It belongs to me," answered Pinocchio, honestly
— Это принадлежит мне, — честно ответил Пиноккио
"That is enough, nothing more is wanted"
«Этого достаточно, больше ничего не нужно»
"Get up and come with us at once"
«Вставай и иди с нами немедленно»
"But I..." Pinocchio tried to object
— Но я... Пиноккио попытался возразить
"Come along with us!" they insisted

«Пойдем с нами!» — настаивали они

"But I am innocent" he pleaded

«Но я невиновен», — умолял он

but they didn't listen. "Come along with us!"

Но они не послушали. — Пойдем с нами!

Before they left, the soldiers called a passing fishermen

Прежде чем уйти, солдаты окликнули проходящих мимо рыбаков

"We give you this wounded boy"

«Мы отдаем вам этого раненого мальчика»

"we leave him in your care"

«Мы оставляем его на ваше попечение»

"Carry him to your house and nurse him"

«Отнесите его к себе домой и ухаживайте за ним»

"Tomorrow we will come and see him"

«Завтра мы приедем к нему»

They then turned to Pinocchio

Затем они обратились к Буратино

"Forward! and walk quickly"

— Вперед! и быстро ходите»

"or it will be the worse for you"

"Или вам будет хуже"

Pinocchio did not need to be told twice

Буратино не нужно было повторять дважды

the puppet set out along the road leading to the village

Кукла отправляется по дороге, ведущей в деревню

But the poor little Devil hardly knew where he was

Но бедный маленький дьявол едва ли знал, где он

He thought he must be dreaming

Он подумал, что, должно быть, ему снится сон

and what a dreadful dream it was!

И какой это был ужасный сон!

He saw double and his legs shook

Он видел двоякое зрение, и его ноги дрожали

his tongue clung to the roof of his mouth

Его язык прилип к нёбу

and he could not utter a word

и он не мог вымолвить ни слова
And yet, in the midst of his stupefaction and apathy
И все же, посреди его оцепенения и апатии
his heart was pierced by a cruel thorn
Его сердце было пронзено жестоким шипом
he knew where he had to walk past
Он знал, где ему нужно пройти мимо
under the windows of the good Fairy's house
под окнами дома доброй Феи
and she was going see him with the soldiers
и она собиралась увидеть его с солдатами
He would rather have died
Он предпочел бы умереть
soon they reached the village
Вскоре они добрались до деревни
a gust of wind blew Pinocchio's cap off his head
порыв ветра сорвал с головы кепку Пиноккио
"Will you permit me?" said the puppet to the soldiers
"Вы позволите?" - спросила марионетка у солдат
"can I go and get my cap?"
«Могу я пойти и взять свою кепку?»
"Go, then; but be quick about it"
— Тогда иди; Но поторопись»
The puppet went and picked up his cap
Кукла подошла и подняла свою фуражку
but he didn't put the cap on his head
Но кепку на голову он не надел
he put the cap between his teeth
Он зажал колпачок между зубами
and began to run as fast as he could
и начал бежать так быстро, как только мог
he was running back towards the seashore!
Он бежал обратно к берегу!
The soldiers thought it would be difficult to overtake him
Солдаты думали, что обогнать его будет сложно
so they sent after him a large mastiff
Поэтому они послали за ним большого мастифа

he had won the first prizes at all the dog races
Он занимал первые места на всех собачьих бегах
Pinocchio ran, but the dog ran faster
Буратино побежал, но пес побежал быстрее
The people came to their windows
Народ подошел к своим окнам
and they crowded into the street
и они толпились на улице
they wanted to see the end of the desperate race
Они хотели увидеть конец отчаянной гонки

Pinocchio Runs the Danger of being Fried in a Pan like a Fish

Пиноккио рискует быть поджаренным на сковороде, как рыба

the race was not going well for the puppet
Гонка складывалась не лучшим образом для марионетки
and Pinocchio thought he had lost
и Пиноккио думал, что проиграл
Alidoro, the mastiff, had run swiftly
Мастиф Алидоро быстро бежал
and he had nearly caught up with him
и он почти догнал его
the dreadful beast was very close behind him
Ужасный зверь был совсем близко позади него
he could hear the panting of the dog
Он слышал дыхание собаки
there was not a hand's breadth between them
Между ними не было ни одной руки
he could even feel the dog's hot breath
Он даже чувствовал горячее дыхание собаки
Fortunately the shore was close
К счастью, берег был близко
and the sea was but a few steps off
а море было всего в нескольких шагах от него

soon they reached the sands of the beach
Вскоре они добрались до песков пляжа
they got there almost at the same time
Они попали туда почти одновременно
but the puppet made a wonderful leap
Но кукла совершила чудесный прыжок
a frog could have done no better
лягушка не могла бы сделать лучше
and he plunged into the water
и он нырнул в воду
Alidoro, on the contrary, wished to stop himself
Алидоро, напротив, хотел остановить себя
but he was carried away by the impetus of the race
Но он был увлечен порывом расы
he also went into the sea
Он также зашел в море
The unfortunate dog could not swim
Несчастная собака не умела плавать
but he made great efforts to keep himself afloat
Но он прилагал большие усилия, чтобы удержаться на плаву
and he swam as well as he could with his paws
И он плавал, как мог, своими лапами
but the more he struggled the farther he sank
Но чем больше он боролся, тем глубже погружался
and soon his head was under the water
И вскоре его голова оказалась под водой
his head rose above the water for a moment
Его голова на мгновение поднялась над водой
and his eyes were rolling with terror
и глаза его закатились от ужаса
and the poor dog barked out:
И бедная собака рявкнула:
"I am drowning! I am drowning!"
«Я тону! Я тону!»
"Drown!" shouted Pinocchio from a distance
«Утонуть!» — крикнул Пиноккио издалека

he knew that he was in no more danger
Он знал, что ему больше ничего не угрожает
"Help me, dear Pinocchio!"
«Помоги мне, дорогой Буратино!»
"Save me from death!"
«Спаси меня от смерти!»
in reality Pinocchio had an excellent heart
на самом деле у Буратино было прекрасное сердце
he heard the agonizing cry from the dog
Он услышал мучительный крик собаки
and the puppet was moved with compassion
И кукла была тронута состраданием
he turned to the dog, and said:
Он повернулся к собаке и сказал:
"I will save you," said Pinocchio
«Я спасу тебя», — сказал Пиноккио
"but do you promise to give me no further annoyance?"
— Но обещаешь ли ты больше не доставлять мне неприятностей?
"I promise! I promise!" barked the dog
«Обещаю! Обещаю!» — рявкнула собака
"Be quick, for pity's sake"
«Будь быстрым, ради жалости»
"if you delay another half-minute I shall be dead"
— Если ты задержишься еще на полминуты, я умру.
Pinocchio hesitated for a moment
Пиноккио на мгновение заколебался
but then he remembered what his father had often told him
Но потом он вспомнил то, что часто рассказывал ему отец
"a good action is never lost"
«Доброе дело никогда не пропадает»
he quickly swam over to Alidoro
он быстро подплыл к Алидоро
and he took hold of his tail with both hands
и он ухватился за хвост обеими руками
soon they were on dry land again
вскоре они снова оказались на суше

and Alidoro was safe and sound
и Алидоро был цел и невредим
The poor dog could not stand
Бедная собака не выдержала
He had drunk a lot of salt water
Он выпил много соленой воды
and now he was like a balloon
А теперь он был как воздушный шар
The puppet, however, didn't entirely trust him
Марионетка, однако, не полностью доверяла ему
he thought it more prudent to jump again into the water
он считал более благоразумным снова прыгнуть в воду
he swam a little distance into the water
Он проплыл небольшое расстояние в воду
and he called out to his friend he had rescued
и он позвал своего друга, которого спас
"Good-bye, Alidoro; a good journey to you"
— До свидания, Алидоро; Доброго вам путешествия»
"and take my compliments to all at home"
"И передайте мои комплименты всем дома"
"Good-bye, Pinocchio," answered the dog
— До свидания, Буратино, — ответил пес
"a thousand thanks for having saved my life"
"Тысяча благодарностей за то, что спасли мне жизнь"
"You have done me a great service"
«Вы оказали мне большую услугу»
"and in this world what is given is returned"
«И в этом мире что дано, то возвращается»
"If an occasion offers I shall not forget it"
«Если представится случай, я его не забуду»
Pinocchio swam along the shore
Буратино плавал вдоль берега
At last he thought he had reached a safe place
Наконец ему показалось, что он добрался до безопасного места
so he gave a look along the shore
Поэтому он посмотрел вдоль берега

he saw amongst the rocks a kind of cave
Он увидел среди скал что-то вроде пещеры
from the cave there was a cloud of smoke
Из пещеры доносилось облако дыма
"In that cave there must be a fire"
«В той пещере должен быть огонь»
"So much the better," thought Pinocchio
«Тем лучше», — подумал Пиноккио
"I will go and dry and warm myself"
«Я пойду, обсохну и согреюсь»
"and then?" Pinocchio wondered
— А потом? — удивился Пиноккио
"and then we shall see," he concluded
— А там посмотрим, — заключил он
Having taken the resolution he swam landwards
Приняв решение, он поплыл к суше
he was was about to climb up the rocks
Он собирался взобраться на скалы
but he felt something under the water
Но он почувствовал что-то под водой
whatever it was rose higher and higher
что бы это ни было, поднималось все выше и выше
and it carried him into the air
и она поднесла его в воздух
He tried to escape from it
Он пытался убежать от него
but it was too late to get away
Но было уже слишком поздно уходить
he was extremely surprised when he saw what it was
Он был крайне удивлен, когда увидел, что это было
he found himself enclosed in a great net
он оказался запертым в огромную сеть
he was with a swarm of fish of every size and shape
Он был с роем рыб всех размеров и форм
they were flapping and struggling around
Они махали руками и бились вокруг
like a swarm of despairing souls

как рой отчаявшихся душ
At the same moment a fisherman came out of the cave
В тот же миг из пещеры вышел рыбак
the fisherman was horribly ugly
Рыбак был ужасно уродливым
and he looked like a sea monster
И он был похож на морское чудовище
his head was not covered in hair
Его голова не была покрыта волосами
instead he had a thick bush of green grass
Вместо этого у него был густой куст зеленой травы
his skin was green and his eyes were green
его кожа была зеленой, а глаза зелеными
and his long beard came down to the ground
и его длинная борода спустилась до земли
and of course his beard was also green
И, конечно же, его борода тоже была зеленой
He had the appearance of an immense lizard
Он был похож на огромную ящерицу
a lizard standing on its hind-paws
ящерица, стоящая на задних лапах

the fisherman pulled his net out of the sea
Рыбак вытащил свою сеть из моря
"Thank Heaven!" he exclaimed greatly satisfied
"Слава богу!" - воскликнул он очень довольный
"Again today I shall have a splendid feast of fish!"
— Сегодня у меня снова будет великолепный рыбный пир!
Pinocchio thought to himself for a moment
Пиноккио на мгновение задумался
"What a mercy that I am not a fish!"
«Какая милость, что я не рыба!»
and he regained a little courage
и он немного ободрился
The netful of fish was carried into the cave
Сеть с рыбой была унесена в пещеру
and the cave was dark and smoky
и пещера была темной и дымной
In the middle of the cave was a large frying-pan
Посреди пещеры стояла большая сковорода
and the frying-pan was full of oil
и сковорода была полна масла
there was a suffocating smell of mushrooms
Стоял удушливый запах грибов
but the fisherman was very excited
Но рыбак был очень взволнован
"Now we will see what fish we have taken!"
«Теперь посмотрим, какую рыбу мы поймали!»
and he put into the net an enormous hand
и он пустил в сеть огромную руку
his hand had the proportions of a baker's shovel
Его рука была пропорциями лопаты пекаря
and he pulled out a handful of fish
И он вытащил горсть рыбы
"These fish are good!" he said
«Эта рыба хороша!» — сказал он
and he smelled the fish complacently
и он благодушно понюхал рыбу
And then he threw the fish into a pan without water

А потом бросал рыбу в кастрюлю без воды
He repeated the same operation many times
Он повторял одну и ту же операцию много раз
and as he drew out the fish his mouth watered
и когда он вытащил рыбу, у него потекли слюнки
and the Fisherman chuckled to himself
и Рыбак усмехнулся про себя
"What exquisite sardines I've caught!"
«Какие изысканные сардины я поймал!»
"These mackerel are going to be delicious!"
«Эта скумбрия будет восхитительной!»
"And these crabs will be excellent!"
«И эти крабы будут отличными!»
"What dear little anchovies they are!"
«Какие они милые маленькие анчоусы!»
The last to remain in the fisher's net was Pinocchio
Последним, кто остался в рыбацкой сети, был Буратино
his big green eyes opened with astonishment
Его большие зеленые глаза открылись от изумления
"What species of fish is this??"
"Что это за вид рыб??"
"Fish of this kind I don't remember to have eaten"
«Рыбу такого рода я не помню, чтобы ел»
And he looked at him again attentively
И он снова внимательно посмотрел на него
and he examined him well all over
и он хорошенько осмотрел его со всех сторон
"I know: he must be a craw-fish"
«Я знаю: он, должно быть, рыба-рак»
Pinocchio was mortified at being mistaken for a craw-fish
Пиноккио был огорчен тем, что его приняли за раков
"Do you take me for a craw-fish?"
— Вы принимаете меня за раков?
"that's no way to treat your guests!"
«Так нельзя угощать гостей!»
"Let me tell you that I am a puppet"
«Позвольте мне сказать вам, что я марионетка»

"A puppet?" replied the fisherman
"Кукла?" - ответил рыбак
"then I must tell you the truth"
«Тогда я должен сказать вам правду»
"a puppet is quite a new fish to me"
«Кукла для меня совсем новая рыба»
"but that is even better!"
— Но это еще лучше!
"I shall eat you with greater pleasure"
«Я съем тебя с большим удовольствием»
"you can eat me all you want"
«Ты можешь есть меня сколько угодно»
"but will you understand that I am not a fish?"
— Но поймешь ли ты, что я не рыба?
"Do you not hear that I talk?"
— Разве ты не слышишь, что я говорю?
"can you not see that I reason as you do?"
— Разве вы не видите, что я рассуждаю так же, как вы?
"That is quite true," said the fisherman
— Это совершенно верно, — сказал рыбак
"you are indeed a fish with the talent of talking"
«Ты действительно рыба с талантом говорить»
"and you are a fish that can reason as I do"
«А ты рыба, которая может рассуждать так же, как я»
"I must treat you with appropriate attention"
«Я должен относиться к вам с должным вниманием»
"And what would this attention be?"
— И что это будет за внимание?
"let me give you a token of my friendship"
«Позволь мне дать тебе знак моей дружбы»
"and let me show my particular regard"
"И позвольте мне выразить свое особое уважение"
"I will let you choose how you would like to be cooked"
"Я позволю вам выбрать, как бы вы хотели, чтобы вас готовили"
"Would you like to be fried in the frying-pan?
«Хочешь, чтобы тебя жарили на сковороде?

"or would you prefer to be stewed with tomato sauce?"
«Или вы бы предпочли, чтобы вас тушили с томатным соусом?»
"let me tell you the truth," answered Pinocchio
— Скажу вам правду, — ответил Пиноккио
"if I had to choose, I would like to be set free"
«Если бы мне пришлось выбирать, я бы хотел, чтобы меня освободили»
"You are joking!" laughed the fisherman
"Вы шутите!" - засмеялся рыбак
"why would I lose the opportunity to taste such a rare fish?"
«Почему бы мне упустить возможность попробовать такую редкую рыбу?»
"I can assure you puppet fish are rare here"
«Уверяю вас, рыбы-куклы здесь редкость»
"one does not catch a puppet fish every day"
«Не каждый день ловят рыбу-куклу»
"Let me make the choice for you"
«Позволь мне сделать выбор за тебя»
"you will be with the other fish"
"Ты будешь с другими рыбами"
"I will fry you in the frying-pan"
«Я тебя поджарю на сковороде»
"and you will be quite satisfied"
"И вы будете вполне довольны"
"It is always consolation to be fried in company"
"Всегда утешает быть поджаренным в компании"
At this speech the unhappy Pinocchio began to cry
При этой речи несчастный Буратино заплакал
he screamed and implored for mercy
Он кричал и умолял о пощаде
"How much better it would have been if I had gone to school!"
«Насколько было бы лучше, если бы я пошел в школу!»
"I shouldn't have listened to my companions"
«Я не должен был слушать своих товарищей»
"and now I am paying for it"

"и теперь я за это плачу"
And he wriggled like an eel
И он извивался, как угорь
and he made indescribable efforts to slip out
И он прилагал неописуемые усилия, чтобы выскользнуть
but he was tight in clutches of the green fisherman
Но он был крепко зажат в лапах зеленого рыбака
and all of Pinocchio's efforts were useless
и все усилия Буратино оказались бесполезными
the fisherman took a long strip of rush
Рыбак взял длинную полосу спешки
and he bound the puppets hands and feet
и он связал кукол по рукам и ногам
Poor Pinocchio was tied up like a sausage
Бедный Буратино был завязан, как колбаса
and he threw him into the pan with the other fish
и бросил его в кастрюлю вместе с другими рыбами
He then fetched a wooden bowl full of flour
Затем он принес деревянную миску, полную муки
and one by one he began to flour each fish
и одну за другой начал посыпать мукой каждую рыбу
soon all the little fish were ready
Вскоре все рыбки были готовы
and he threw them into the frying-pan
И он бросил их на сковороду
The first to dance in the boiling oil were the poor whitings
Первыми в кипящем масле затанцевали бедные путассу
the crabs were next to follow the dance
Крабы были следующими, чтобы последовать за танцем
and then the sardines came too
А потом пришли и сардины
and finally the anchovies were thrown in
и, наконец, анчоусы были брошены
at last it had come to Pinocchio's turn
наконец настала очередь Пиноккио
he saw the horrible death waiting for him
Он видел, какая ужасная смерть ждала его

and you can imagine how frightened he was
И вы можете себе представить, как он испугался
he trembled violently and with great effort
Он сильно дрожал и с большим усилием
and he had neither voice nor breath left for further entreaties
и у него не осталось ни голоса, ни дыхания для дальнейших просьб
But the poor boy implored with his eyes!
Но бедный мальчик умолял глазами!
The green fisherman, however, didn't care the least
Зеленого рыбака, однако, это нисколько не волновало
and he plunged him five or six times in the flour
и он пять или шесть раз погрузил его в муку
finally he was white from head to foot
наконец он побелел с головы до ног
and he looked like a puppet made of plaster
А выглядел он как кукла из гипса

Pinocchio Returns to the Fairy's House
Пиноккио возвращается в дом феи

Pinocchio was dangling over the frying pan
Буратино свисал со сковороды
the fisherman was just about to throw him in
Рыбак как раз собирался бросить его в воду
but then a large dog entered the cave
Но тут в пещеру вошла большая собака
the dog had smelled the savoury odour of fried fish
Собака почувствовала пикантный запах жареной рыбы
and he had been enticed into the cave
и его заманили в пещеру
"Get out!" shouted the fisherman
"Убирайся!" - закричал рыбак
he was holding the floured puppet in one hand
В одной руке он держал посыпанную мукой куклу
and he threatened the dog with the other hand

и он угрожал собаке другой рукой
But the poor dog was as hungry as a wolf
Но бедная собака была голодна, как волк
and he whined and wagged his tail
и он скулил и вилял хвостом
if he could have talked he would have said:
Если бы он мог говорить, он бы сказал:
"Give me some fish and I will leave you in peace"
«Дай мне рыбы, и я оставлю тебя в покое»
"Get out, I tell you!" repeated the fisherman
— Убирайся, говорю тебе, — повторил рыбак
and he stretched out his leg to give him a kick
И он вытянул ногу, чтобы дать ему пинок
But the dog would not stand trifling
Но пес мелочей не потерпел бы
he was too hungry to be denied the food
Он был слишком голоден, чтобы отказывать ему в еде
he started growling at the fisherman
Он начал рычать на рыбака
and he showed his terrible teeth
и он показал свои страшные зубы
At that moment a little feeble voice called out
В этот момент раздался слабый голос
"Save me, Alidoro, please!"
— Спаси меня, Алидоро, пожалуйста!
"If you do not save me I shall be fried!"
— Если ты не спасешь меня, я буду зажарен!
The dog recognized Pinocchio's voice
Пес узнал голос Пиноккио
all he saw was the floured bundle in the fisherman's hand
Все, что он видел, был посыпанный мукой узелок в руке рыбака
that must be where the voice had come from
Должно быть, именно оттуда доносился голос
So what do you think he did?
Как вы думаете, что он сделал?
Alidoro sprung up to the fisherman

Алидоро подскочил к рыбаку
and he seized the bundle in his mouth
И он схватил узелок в рот
he held the bundle gently in his teeth
Он нежно держал сверток в зубах
and he rushed out of the cave again
И он снова выбежал из пещеры
and then he was gone like a flash of lightning
А потом он исчез, как вспышка молнии
The fisherman was furious
Рыбак был в ярости
the rare puppet fish had been snatched from him
Редкая рыба-кукла была вырвана у него
and he ran after the dog
И он побежал за собакой
he tried to get his fish back
Он попытался вернуть свою рыбу
but the fisherman did not run far
Но рыбак далеко не убежал
because he had been taken by a fit of coughing
потому что его охватил приступ кашля

Alidoro ran almost to the village
Алидоро побежал почти до деревни
when he got to the path he stopped
Дойдя до тропы, он остановился
he put his friend Pinocchio gently on the ground
он аккуратно положил своего друга Буратино на землю
"How much I have to thank you for!" said the puppet
"За что я должен тебя благодарить!" - сказала кукла
"There is no necessity," replied the dog
— В этом нет необходимости, — ответила собака
"You saved me and I have now returned it"
«Вы спасли меня, и я теперь вернул его»
"You know that we must all help each other in this world"
«Вы знаете, что мы все должны помогать друг другу в этом мире»
Pinocchio was happy to have saved Alidoro
Пиноккио был счастлив, что спас Алидоро
"But how did you get into the cave?"
— Но как ты попал в пещеру?
"I was lying on the shore more dead than alive"
«Я лежал на берегу скорее мертвым, чем живым»
"then the wind brought to me the smell of fried fish"
"Тогда ветер донес до меня запах жареной рыбы"
"The smell excited my appetite"
«Запах возбуждал мой аппетит»
"and I followed my nose"
"И я последовал за своим носом"
"If I had arrived a second later..."
«Если бы я приехал на секунду позже...»
"Do not mention it!" sighed Pinocchio
"Не упоминай об этом!" - вздохнул Пиноккио
he was still trembling with fright
Он все еще дрожал от страха
"I would be a fried puppet by now"
«Я бы уже был жареной марионеткой»
"It makes me shudder just to think of it!"
«Я содрогаюсь от одной мысли об этом!»

Alidoro laughed a little at the idea
Алидоро немного посмеялся над этой идеей
but he extended his right paw to the puppet
но он протянул правую лапу к кукле
Pinocchio shook his paw heartily
Пиноккио от души пожал лапой
and then they went their separate ways
А потом они разошлись
The dog took the road home
Собака пошла по дороге домой
and Pinocchio went to a cottage not far off
а Буратино поехал в дачу неподалеку
there was a little old man warming himself in the sun
там был маленький старичок, греющийся на солнышке
Pinocchio spoke to the little old man
Пиноккио заговорил с маленьким старичком
"Tell me, good man," he started
— Скажи мне, добрый человек, — начал он
"do you know anything of a poor boy called Eugene?"
— Вы знаете что-нибудь о бедном мальчике по имени Юджин?
"he was wounded in the head"
"он был ранен в голову"
"The boy was brought by some fishermen to this cottage"
«Мальчика привезли в эту дачу какие-то рыбаки»
"and now I do not know what happened to him"
"и теперь я не знаю, что с ним стало"
"And now he is dead!" interrupted Pinocchio with great sorrow
— А теперь он мертв, — с великой скорбью перебил его Пиноккио
"No, he is alive," interrupted the fisherman
— Нет, он живой, — перебил его рыбак
"and he has been returned to his home"
«И он был возвращен в свой дом»
"Is it true?" cried the puppet
"Правда ли это?" - воскликнула кукла

- 222 -

and Pinocchio danced with delight
а Буратино танцевал от восторга
"Then the wound was not serious?"
— Значит, рана была несерьезной?
the little old man answered Pinocchio
старичок ответил Буратино
"It might have been very serious"
«Это могло быть очень серьезно»
"it could even have been fatal"
«Это могло быть даже смертельно»
"they threw a thick book at his head"
«Ему в голову бросили толстую книгу»
"And who threw it at him?"
— А кто бросил его в него?
"One of his school-fellows, by the name of Pinocchio"
«Один из его школьных товарищей, по имени Пиноккио»
"And who is this Pinocchio?" asked the puppet
«А кто такой этот Буратино?» — спросила кукла
and he pretended his ignorance as best he could
и он притворялся своим невежеством, как только мог
"They say that he is a bad boy"
«Говорят, что он плохой мальчик»
"a vagabond, a regular good-for-nothing"
«бродяга, обычный никчемный человек»
"Calumnies! all calumnies!"
«Клевета! Все клевета!»
"Do you know this Pinocchio?"
— Ты знаешь этого Пиноккио?
"By sight!" answered the puppet
"На вид!" - ответила кукла
"And what is your opinion of him?" asked the little man
"А что ты о нем думаешь?" - спросил человечек
"He seems to me to be a very good boy"
«Мне кажется, он очень хороший мальчик»
"he is anxious to learn," added Pinocchio
«Ему не терпится учиться», — добавил Пиноккио
"and he is obedient and affectionate to his father and family"

«И он послушен и привязан к отцу своему и семье»
the puppet fired off a bunch of lies
Марионетка пустила кучу лжи
but then he remembered to touch his nose
Но потом он вспомнил коснуться своего носа
his nose seemed to have grown by more than a hand
Его нос, казалось, вырос больше, чем на ладонь
Very much alarmed he began to cry:
Очень встревоженный, он закричал:
"Don't believe me, good man"
«Не верь мне, добрый человек»
"what I said were all lies"
"То, что я сказал, было ложью"
"I know Pinocchio very well"
«Я очень хорошо знаю Буратино»
"and I can assure you that he is a very bad boy"
— И я могу вас заверить, что он очень плохой мальчик.
"he is disobedient and idle"
«Он непокорный и праздный»
"instead of going to school, he runs off with his companions"
"Вместо того, чтобы пойти в школу, он убегает со своими товарищами"
He had hardly finished speaking when his nose became shorter
Едва он закончил говорить, как его нос стал короче
and finally his nose returned to the old size
И, наконец, его нос вернулся к прежнему размеру
the little old man noticed the boys' colour
Маленький старичок заметил цвет лица мальчиков
"And why are you all covered with white?"
«А почему вы все покрыты белым?»
"I will tell you why," said Pinocchio
«Я скажу вам, почему», — сказал Пиноккио
"Without observing it I rubbed myself against a wall"
«Не замечая этого, я терся о стену»
"little did I know that the wall had been freshly

whitewashed"
«Я и не подозревал, что стена была только что побелена»
he was ashamed to confess the truth
Ему было стыдно признаться в правде
in fact he had been floured like a fish
на самом деле его посыпали мукой, как рыбу
"And what have you done with your jacket?"
— А что ты сделал со своей курткой?
"where are your trousers, and your cap?"
— Где твои брюки и фуражка?
"I met some robbers on my journey"
«Я встретил несколько грабителей в своем путешествии»
"and they took all my things from me"
«И забрали у меня все мое имущество»
"Good old man, I have a favour to ask"
«Добрый старик, у меня есть просьба»
"could you perhaps give me some clothes to return home in?"
— Не могли бы вы дать мне немного одежды, чтобы вернуться домой?
"My boy, I would like to help you"
«Мой мальчик, я хотел бы помочь тебе»
"but I have nothing but a little sack"
— Но у меня нет ничего, кроме маленького мешочка.
"it is but a sack in which I keep beans"
«Это всего лишь мешок, в котором я храню бобы»
"but if you have need of it, take it"
«Но если вам это нужно, возьмите это»
Pinocchio did not wait to be asked twice
Буратино не стал ждать, пока его попросят дважды
He took the sack at once
Он сразу же взял мешок
and he borrowed a pair of scissors
И он одолжил ножницы
and he cut a hole at the end of the sack
и он прорезал отверстие на конце мешка
at each side, he cut out small holes for his arms

С каждой стороны он вырезал небольшие отверстия для рук
and he put the sack on like a shirt
и он надел мешок, как рубашку
And with his new clothing he set off for the village
И в новой одежде он отправился в деревню
But as he went he did not feel at all comfortable
Но когда он шел, он чувствовал себя совсем не комфортно
for each step forward he took another step backwards
за каждый шаг вперед он делал еще один шаг назад
"How shall I ever present myself to my good little Fairy?"
— Как же я когда-нибудь предстану перед моей доброй маленькой феей?
"What will she say when she sees me?"
— Что она скажет, когда увидит меня?
"Will she forgive me this second escapade?"
— Простит ли она мне эту вторую выходку?
"Oh, I am sure that she will not forgive me!"
— О, я уверен, что она мне не простит!
"And it serves me right, because I am a rascal"
«И мне это правильно, потому что я негодяй»
"I am always promising to correct myself"
«Я всегда обещаю исправиться»
"but I never keep my word!"
— Но я никогда не держу своего слова!
When he reached the village it was night
Когда он добрался до деревни, была ночь
and it had gotten very dark
И стало очень темно
A storm had come in from the shore
С берега налетел шторм
and the rain was coming down in torrents
и дождь лил потоками
he went straight to the Fairy's house
он направился прямо к дому Феи
he was resolved to knock at the door
Он был полон решимости постучать в дверь

But when he was there his courage failed him
Но когда он оказался там, его мужество покинуло его
instead of knocking he ran away some twenty paces
вместо того, чтобы постучать, он отбежал шагов на двадцать
He returned to the door a second time
Он вернулся к двери во второй раз
and he held the door knocker in his hand
и он держал в руке дверной молоток
trembling, he gave a little knock at the door
Дрожа, он слегка постучал в дверь
He waited and waited for his mother to open the door
Он ждал и ждал, когда мама откроет дверь
Pinocchio must have waited no less than half an hour
Буратино, должно быть, ждал не меньше получаса
At last a window on the top floor was opened
Наконец открылось окно на верхнем этаже
the house was four stories high
Дом был четырехэтажным
and Pinocchio saw a big Snail
а Буратино увидел большую Улитку
it had a lighted candle on her head to look out
На голове у нее была зажженная свеча, чтобы она могла выглядывать наружу
"Who is there at this hour?"
— Кто там в этот час?
"Is the Fairy at home?" asked the puppet
"Фея дома?" - спросила кукла
"The Fairy is asleep," answered the snail
— Фея спит, — ответила улитка
"and she must not be awakened"
«И ее нельзя будить»
"but who are you?" asked the Snail
"Но кто ты?" - спросила Улитка
"It is I," answered Pinocchio
— Это я, — ответил Пиноккио
"Who is I?" asked the Snail

"Кто я?" - спросила Улитка

"It is I, Pinocchio," answered Pinocchio

— Это я, Пиноккио, — ответил Пиноккио

"And who is Pinocchio?" asked the Snail

"А кто такой Пиноккио?" - спросила Улитка

"The puppet who lives in the Fairy's house"

"Кукла, которая живет в доме Феи"

"Ah, I understand!" said the Snail

", я понимаю!" - сказала Улитка

"Wait for me there"

«Подожди меня там»

"I will come down and open the door"

«Я сойду и открою дверь»

"Be quick, for pity's sake"

«Будь быстрым, ради жалости»

"because I am dying of cold"

«потому что я умираю от холода»

"My boy, I am a snail"

«Мой мальчик, я улитка»

"and snails are never in a hurry"

"А улитки никогда не спешат"

An hour passed, and then two

Прошел час, а потом два

and the door was still not opened

А дверь все еще не открылась

Pinocchio was wet through and through

Буратино был мокрым насквозь

and he was trembling from cold and fear

и он дрожал от холода и страха

at last he had the courage to knock again

Наконец он набрался смелости постучать снова

this time he knocked louder than before

На этот раз он постучал громче, чем раньше

At this second knock a window on the lower story opened

При этом втором стуке открылось окно на нижнем этаже

and the same Snail appeared at the window

и такая же Улитка появилась у окна

"Beautiful little Snail," cried Pinocchio
— Красивая маленькая улитка, — воскликнул Пиноккио
"I have been waiting for two hours!"
«Я ждал два часа!»
"two hours on such a night seems longer than two years"
«Два часа в такую ночь кажутся дольше двух лет»
"Be quick, for pity's sake"
«Будь быстрым, ради жалости»
"My boy," answered the calm little animal
— Мой мальчик, — ответил спокойный зверешек
"you know that I am a snail"
«Ты же знаешь, что я улитка»
"and snails are never in a hurry"
"А улитки никогда не спешат"
And the window was shut again
И окно снова захлопнулось
Shortly afterwards midnight struck
Вскоре после этого пробила полночь
then one o'clock, then two o'clock
Потом час дня, потом два часа
and the door still remained unopened
а дверь все еще оставалась неоткрытой
Pinocchio finally lost all patience
Буратино окончательно потерял всякое терпение
he seized the door knocker in a rage
Он в ярости схватился за дверной молоток
he intended bang the door as hard as he could
Он намеревался хлопнуть дверью так сильно, как только мог
a blow that would resound through the house
удар, который эхом разнесется по всему дому
the door knocker was made from iron
Дверной молоток был изготовлен из железа
but suddenly it turned into an eel
Но внезапно он превратился в угря
and the eel slipped out of Pinocchio's hand
и угорь выскользнул из руки Пиноккио

down the street was a stream of water
Вниз по улице тек поток воды
and the eel disappeared down the stream
и угорь исчез вниз по течению
Pinocchio was blinded with rage
Пиноккио ослеп от ярости
"Ah! so that's the way it is?"
—! Так так оно и есть?»
"then I will kick with all my might"
"тогда я буду брыкаться изо всех сил"
Pinocchio took a little run up to the door
Буратино немного подбежал к двери
and he kicked the door with all his might
И он изо всех сил выбил дверь ногой
it was indeed a mighty strong kick
Это был действительно могучий сильный удар
and his foot went through the door
и его нога прошла через дверь
Pinocchio tried to pull his foot out
Пиноккио попытался вытащить ногу
but then he realized his predicament
Но потом он понял свое затруднительное положение
it was as if his foot had been nailed down
Как будто его ногу прибили гвоздями
Think of poor Pinocchio's situation!
Подумайте о ситуации бедного Пиноккио!
He had to spend the rest of the night on one foot
Остаток ночи ему пришлось провести на одной ноге
and the other foot was in the air
а другая нога была в воздухе
after many hours daybreak finally came
После многочасового рассвета наконец наступил рассвет
and at last the door was opened
И наконец дверь открылась
it had only taken the Snail nine hours
Улитке понадобилось всего девять часов
he had come all the way from the fourth story

Он прошел весь путь с четвертого этажа

It is evident that her exertions must have been great

Очевидно, что ее усилия должны были быть велики

but she was equally confused by Pinocchio

но в равной степени ее смущал и Пиноккио

"What are you doing with your foot in the door?"

— Что ты делаешь, стоя ногой в двери?

"It was an accident," answered the puppet

— Это был несчастный случай, — ответила кукла

"oh beautiful snail, please help me"

«О, прекрасная улитка, пожалуйста, помоги мне»

"try and get my foot out the door"

«Попробуй выйти за дверь»

"My boy, that is the work of a carpenter""

«Мой мальчик, это работа плотника».

"and I have never been a carpenter"

"А я никогда не был плотником"

"in that case please get the Fairy for me!"

— В таком случае, пожалуйста, позови для меня Фею!

"The Fairy is still asleep"

«Фея все еще спит»

"and she must not be awakened"

«И ее нельзя будить»

"But what can I do with me foot stuck in the door?"

«Но что я могу сделать, если моя нога застряла в двери?»

"there are many ants in this area"

«В этой местности много муравьев»

"Amuse yourself by counting all the little ants"

«Развлекайтесь, считая всех маленьких муравьев»

"Bring me at least something to eat"

«Принеси мне хоть что-нибудь поесть»

"because I am quite exhausted and hungry"

«потому что я очень устал и голоден»

"At once," said the Snail

— Немедленно, — сказала Улитка

it was in fact almost as fast as she had said

На самом деле это было почти так быстро, как она

говорила
after three hours she returned to Pinocchio
через три часа она вернулась к Пиноккио
and on her head was a silver tray
а на голове у нее был серебряный поднос
The tray contained a loaf of bread
На подносе лежала буханка хлеба
and there was a roast chicken
И там была жареная курица
and there were four ripe apricots
и там было четыре спелых абрикоса
"Here is the breakfast that the Fairy has sent you"
«Вот завтрак, который прислала вам Фея»
these were all things Pinocchio liked to eat
Это было все, что Пиноккио любил есть
The puppet felt very much comforted at the sight
Кукла почувствовала себя очень утешенной при виде этого
But then he began to eat the food
Но потом он начал есть пищу
and he was most disgusted by the taste
и больше всего его отвратил вкус
he discovered that the bread was plaster
Он обнаружил, что хлеб был гипсовым
the chicken was made of cardboard
Курица была сделана из картона
and the four apricots were alabaster
а четыре абрикоса были алебастровыми
Poor Pinocchio wanted to cry
Бедный Буратино хотел плакать
In his desperation he tried to throw away the tray
В отчаянии он попытался выбросить поднос
perhaps it was because of his grief
Возможно, это было из-за его горя
or it could have been that he was exhausted
Или, возможно, он был истощен
and the little puppet fainted from the effort
И маленькая марионетка упала в обморок от этого усилия

eventually he regained consciousness
В конце концов он пришел в сознание
and he found that he was lying on a sofa
и обнаружил, что лежит на диване
and the good Fairy was beside him
и добрая Фея была рядом с ним
"I will pardon you once more," the Fairy said
— Я еще раз прощу вас, — сказала Фея
"but woe to you if you behave badly a third time!"
— Но горе вам, если вы будете плохо вести себя в третий раз!
Pinocchio promised and swore that he would study
Буратино обещал и клялся, что будет учиться
and he swore he would always conduct himself well
и он поклялся, что всегда будет вести себя хорошо
And he kept his word for the remainder of the year
И он сдержал свое слово до конца года
Pinocchio got very good grades at school
Буратино получал очень хорошие оценки в школе
and he had the honour of being the best student
и он имел честь быть лучшим учеником
his behaviour in general was very praiseworthy
Его поведение в целом было очень похвальным
and the Fairy was very much pleased with him
и Фея была ему очень довольна
"Tomorrow your wish shall be gratified"
"Завтра твое желание будет исполнено"
"what wish was that?" asked Pinocchio
"Что это было за желание?" - спросил Пиноккио
"Tomorrow you shall cease to be a wooden puppet"
«Завтра ты перестанешь быть деревянной куклой»
"and you shall finally become a boy"
«И ты в конце концов станешь мальчиком»
you could not have imagined Pinocchio's joy
вы и представить себе не могли были радость Буратино
and Pinocchio was allowed to have a party
а Буратино разрешили устроить вечеринку

All his school-fellows were to be invited
Все его школьные товарищи должны были быть приглашены
there would be a grand breakfast at the Fairy's house
в доме Феи будет грандиозный завтрак
together they would celebrate the great event
Вместе они отпраздновали бы великое событие
The Fairy had prepared two hundred cups of coffee and milk
Фея приготовила двести чашек кофе и молока
and four hundred rolls of bread were cut
и было разрезано четыреста булочек хлеба
and all the bread was buttered on each side
и весь хлеб был намазан маслом с каждой стороны
The day promised to be most happy and delightful
День обещал быть самым счастливым и восхитительным
but...
но...
Unfortunately in the lives of puppets there is always a "but" that spoils everything
К сожалению, в жизни кукол всегда есть «но», которое все портит

The Land of the Boobie Birds
Страна олуш

Of course Pinocchio asked the Fairy's permission
Конечно, Пиноккио спросил разрешения у Феи
"may I go round the town to give out the invitations?"
— Могу я пройтись по городу и раздать приглашения?
and the Fairy said to him:
И сказала ему Фея:
"Go, if you like, you have my permission"
«Иди, если хочешь, у тебя есть мое разрешение»
"invite your companions for the breakfast tomorrow"
"Пригласите своих спутников на завтрашний завтрак"

"but remember to return home before dark"
«Но не забудь вернуться домой до наступления темноты»
"Have you understood?" she checked
«Ты понял?» — спросила она
"I promise to be back in an hour"
«Обещаю вернуться через час»
"Take care, Pinocchio!" she cautioned him
«Береги себя, Пиноккио!» — предупредила она его
"Boys are always very ready to promise"
«Мальчишки всегда очень готовы обещать»
"but generally boys struggle to keep their word"
«Но обычно мальчики с трудом держат свое слово»
"But I am not like other boys"
«Но я не такой, как другие мальчишки»
"When I say a thing, I do it"
«Когда я что-то говорю, я это делаю»
"We shall see if you will keep your promise"
«Посмотрим, сдержишь ли ты свое обещание»
"If you are disobedient, so much the worse for you"
«Если вы непослушны, тем хуже для вас»
"Why would it be so much the worse for me?"
«Почему это должно быть намного хуже для меня?»
"there are boys who do not listen to the advice"
«Есть мальчики, которые не слушают советов»
"advice from people who know more than them"
"Советы от людей, которые знают больше, чем они"
"and they always meet with some misfortune or other"
«И они всегда сталкиваются с тем или иным несчастьем»
"I have experienced that," said Pinocchio
«Я испытал это», — сказал Пиноккио
"but I shall never make that mistake again"
— Но я никогда больше не допущу этой ошибки.
"We shall see if that is true"
«Посмотрим, правда ли это»
and the puppet took leave of his good Fairy
и кукла простилась со своей доброй Феей
the good Fairy was now like a mamma to him

добрая Фея теперь была для него как мама
and he went out of the house singing and dancing
И он вышел из дома, пел и танцевал
In less than an hour all his friends were invited
Менее чем через час были приглашены все его друзья
Some accepted at once heartily
Некоторые сразу же приняли его с душой
others at first required some convincing
другие поначалу требовали некоторого убеждения
but then they heard that there would be coffee
Но потом они услышали, что будет кофе
and the bread was going to be buttered on both sides
и хлеб собирался намазать маслом с обеих сторон
"We will come also, to do you a pleasure"
«Мы тоже придем, чтобы доставить вам удовольствие»

Now I must tell you that Pinocchio had many friends
Теперь я должен вам сказать, что у Пиноккио было много друзей
and there were many boys he went to school with
и было много мальчиков, с которыми он ходил в школу
but there was one boy he especially liked
Но был один мальчик, который ему особенно нравился
This boy's name was Romeo
Этого мальчика звали Ромео
but he always went by his nickname
Но он всегда ходил по своему прозвищу
all the boys called him Candle-wick
все мальчишки звали его Свеча-Фитиль
because he was so thin, straight and bright
потому что он был таким худым, прямым и ярким
like the new wick of a little nightlight
Как новый фитиль маленького ночника
Candle-wick was the laziest of the boys
Свечной фитиль был самым ленивым из мальчишек
and he was naughtier than the other boys too
И он тоже был непослушнее других мальчишек
but Pinocchio was devoted to him
но Буратино был предан ему
he had gone to Candle-wick's house before the others
он ушел в дом Свеча-фитиль раньше всех
but he had not found him
но он не нашел его
He returned a second time, but Candle-wick was not there
Он вернулся во второй раз, но Свеча-Фитиля там не было
He went a third time, but it was in vain
Он пошел в третий раз, но тщетно
Where could he search for him?
Где он мог его искать?
He looked here, there, and everywhere
Он смотрел туда, сюда и всюду
and at last he found his friend Candle-wick
и наконец он нашел своего друга Свеча-Фитиля

he was hiding on the porch of a peasant's cottage
Он прятался на крыльце крестьянской избы
"What are you doing there?" asked Pinocchio
«Что ты там делаешь?» — спросил Пиноккио
"I am waiting for midnight"
«Я жду полуночи»
"I am going to run away"
«Я собираюсь убежать»
"And where are you going?"
— И куда ты идешь?
"I am going to live in another country"
«Я собираюсь жить в другую страну»
"the most delightful country in the world"
"Самая восхитительная страна в мире"
"a real land of sweetmeats!"
«Настоящая страна сладостей!»
"And what is it called?"
— И как это называется?
"It is called the Land of Boobies"
"Его называют Страной Олуш"
"Why do you not come, too?"
— Почему ты тоже не приходишь?
"I? No, even if I wanted to!"
— Я? Нет, даже если бы я захотел!
"You are wrong, Pinocchio"
«Ты ошибаешься, Буратино»
"If you do not come you will repent it"
«Если не придешь, ты покаешься в этом»
"Where could you find a better country for boys?"
«Где вы могли бы найти лучшую страну для мальчиков?»
"There are no schools there"
«Там нет школ»
"there are no masters there"
"Нет там мастеров"
"and there are no books there"
"и книг там нет"
"In that delightful land nobody ever studies"

«В этой восхитительной стране никто никогда не учится»
"On Saturday there is never school"
«В субботу никогда не бывает школы»
"every week consists of six Saturdays"
"каждая неделя состоит из шести суббот"
"and the remainder of the week are Sundays"
"а остальная часть недели - воскресенья"
"think of all the time there is to play"
"Подумайте обо всем, сколько времени есть для игры"
"the autumn holidays begin on the first of January"
«Осенние каникулы начинаются первого января»
"and they finish on the last day of December"
"и заканчивают они в последний день декабря"
"That is the country for me!"
«Это страна для меня!»
"That is what all civilized countries should be like!"
«Вот какими должны быть все цивилизованные страны!»
"But how are the days spent in the Land of Boobies?"
— Но как проходят дни, проведенные в Стране Олуш?
"The days are spent in play and amusement"
«Дни проходят в играх и развлечениях»
"you enjoy yourself from morning till night"
"Вы получаете удовольствие с утра до вечера"
"and when night comes you go to bed"
"А когда наступит ночь, ты ложишься спать"
"and then you recommence the fun the next day"
«А на следующий день ты снова начинаешь веселиться»
"What do you think of it?"
— Что ты думаешь об этом?
"Hum!" said Pinocchio thoughtfully
"Хм!" - задумчиво сказал Пиноккио
and he shook his head slightly
И он слегка покачал головой
the gesture did seem to say something
Этот жест, казалось, действительно что-то говорил
"That is a life that I also would willingly lead"
«Это жизнь, которую я бы тоже охотно вел»

but he had not accepted the invitation yet
Но он еще не принял приглашение
"Well, will you go with me?"
— Ну, ты пойдешь со мной?
"Yes or no? Resolve quickly"
«Да или нет? Быстрое решение»
"No, no, no, and no again"
«Нет, нет, нет и еще раз нет»
"I promised my good Fairy to be good boy"
«Я обещал своей доброй фее быть хорошим мальчиком»
"and I will keep my word"
"и я сдержу свое слово"
"the sun will soon be setting"
«Солнце скоро сядет»
"so I must leave you and run away"
«Поэтому я должен оставить тебя и убежать»
"Good-bye, and a pleasant journey to you"
«До свидания и приятного вам путешествия»
"Where are you rushing off to in such a hurry?"
— Куда ты спешишь в такой спешке?
"I am going home," said Pinocchio
«Я еду домой», — сказал Пиноккио
"My good Fairy wishes me to be back before dark"
«Моя добрая фея хочет, чтобы я вернулся до темноты»
"Wait another two minutes"
«Подожди еще две минуты»
"It will make me too late"
«Мне будет слишком поздно»
"Only two minutes," Candle-wick pleaded
— Всего две минуты, — умолял Свеча-Фитиль
"And if the Fairy scolds me?"
— А если Фея будет меня ругать?
"Let her scold you," he suggested
— Пусть она тебя ругает, — предложил он
Candle-wick was quite a persuasive rascal
Свечной фитиль был довольно убедительным негодяем
"When she has scolded well she will hold her tongue"

«Когда она хорошенько отругается, она будет держать язык за зубами»

"And what are you going to do?"

— И что ты собираешься делать?

"Are you going alone or with companions?"

— Ты идешь один или с товарищами?

"oh don't worry about that Pinocchio"

«О, не беспокойся об этом Пиноккио»

"I will not be alone in the Land of Boobies"

«Я не буду одинок в стране олуш»

"there will be more than a hundred boys"

"Пацанов будет больше сотни"

"And do you make the journey on foot?"

— А вы путешествуете пешком?

"A coach will pass by shortly"

«Скоро проедет автобус»

"the carriage will take me to that happy country"

«Карета отвезет меня в ту счастливую страну»

"What would I not give for the coach to pass by now!"

«Чего бы я не отдал, чтобы карета проехала мимо!»

"Why do you want the coach to come by so badly?"

«Почему вы так сильно хотите, чтобы приехал тренер?»

"so that I can see you all go together"

«чтобы я мог видеть, как вы все идете вместе»

"Stay here a little longer, Pinocchio"

«Останься здесь еще немного, Пиноккио»

"stay a little longer and you will see us"

"Оставайтесь еще немного, и вы нас увидите"

"No, no, I must go home"

«Нет, нет, мне пора домой»

"just wait another two minutes"

"Подождите еще две минуты"

"I have already delayed too long"

«Я уже слишком долго откладывал»

"The Fairy will be anxious about me"

«Фея будет беспокоиться обо мне»

"Is she afraid that the bats will eat you?"

«Она боится, что летучие мыши съедят вас?»
Pinocchio had grown a little curious
Пиноккио стало немного любопытно
"are you certain that there are no schools?"
— Вы уверены, что школ нет?
"there is not even the shadow of a school"
«Нет даже тени школы»
"And are there no masters either?"
— И мастеров тоже нет?
"the Land of the Boobies is free of masters"
«Страна олуш свободна от хозяев»
"And no one is ever made to study?"
— И никого никогда не заставляют учиться?
"Never, never, and never again!"
«Никогда, никогда и никогда больше!»
Pinocchio's mouth watered at the idea
У Буратино слюнки потекли при этой мысли
"What a delightful country!" said Pinocchio
«Какая восхитительная страна!» — сказал Пиноккио
"I have never been there," said Candle-wick
— Я никогда там не был, — сказал Свеча-Фитиль
"but I can imagine it perfectly well"
"но я прекрасно себе это представляю"
"Why will you not come also?"
— Почему бы и вам не приехать?
"It is useless to tempt me"
«Бесполезно искушать меня»
"I made a promise to my good Fairy"
«Я дал обещание моей доброй фее»
"I will become a sensible boy"
«Я стану разумным мальчиком»
"and I will not break my word"
"и я не нарушу своего слова"
"Good-bye, then," said Candle-wick
— Тогда до свидания, — сказал Свеча-Фитиль
"give my compliments to all the boys at school"
«Передайте мои комплименты всем мальчикам в школе»

"Good-bye, Candle-wick; a pleasant journey to you"
— До свидания, Свечной фитиль; приятного вам путешествия»
"amuse yourself in this pleasant land"
"Развлекайтесь в этой приятной стране"
"and think sometimes of your friends"
«И думай иногда о своих друзьях»
Thus saying, the puppet made two steps to go
Сказав это, кукла сделала два шага
but then he stopped halfway in his track
Но затем он остановился на полпути
and, turning to his friend, he inquired:
и, повернувшись к своему другу, спросил:
"But are you quite certain about all this?"
— Но вы вполне уверены во всем этом?
"in that country all the weeks consist of six Saturdays?"
— В этой стране все недели состоят из шести суббот?
"and the rest of the week consists of Sundays?"
— А остальная часть недели состоит из воскресенья?
"all the weekdays most certainly consist of six Saturdays"
"все будние дни наверняка состоят из шести суббот"
"and the rest of the days are indeed Sundays"
«А остальные дни – воскресенья»
"and are you quite sure about the holidays?"
— И ты совсем уверен насчет праздников?
"the holidays definitely begin on the first of January?"
— Праздники точно начнутся первого января?
"and you're sure the holidays finish on the last day of December?"
— И вы уверены, что каникулы заканчиваются в последний день декабря?
"I am assuredly certain that this is how it is"
«Я уверен, что так оно и есть»
"What a delightful country!" repeated Pinocchio
«Какая восхитительная страна!» — повторил Пиноккио
and he was enchanted by all that he had heard
и он был очарован всем, что слышал

this time Pinocchio spoke more resolute
на этот раз Буратино заговорил более решительно
"This time really good-bye"
«На этот раз действительно до свидания»
"I wish you pleasant journey and life"
"Желаю вам приятного путешествия и жизни"
"Good-bye, my friend," bowed Candle-wick
— До свидания, друг мой, — поклонился Свечной фитиль
"When do you start?" inquired Pinocchio
"Когда ты начнешь?" - спросил Пиноккио
"I will be leaving very soon"
«Я очень скоро уйду»
"What a pity that you must leave so soon!"
— Как жаль, что вы должны уехать так скоро!
"I would almost be tempted to wait"
«У меня было бы почти искушение подождать»
"And the Fairy?" asked Candle-wick
"А Фея?" - спросил Свечной Фитиль
"It is already late," confirmed Pinocchio
«Уже поздно», — подтвердил Пиноккио
"I can return home an hour sooner"
«Я могу вернуться домой на час раньше»
"or I can return home an hour later"
"или я могу вернуться домой через час"
"really it will be all the same"
"Действительно будет все равно"
"but what if the Fairy scolds you?"
— А что, если Фея тебя отругает?
"I must have patience!"
— Мне нужно набраться терпения!
"I will let her scold me"
«Я позволю ей меня ругать»
"When she has scolded well she will hold her tongue"
«Когда она хорошенько отругается, она будет держать язык за зубами»
In the meantime night had come on
Тем временем наступила ночь

and by now it had gotten quite dark
И к этому времени уже совсем стемнело
Suddenly they saw in the distance a small light moving
Вдруг они увидели вдалеке маленький огонек, движущийся

they heard a noise of talking
Они услышали шум разговоров
and there was the sound of a trumpet
и раздался звук трубы
but the sound was still small and feeble
но звук был все еще тихим и слабым
so the sound still resembled the hum of a mosquito
Так что звук все еще напоминал жужжание комара
"Here it is!" shouted Candle-wick, jumping to his feet
"Вот оно!" - закричал Свечной Фитиль, вскакивая на ноги
"What is it?" asked Pinocchio in a whisper
"Что это?" - шепотом спросил Пиноккио
"It is the carriage coming to take me"
«Это карета едет, чтобы забрать меня»

"so will you come, yes or no?"
— Так ты придешь, да или нет?
"But is it really true?" asked the puppet
"Но правда ли это?" - спросила кукла
"in that country boys are never obliged to study?"
— В этой стране мальчиков никогда не заставляют учиться?
"Never, never, and never again!"
«Никогда, никогда и никогда больше!»
"What a delightful country!"
«Какая восхитительная страна!»

Pinocchio Enjoys Six Months of Happiness
Пиноккио наслаждается шестью месяцами счастья

At last the wagon finally arrived
Наконец фургон наконец прибыл
and it arrived without making the slightest noise
И он прибыл, не издав ни малейшего шума
because its wheels were bound with flax and rags
потому что его колеса были обвязаны льном и тряпками
It was drawn by twelve pairs of donkeys
Его запрягали двенадцать пар ослов
all the donkeys were the same size
Все ослики были одинакового размера
but each donkey was a different colour
Но каждый осел был разного цвета
Some of the donkeys were gray
Некоторые ослики были серыми
and some of the donkeys were white
и некоторые из ослов были белыми
and some donkeys were brindled like pepper and salt
а некоторые ослики были тигровыми, как перец и соль
and other donkeys had large stripes of yellow and blue
а у других ослов были большие полосы желтого и синего цвета

But there was something most extraordinary about them
Но в них было что-то совершенно необычное
they were not shod like other beasts of burden
Они не были обуты, как другие вьючные животные
on their feet the donkeys had men's boots
На ногах у ослов были мужские сапоги
"And the coachman?" you may ask
«А кучер?» — спросите вы
Picture to yourself a little man broader than long
Представьте себе человечка шире длинного
flabby and greasy like a lump of butter
дряблый и жирный, как кусок сливочного масла
with a small round face like an orange
с маленьким круглым лицом, как у апельсина
a little mouth that was always laughing
маленький рот, который всегда смеялся
and a soft, caressing voice of a cat
и мягкий, ласкающий голос кошки
All the boys fought for their place in the coach
Все мальчишки боролись за свое место в тренерском штабе
they all wanted to be conducted to the Land of Boobies
все они хотели, чтобы их проводили в Страну Олуш
The carriage was, in fact, quite full of boys
Карета была, на самом деле, довольно полна мальчишек
and all the boys were between eight and fourteen years
и всем мальчикам было от восьми до четырнадцати лет
the boys were heaped one upon another
Мальчики были свалены друг на друга
just like herrings are squeezed into a barrel
точно так же, как селедки сжимают в бочку
They were uncomfortable and packed closely together
Они чувствовали себя некомфортно и теснились друг к другу
and they could hardly breathe
и они едва могли дышать
but not one of the boys thought of grumbling

Но ни одному из мальчишек не пришло в голову ворчать
they were consoled by the promises of their destination
Они утешались обещаниями о своем предназначении
a place with no books, no schools, and no masters
Место, где нет ни книг, ни школ, ни учителей
it made them so happy and resigned
Это сделало их такими счастливыми и смиренными
and they felt neither fatigue nor inconvenience
и они не чувствовали ни усталости, ни неудобств
neither hunger, nor thirst, nor want of sleep
ни голода, ни жажды, ни недостатка во сне
soon the wagon had reached them
Вскоре до них добралась повозка
the little man turned straight to Candle-wick
человечек повернулся прямо к Свеча-Фитилю
he had a thousand smirks and grimaces
У него была тысяча ухмылок и гримас
"Tell me, my fine boy;"
— Скажи мне, мой милый мальчик?
"would you also like to go to the fortunate country?"
— Ты бы тоже хотел поехать в эту счастливую страну?
"I certainly wish to go"
«Я очень хочу поехать»
"But I must warn you, my dear child"
«Но я должен предупредить тебя, мое дорогое дитя»
"there is not a place left in the wagon"
"в вагоне не осталось места"
"You can see for yourself that it is quite full"
«Вы сами видите, что он довольно полон»
"No matter," replied Candle-wick
— Неважно, — ответил Свеча-Фитиль
"I do not need to sit in the wagon"
«Мне не нужно сидеть в вагоне»
"I will sit on the arch of the wheel"
«Сяду на арку колеса»
And with a leap he sat above the wheel
И прыжком он сел над рулем

- 248 -

"And you, my love!" said the little man
"И ты, любовь моя!" - сказал человечек
and he turned in a flattering manner to Pinocchio
и он в льстивой манере повернулся к Пиноккио
"what do you intend to do?"
— Что ты собираешься делать?
"Are you coming with us?
— Ты пойдешь с нами?
"or are you going to remain behind?"
— Или ты останешься?
"I will remain behind," answered Pinocchio
— Я останусь, — ответил Буратино
"I am going home," he answered proudly
«Я иду домой», — гордо ответил он
"I intend to study, as all well conducted boys do"
«Я намерен учиться, как это делают все хорошо воспитанные мальчики»
"Much good may it do you!"
— Да принесет вам много пользы!
"Pinocchio!" called out Candle-wick
"Пиноккио!" - закричал Свеча-Фитиль
"come with us and we shall have such fun"
«Пойдем с нами, и нам будет так весело»
"No, no, and no again!" answered Pinocchio
"Нет, нет, и еще раз нет!" - ответил Пиноккио
a chorus of hundred voices shouted from the the coach
Хор из ста голосов выкрикнул из кареты
"Come with us and we shall have so much fun"
«Пойдем с нами, и нам будет очень весело»
but the puppet was not at all sure
Но марионетка была совсем не уверена
"if I come with you, what will my good Fairy say?"
— Если я пойду с тобой, что скажет моя добрая Фея?
and he was beginning to yield
и он начал уступать
"Do not trouble your head with melancholy thoughts"
«Не утруждай голову меланхолическими мыслями»

"consider only how delightful it will be"
«Подумайте только, как это будет восхитительно»
"we are going to the Land of the Boobies"
"мы едем в Страну олуш"
"all day we shall be at liberty to run riot"
«Весь день мы будем свободны бунтовать»
Pinocchio did not answer, but he sighed
Буратино не ответил, но вздохнул
he sighed again, and then sighed for the third time
Он снова вздохнул, а затем вздохнул в третий раз
finally Pinocchio made up his mind
наконец Буратино решился
"Make a little room for me"
«Освободите для меня немного места»
"because I would like to come, too"
«потому что я тоже хотел бы приехать»
"The places are all full," replied the little man
"Все места заполнены, - ответил человечек
"but, let me show you how welcome you are"
«Но позволь мне показать тебе, как тебе рады»
"I will let you have my seat on the box"
«Я позволю вам занять мое место в ложе»
"And where will you sit?"
— И где ты будешь сидеть?
"Oh, I will go on foot"
«Ой, я пойду пешком»
"No, indeed, I could not allow that"
— Нет, конечно, я не мог этого допустить.
"I would rather mount one of these donkeys"
«Я бы лучше сел на одного из этих ослов»
so Pinocchio went up the the first donkey
так Буратино поднялся на первого осла
and he attempted to mount the animal
и он попытался сесть на животное
but the little donkey turned on him
Но маленький ослик обернулся против него
and the donkey gave him a great blow in the stomach

и осел сильно ударил его в живот
and it rolled him over with his legs in the air
и он перевернул его с поднятыми в воздух ногами
all the boys had been watching this
Все мальчишки смотрели это
so you can imagine the laughter from the wagon
Так что можете представить себе смех из вагона
But the little man did not laugh
Но человечек не стал смеяться
He approached the rebellious donkey
Он подошел к взбунтовавшемуся ослу
and at first he pretended to kiss him
и сначала он сделал вид, что целует его
but then he bit off half of his ear
Но потом он откусил себе половину уха
Pinocchio in the meantime had gotten up from the ground
Буратино тем временем поднялся с земли
he was still very cross with the animal
Он все еще был очень зол на животное
but with a spring he jumped onto him
но с пружиной прыгнул на него
and he seated himself on the poor animal's back
и он уселся на спину бедного животного
And he sprang so well that the boys stopped laughing
И он так хорошо прыгал, что мальчишки перестали смеяться
and they began to shout: "Hurrah, Pinocchio!"
и они начали кричать: «Ура, Буратино!»
and they clapped their hands and applauded him
и они хлопали в ладоши и аплодировали ему
soon the donkeys were galloping down the track
Вскоре ослики поскакали по тропе
and the wagon was rattling over the stones
И повозка с грохотом стучала по камням
but the puppet thought that he heard a low voice
Но кукле показалось, что он слышит тихий голос
"Poor fool! you should have followed your own way"

— Бедный дурак! ты должен был идти своим путем»
"but but you will repent having come!"
— Но ты покаешься, придя!
Pinocchio was a little frightened by what he had heard
Пиноккио был немного напуган услышанным
he looked from side to side to see what it was
Он смотрел по сторонам, чтобы понять, что это было
he tried to see where these words could have come from
Он пытался понять, откуда могли взяться эти слова
but regardless of of where he looked he saw nobody
Но куда бы он ни посмотрел, он никого не видел
The donkeys galloped and the wagon rattled
Ослики скакали, и повозка гремела
and all the while the boys inside slept
И все это время мальчики внутри спали
Candle-wick snored like a dormouse
Свеча-фитиль храпела, как соня
and the little man seated himself on the box
И человечек уселся на ящик
and he sang songs between his teeth
и он пел песни сквозь зубы
"**During the night all sleep**"
"Ночью все спят"
"**But I sleep never**"
«Но я никогда не сплю»
soon they had gone another mile
Вскоре они прошли еще милю
Pinocchio heard the same little low voice again
Пиноккио снова услышал тот же тихий голос
"**Bear it in mind, simpleton!**"
— Помни об этом, простачок!
"**there are boys who refuse to study**"
«Есть мальчики, которые отказываются учиться»
"**they turn their backs upon books**"
«Они отворачиваются от книг»
"**they think they're too good to go to school**
«Они думают, что они слишком хороши, чтобы ходить в

школу
"and they don't obey their masters"
«И они не слушаются своих хозяев»
"they pass their time in play and amusement"
«Они проводят свое время в играх и развлечениях»
"but sooner or later they come to a bad end"
"Но рано или поздно они плохо заканчиваются"
"I know it from my experience"
«Я знаю это по своему опыту»
"and I can tell you how it always ends"
"и я могу рассказать вам, чем это всегда заканчивается"
"A day will come when you will weep"
«Придет день, когда ты будешь плакать»
"you will weep just as I am weeping now"
«Ты будешь плакать так же, как я плачу сейчас»
"but then it will be too late!"
«Но тогда будет слишком поздно!»
the words had been whispered very softly
Эти слова были прошептаны очень тихо
but Pinocchio could be sure of what he had heard
но Пиноккио мог быть уверен в том, что слышал
the puppet was more frightened than ever
Кукла испугалась как никогда
he sprang down from the back of his donkey
Он спрыгнул со спины своего осла
and he went and took hold of the donkey's mouth
И, подойдя, схватил ослиную пасть
you can imagine Pinocchio's surprise at what he saw
вы можете представить себе удивление Буратино от увиденного
the donkey was crying just like a boy!
Осел плакал, как мальчишка!
"Eh! Sir Coachman," cried Pinocchio
— Эх! Сэр кучер, — закричал Пиноккио
"here is an extraordinary thing!"
«Вот нечто необыкновенное!»
"This donkey is crying"

«Этот осел плачет»
"Let him cry," said the coachman
— Пусть плачет, — сказал кучер
"he will laugh when he is a bridegroom"
«Он будет смеяться, когда будет женихом»
"But have you by chance taught him to talk?"
— Но вы случайно не научили его говорить?
"No; but he spent three years with learned dogs"
— Нет; но три года он провел с учеными собаками».
"and he learned to mutter a few words"
"И он научился бормотать несколько слов"
"Poor beast!" added the coachman
— Бедный зверь, — прибавил кучер
"but don't you worry," said the little man
— Но не волнуйся, — сказал человечек
"don't let us waste time in seeing a donkey cry"
«Не позволяйте нам тратить время на то, чтобы увидеть, как плачет осел»
"Mount him and let us go on"
«Сядь на него и пойдем дальше»
"the night is cold and the road is long"
«Ночь холодная, а дорога длинная»
Pinocchio obeyed without another word
Буратино повиновался без лишних слов

In the morning about daybreak they arrived
Утром на рассвете они приехали
they were now safely in the Land of Boobie Birds
теперь они были в безопасности в Стране Олуш Птичек
It was a country unlike any other country in the world
Это была страна, не похожая ни на одну другую страну в мире
The population was composed entirely of boys
Население состояло исключительно из мальчиков
The oldest of the boys were fourteen
Старшему из мальчиков было по четырнадцать лет
and the youngest were scarcely eight years old
а младшим едва исполнилось восемь лет
In the streets there was great merriment
На улицах царило большое веселье
the sight of it was enough to turn anybody's head
одного его вида было достаточно, чтобы вскружить голову любому.
There were troops of boys everywhere
Повсюду были отряды мальчишек
Some were playing with nuts they had found
Некоторые играли с найденными орехами
some were playing games with battledores
Некоторые играли в игры с Баттлдорами
lots of boys were playing football
Многие мальчишки играли в футбол
Some rode velocipedes, others wooden horses
Одни ездили на велосипедах, другие на деревянных лошадях
A party of boys were playing hide and seek
Группа мальчишек играла в прятки
a few boys were chasing each other
Несколько мальчишек гонялись друг за другом
Some were reciting and singing songs
Некоторые читали и пели песни
others were just leaping into the air

другие просто подпрыгивали в воздух
Some amused themselves with walking on their hands
Некоторые забавлялись хождением на руках
others were trundling hoops along the road
другие тащили обручи вдоль дороги
and some were strutting about dressed as generals
а некоторые расхаживали в костюмах генералов
they were wearing helmets made from leaves
Они были одеты в шлемы из листьев
and they were commanding a squadron of cardboard soldiers
И они командовали эскадроном картонных солдат
Some were laughing and some shouting
Некоторые смеялись, а некоторые кричали
and some were calling out silly things
А некоторые выкрикивали глупости
others clapped their hands, or whistled
другие хлопали в ладоши или свистели
some clucked like a hen who has just laid an egg
некоторые кудахтали, как курица, которая только что снесла яйцо
In every square, canvas theatres had been erected
На каждой площади были возведены театры на холсте
and they were crowded with boys all day long
и они были переполнены мальчишками весь день
On the walls of the houses there were inscriptions
На стенах домов имелись надписи
"Long live the playthings"
«Да здравствуют игрушки»
"we will have no more schools"
«У нас больше не будет школ»
"down the toilet with arithmetic"
"Вниз в унитаз с арифметикой"
and similar other fine sentiments were written
и подобные другие прекрасные чувства были написаны
of course all the slogans were in bad spelling
конечно все лозунги были в плохом написании

Pinocchio, Candle-wick and the other boys went to the town
Пиноккио, Свеча-Фитиль и другие мальчишки отправились в город
they were in the thick of the tumult
Они были в самой гуще суматохи
and I need not tell you how fun it was
и мне нет нужды рассказывать вам, как это было весело
within minutes they acquainted themselves with everybody
За считанные минуты они познакомились со всеми
Where could happier or more contented boys be found?
Где можно найти более счастливых или довольных мальчиков?
the hours, days and weeks passed like lightning
Часы, дни и недели пролетели как молния
time flies when you're having fun
Время летит незаметно, когда вы веселитесь
"Oh, what a delightful life!" said Pinocchio
"О, какая восхитительная жизнь!" - сказал Пиноккио
"See, then, was I not right?" replied Candle-wick
"Видишь ли, разве я был не прав?" - ответил Свечной Фитиль
"And to think that you did not want to come!"
— И подумать только, что ты не хотел прийти!
"imagine you had returned home to your Fairy"
«Представь, что ты вернулся домой к своей фее»
"you wanted to lose your time in studying!"
«Ты хотел потерять время на учебу!»
"now you are free from the bother of books"
«Теперь ты свободен от заботы о книгах»
"you must acknowledge that you owe it to me"
«Ты должен признать, что ты в долгу передо мной»
"only friends know how to render such great services"
"Только друзья умеют оказывать такие великие услуги"
"It is true, Candle-wick!" confirmed Pinocchio
- Это правда, Свечной Фитиль, - подтвердил Пиноккио
"If I am now a happy boy, it is all your doing"
«Если я теперь счастливый мальчик, то это все твои

заслуги»

"But do you know what the master used to say?"
— Но знаете ли вы, что говорил мастер?

"Do not associate with that rascal Candle-wick"
«Не общайся с этим негодяем Свечным фитилем»

"because he is a bad companion for you"
«Потому что он для вас плохой товарищ»

"and he will only lead you into mischief!"
— И он только введет вас в беду!

"Poor master!" replied the other, shaking his head
"Бедный господин!" - ответил другой, качая головой

"I know only too well that he disliked me"
«Я слишком хорошо знаю, что я ему не нравилась»

"and he amused himself by making my life hard"
«И он развлекал себя тем, что усложнял мне жизнь»

"but I am generous, and I forgive him!"
— Но я великодушна и прощаю его!

"you are a noble soul!" said Pinocchio
"Ты благородная душа!" - сказал Пиноккио

and he embraced his friend affectionately
и он нежно обнял своего друга

and he kissed him between the eyes
и он поцеловал его между глаз

This delightful life had gone on for five months
Эта восхитительная жизнь продолжалась пять месяцев

The days had been entirely spent in play and amusement
Дни были полностью проведены в играх и развлечениях

not a thought was spent on books or school
ни одной мысли не было потрачено на книги или школу

but one morning Pinocchio awoke to a most disagreeable surprise
но однажды утром Пиноккио проснулся с самым неприятным сюрпризом

what he saw put him into a very bad humour
То, что он увидел, привело его в очень плохое настроение

Pinocchio Turns into a Donkey
Буратино превращается в осла

when Pinocchio awoke he scratched his head
когда Пиноккио проснулся, он почесал голову
when scratching his head he discovered something...
Почесав затылок, он обнаружил кое-что...
his ears had grown more than a hand!
Его уши выросли больше, чем ладонь!
You can imagine his surprise
Вы можете представить себе его удивление
because he had always had very small ears
Потому что у него всегда были очень маленькие уши
He went at once in search of a mirror
Он сразу же отправился на поиски зеркала
he had to have a better look at himself
Ему нужно было получше посмотреть на себя
but he was not able to find any kind of mirror
Но никакого зеркала он найти не смог
so he filled the basin with water
Поэтому он наполнил таз водой
and he saw a reflection he never wished to see
и он увидел отражение, которое никогда не хотел видеть
a magnificent pair of donkey's ears embellished his head!
Великолепная пара ослиных ушей украшала его голову!
think of poor Pinocchio's sorrow, shame and despair!
Подумайте о горе, стыде и отчаянии бедного Пиноккио!
He began to cry and roar
Он начал плакать и реветь
and he beat his head against the wall
и он бился головой о стену
but the more he cried the longer his ears grew
но чем больше он плакал, тем длиннее становились его уши
and his ears grew, and grew, and grew
И уши Его росли, и росли, и росли
and his ears became hairy towards the points

и его уши стали волосатыми к остриям
a little Marmot heard Pinocchio's loud cries
маленький сурок слышал громкие крики Пиноккио
Seeing the puppet in such grief she asked earnestly:
Увидев куклу в таком горе, она серьезно спросила:
"What has happened to you, my dear fellow-lodger?"
— Что с вами случилось, мой дорогой квартирант?
"I am ill, my dear little Marmot"
«Я болен, мой дорогой маленький сурок»
"very ill, and my illness frightens me"
«Очень болен, и моя болезнь меня пугает»
"Do you understand counting a pulse?"
«Ты понимаешь подсчет пульса?»
"A little," sobbed Pinocchio
— Немного, — всхлипнул Буратино
"Then feel and see if by chance I have got fever"
«Тогда почувствуй и посмотри, не заболела ли у меня случайно лихорадка»
The little Marmot raised her right fore-paw
Сурок поднял правую переднюю лапу
and the little Marmot felt Pinocchio's pulse
и маленький сурок пощупал пульс Буратино
and she said to him, sighing:
И она сказала ему, вздохнув:
"My friend, it grieves me very much"
«Друг мой, меня это очень огорчает»
"but I am obliged to give you bad news!"
— Но я вынужден сообщить вам плохие новости!
"What is it?" asked Pinocchio
"Что это?" - спросил Пиноккио
"You have got a very bad fever!"
— У вас очень сильная температура!
"What fever is it?"
— Что это за лихорадка?
"you have a case of donkey fever"
«У вас случай ослиной лихорадки»
"That is a fever that I do not understand"

«Это лихорадка, которую я не понимаю»
but he understood it only too well
Но он слишком хорошо это понимал
"Then I will explain it to you," said the Marmot
— Тогда я объясню вам это, — сказал сурок
"soon you will no longer be a puppet"
"Скоро ты перестанешь быть марионеткой"
"it won't take longer than two or three hours"
«Это займет не больше двух-трех часов»
"nor will you be a boy either"
«И ты тоже не будешь мальчиком»
"Then what shall I be?"
— Тогда кем же мне быть?
"you will well and truly be a little donkey"
«Ты будешь настоящим маленьким осликом»
"a donkey like those that draw the carts"
"Осел, как те, что тянут телеги"
"a donkey that carries cabbages to market"
"осел, который возит капусту на рынок"
"Oh, how unfortunate I am!" cried Pinocchio
"О, какой я несчастный!" - воскликнул Пиноккио
and he seized his two ears with his hands
и он схватил его за оба уха руками
and he pulled and tore at his ears furiously
и он яростно тянул и рвал себе уши
he pulled as if they had been someone else's ears
Он тянул, как будто это были чьи-то уши
"My dear boy," said the Marmot
— Мой милый мальчик, — сказал сурок
and she did her best to console him
и она делала все возможное, чтобы утешить его
"you can do nothing about it"
«С этим ничего не поделаешь»
"It is your destiny to become a donkey"
«Это твоя судьба — стать ослом»
"It is written in the decrees of wisdom"
«Это написано в велениях мудрости»

"it happens to all boys who are lazy"
«Это случается со всеми мальчишками, которые ленивы»
"it happens to the boys that dislike books"
«Такое случается с мальчишками, которые не любят книги»
"it happens to the boys that don't go to schools"
«Такое случается с мальчиками, которые не ходят в школу»
"and it happens to boys who disobey their masters"
«И это случается с мальчиками, которые не слушаются своих хозяев»
"all boys who pass their time in amusement"
"Все мальчишки, которые проводят время в развлечениях"
"all the boys who play games all day"
«Все мальчики, которые играют в игры весь день»
"boys who distract themselves with diversions"
«мальчики, которые отвлекают себя развлечениями»
"the same fate awaits all those boys"
«Всех этих ребят ждет та же участь»
"sooner or later they become little donkeys"
"рано или поздно они становятся маленькими осликами"
"But is it really so?" asked the puppet, sobbing
"Но так ли это на самом деле?" - спросила кукла, всхлипывая
"It is indeed only too true!"
— Это и в самом деле слишком верно!
"And tears are now useless"
«И слезы теперь ни к чему»
"You should have thought of it sooner!"
— Ты должен был подумать об этом раньше!
"But it was not my fault; believe me, little Marmot"
— Но это была не моя вина; поверь мне, маленький сурок.
"the fault was all Candle-wick's!"
— Виной всему был Свеча-Вик!
"And who is this Candle-wick?"
— А кто такой этот Свечной фитиль?
"Candle-wick is one of my school-fellows"

«Свечной фитиль — один из моих школьных товарищей»
"I wanted to return home and be obedient"
«Я хотел вернуться домой и быть послушным»
"I wished to study and be a good boy"
«Я хотел учиться и быть хорошим мальчиком»
"but Candle-wick convinced me otherwise"
— Но Свечной Фитиль убедил меня в обратном.
'Why should you bother yourself by studying?'
— Зачем тебе утруждать себя учебой?
'Why should you go to school?'
«Почему ты должен ходить в школу?»
'Come with us instead to the Land of Boobies Birds'
«Пойдем с нами в страну олуш»
'there we shall none of us have to learn'
«Там нам никому из нас не придется учиться»
'we will amuse ourselves from morning to night'
«Мы будем развлекаться с утра до вечера»
'and we shall always be merry'
«И мы всегда будем веселы»
"that friend of yours was false"
"Этот ваш друг был лживым"
"why did you follow his advice?"
— Почему ты последовал его совету?
"Because, my dear little Marmot, I am a puppet"
«Потому что, мой дорогой маленький сурок, я кукла»
"I have no sense and no heart"
«У меня нет ни разума, ни сердца»
"if I had had a heart I would never have left"
«Если бы у меня было сердце, я бы никогда не ушел»
"I left my good Fairy who loved me like a mamma"
«Я оставила свою добрую фею, которая любила меня, как маму»
"the good Fairy who had done so much for me!"
— Добрая Фея, которая так много для меня сделала!
"And I was going to be a puppet no longer"
«И я больше не собирался быть марионеткой»
"I would by this time have become a little boy"

«Я бы к этому времени стал маленьким мальчиком»
"and I would be like the other boys"
«И я был бы таким же, как другие мальчики»
"But if I meet Candle-wick, woe to him!"
— Но если я встречусь с Свеча-Фитилем, горе ему!
"He shall hear what I think of him!"
— Он услышит, что я о нем думаю!
And he turned to go out
И он повернулся, чтобы выйти
But then he remembered he had donkey's ears
Но потом он вспомнил, что у него ослиные уши
of course he was ashamed to show his ears in public
Конечно, ему было стыдно показывать свои уши на публике
so what do you think he did?
Как вы думаете, что он сделал?
He took a big cotton hat
Он взял большую хлопчатобумажную шапку
and he put the cotton hat on his head
и он надел себе на голову хлопчатобумажную шапку
and he pulled the hat well down over his nose
и он надвинул шляпу на нос
He then set out in search of Candle-wick
Затем он отправился на поиски Свечного фитиля
He looked for him in the streets
Он искал его на улицах
and he looked for him in the little theatres
и он искал его в маленьких театрах
he looked in every possible place
он искал во всех возможных местах
but he could not find him wherever he looked
но он не мог найти его, куда бы ни посмотрел
He inquired for him of everybody he met
Он расспрашивал его обо всех, кого встречал
but no one seemed to have seen him
но, казалось, никто его не видел
He then went to seek him at his house

Затем он отправился искать его в его доме
and, having reached the door, he knocked
и, дойдя до двери, постучал в дверь
"Who is there?" asked Candle-wick from within
"Кто там?" - спросил Свеча-Фитиль изнутри
"It is I!" answered the puppet
"Это я!" - ответила кукла
"Wait a moment and I will let you in"
«Подожди минутку, и я впущу тебя»
After half an hour the door was opened
Через полчаса дверь открылась
now you can imagine Pinocchio's feeling at what he saw
теперь вы можете представить себе чувства Пиноккио от увиденного
his friend also had a big cotton hat on his head
У его друга на голове тоже была большая хлопчатобумажная шапка
At the sight of the cap Pinocchio felt almost consoled
При виде кепки Буратино почувствовал себя почти утешенным
and Pinocchio thought to himself:
и Буратино подумал про себя:
"Has my friend got the same illness that I have?"
«У моего друга такая же болезнь, как у меня?»
"Is he also suffering from donkey fever?"
«Он тоже страдает от ослиной лихорадки?»
but at first Pinocchio pretended not to have noticed
но сначала Буратино сделал вид, что не заметил
he just casually asked him a question, smiling:
Он лишь небрежно задал ему вопрос, улыбаясь:
"How are you, my dear Candle-wick?"
— Как поживаете, мой дорогой Свечной Фитиль?
"as well as a mouse in a Parmesan cheese"
"а также мышь в сыре пармезан"
"Are you saying that seriously?"
— Ты говоришь это серьезно?
"Why should I tell you a lie?"

«Почему я должен лгать тебе?»
"but why, then, do you wear a cotton hat?"
— Но почему же тогда ты носишь хлопчатобумажную шапку?
"is covers up all of your ears"
«Оно закрывает все ваши уши»
"The doctor ordered me to wear it"
«Врач прописал мне его носить»
"because I have hurt this knee"
«потому что я повредил это колено»
"And you, dear puppet," asked Candle-wick
— А ты, милая кукла, — спросил Свечной фитиль
"why have you pulled that cotton hat passed your nose?"
«Почему ты натянул эту хлопчатобумажную шапку, которая прошла мимо твоего носа?»
"The doctor prescribed it because I have grazed my foot"
«Врач прописал его, потому что я поцарапала ногу»
"Oh, poor Pinocchio!" - "Oh, poor Candle-wick!"
", бедный Пиноккио!" - ", бедный Свечной фитиль!"
After these words a long silence followed
После этих слов последовало долгое молчание
the two friends did nothing but look mockingly at each other
Двое друзей только и делали, что насмешливо смотрели друг на друга
At last the puppet said in a soft voice to his companion:
Наконец кукла сказала мягким голосом своему спутнику:
"Satisfy my curiosity, my dear Candle-wick"
«Удовлетвори мое любопытство, мой дорогой Свечной фитиль»
"have you ever suffered from disease of the ears?"
«Вы когда-нибудь страдали от болезни ушей?»
"I have never suffered from disease of the ears!"
«Я никогда не страдал от болезней ушей!»
"And you, Pinocchio?" asked Candle-wick
"А ты, Пиноккио?" - спросил Свечной Фитиль
"have you ever suffered from disease of the ears?"

«Вы когда-нибудь страдали от болезни ушей?»
"I have never suffered from that disease either"
«Я тоже никогда не страдал этой болезнью»
"Only since this morning one of my ears aches"
"Только с сегодняшнего утра у меня болит одно ухо"
"my ear is also paining me"
«У меня тоже болит ухо»
"And which of your ears hurts you?"
— И какое из твоих ушей тебе болит?
"Both of my ears happen to hurt"
«У меня болят оба уха»
"And what about you?"
— А как насчет тебя?
"Both of my ears happen to hurt too"
«У меня тоже болят оба уха»
Can we have got the same illness?"
Может быть, у нас такая же болезнь?»
"I fear we might have caught a fever"
«Боюсь, мы могли подхватить лихорадку»
"Will you do me a kindness, Candle-wick?"
— Окажешь ли ты мне добро, Свеча-фитиль?
"Willingly! With all my heart"
— Охотно! От всего сердца»
"Will you let me see your ears?"
— Ты позволишь мне увидеть твои уши?
"Why would I deny your request?"
— Почему я должен отказать вам в просьбе?
"But first, my dear Pinocchio, I should like to see yours"
— Но сначала, мой дорогой Пиноккио, я хотел бы увидеть ваш.
"No: you must do so first"
«Нет, ты должен сделать это в первую очередь»
"No, dear. First you and then I!"
— Нет, дорогая. Сначала ты, а потом я!»
"Well," said the puppet
— Ну, — сказала кукла
"let us come to an agreement like good friends"

«Давайте договоримся, как добрые друзья»
"Let me hear what this agreement is"
«Дайте мне послушать, что это за соглашение»
"We will both take off our hats at the same moment"
«Мы оба снимем шляпы в один и тот же момент»
"Do you agree to do it?"
— Вы согласны это сделать?
"I agree, and you have my word"
«Я согласен, и вы даете слово»
And Pinocchio began to count in a loud voice:
И Буратино начал считать громким голосом:
"One, two, three!" he counted
«Раз, два, три!» — сосчитал он
At "Three!" the two boys took off their hats
На «Три!» мальчики сняли шляпы
and they threw their hats into the air
и они подбрасывали в воздух свои шапки
and you should have seen the scene that followed
И вы должны были видеть сцену, которая последовала за этим
it would seem incredible if it were not true
Это казалось бы невероятным, если бы это было не так
they saw they were both struck by the same misfortune
Они видели, что их обоих постигло одно и то же несчастье
but they felt neither mortification nor grief
но они не чувствовали ни унижения, ни горя
instead they began to prick their ungainly ears
вместо этого они начали колоть свои неуклюжие уши
and they began to make a thousand antics
и они начали делать тысячу выходок
they ended by going into bursts of laughter
Они закончили взрывами смеха
And they laughed, and laughed, and laughed
И они смеялись, и смеялись, и смеялись
until they had to hold themselves together
пока им не пришлось держать себя в руках

But in the midst of their merriment something happened
Но в разгар их веселья что-то произошло
Candle-wick suddenly stopped laughing and joking
Свеча-фитиль вдруг перестала смеяться и шутить
he staggered around and changed colour
Он пошатнулся и покраснел
"Help, help, Pinocchio!" he cried
«Помогите, помогите, Пиноккио!» — закричал он
"What is the matter with you?"
— Что с тобой?
"Alas, I cannot any longer stand upright"
«Увы, я больше не могу стоять прямо»
"Neither can I," exclaimed Pinocchio
— Я тоже не могу, — воскликнул Пиноккио
and he began to totter and cry
И он начал шататься и плакать
And whilst they were talking, they both doubled up
И пока они разговаривали, они оба удвоились
and they began to run round the room on their hands and feet

и они стали бегать по комнате на руках и ногах
And as they ran, their hands became hoofs
И когда они бежали, их руки превращались в копыта
their faces lengthened into muzzles
их лица удлинились в морды
and their backs became covered with a light gray hairs
а спины их покрылись светло-серыми волосами
and their hair was sprinkled with black
и их волосы были посыпаны чёрным
But do you know what was the worst moment?
Но знаете ли вы, что было самым страшным моментом?
one moment was worse than all the others
Один момент оказался хуже всех остальных
both of the boys grew donkey tails
Оба мальчика отрастили ослиные хвосты
the boys were vanquished by shame and sorrow
Мальчики были побеждены стыдом и горем
and they wept and lamented their fate
и они плакали и оплакивали свою судьбу
Oh, if they had but been wiser!
О, если бы они были мудрее!
but they couldn't lament their fate
Но они не могли оплакивать свою судьбу
because they could only bray like asses
потому что они могли только реветь, как ослы
and they brayed loudly in chorus: "Hee-haw!"
и они громко закричали хором: «Хи-хау!»
Whilst this was going on someone knocked at the door
Пока это происходило, кто-то постучал в дверь
and there was a voice on the outside that said:
И раздался голос снаружи, который сказал:
"Open the door! I am the little man"
«Откройте дверь! Я и есть тот самый маленький человек»
"I am the coachman who brought you to this country"
«Я кучер, который привез вас в эту страну»
"Open at once, or it will be the worse for you!"
— Открой немедленно, а то тебе будет хуже!

Pinocchio gets Trained for the Circus
Пиноккио проходит подготовку к цирку

the door wouldn't open at his command
Дверь не открывалась по его команде
so the little man gave the door a violent kick
Тогда маленький человечек сильно пнул дверь
and the coachman burst into the room
И кучер ворвался в комнату
he spoke with his usual little laugh:
Он заговорил со своим обычным легким смехом:
"Well done, boys! You brayed well"
«Молодцы, ребята! Ты хорошо потрепал»
"and I recognized you by your voices"
"и я узнал вас по голосам"
"That is why I am here"
«Вот почему я здесь»
the two little donkeys were quite stupefied
Два маленьких ослика были совершенно ошеломлены
they stood with their heads down
они стояли с опущенными головами
they had their ears lowered
у них были опущены уши
and they had their tails between their legs
и хвосты у них были поджажены
At first the little man stroked and caressed them
Сначала человечек гладил и ласкал их
then he took out a currycomb
Затем он достал расческу для карри
and he currycombed the donkeys well
и он хорошо вычесывал ослов
by this process he had polished them
С помощью этого процесса он отполировал их
and the two donkeys shone like two mirrors
и два осла сияли, как два зеркала
he put a halter around their necks
Он надел им на шею недоуздок

and he led them to the market-place
и он повел их на базарную площадь

he was in hopes of selling them
он надеялся продать их
he thought he could get a good profit
Он думал, что сможет получить хорошую прибыль
And indeed there were buyers for the donkeys
И действительно, нашлись покупатели на ослов
Candle-wick was bought by a peasant
Свечной фитиль был куплен крестьянином
his donkey had died the previous day
Его осел умер накануне
Pinocchio was sold to the director of a company
Буратино был продан директору компании
they were a company of buffoons and tight-rope dancers
Это была компания шутов и танцоров на канате
he bought him so that he might teach him to dance
Он купил его, чтобы научить танцевать
he could dance with the other circus animals
Он мог танцевать с другими цирковыми животными

And now, my little readers, you understand
А теперь, мои маленькие читатели, вы понимаете
the little man was just a businessman
Маленький человек был просто бизнесменом
and it was a profitable business that he led
И это был прибыльный бизнес, который он вел
The wicked little monster with a face of milk and honey
Злобное маленькое чудовище с мордой из молока и меда
he made frequent journeys round the world
Он часто путешествовал по миру
he promised and flattered wherever he went
он обещал и льстил, куда бы он ни пошел
and he collected all the idle boys
И собрал всех праздных мальчишек
and there were many idle boys to collect
и было много праздных мальчишек, которых нужно было собрать
all the boys who had taken a dislike to books
Все мальчишки, которые не любили книги
and all the boys who weren't fond of school
и все мальчишки, которые не любили школу
each time his wagon filled up with these boys
каждый раз его повозка заполнялась этими мальчиками
and he took them all to the Land of Boobie Birds
и он взял их всех в Страну Олуш Птичек
here they passed their time playing games
Здесь они проводили время за играми
and there was uproar and much amusement
и был шум и много веселья
but the same fate awaited all the deluded boys
Но та же участь ожидала и всех заблуждающихся мальчишек
too much play and no study turned them into donkeys
Слишком много игры и отсутствие учебы превратили их в ослов
then he took possession of them with great delight
Затем он завладел ими с великим наслаждением

and he carried them off to the fairs and markets
и он уносил их на ярмарки и рынки
And in this way he made heaps of money
И таким образом он заработал кучу денег
What became of Candle-wick I do not know
Что стало с Candle-Wick, я не знаю
but I do know what happened to poor Pinocchio
но я точно знаю, что случилось с бедным Пиноккио
from the very first day he endured a very hard life
С самого первого дня он пережил очень тяжелую жизнь
Pinocchio was put into his stall
Буратино посадили в его стойло
and his master filled the manger with straw
И наполнил ясли соломой
but Pinocchio didn't like eating straw at all
но Буратино совсем не любил есть солому
and the little donkey spat the straw out again
И маленький ослик снова выплюнул солому
Then his master, grumbling, filled the manger with hay
Тогда его хозяин, ворча, наполнил ясли сеном
but hay did not please Pinocchio either
но и сено не понравилось буратино
"Ah!" exclaimed his master in a passion
"!" - воскликнул его хозяин в ярости
"Does not hay please you either?"
— Вам тоже не нравится сено?
"Leave it to me, my fine donkey"
«Предоставьте это мне, мой прекрасный осел»
"I see you are full of caprices"
"Я вижу, вы полны капризов"
"but worry not, I will find a way to cure you!"
— Но не волнуйся, я найду способ тебя вылечить!
And he struck the donkey's legs with his whip
И он ударил осла по ногам своим кнутом
Pinocchio began to cry and bray with pain
Буратино заплакал и закричал от боли
"Hee-haw! I cannot digest straw!"

— Хи-хау! Я не могу переваривать солому!»
"Then eat hay!" said his master
"Тогда ешь сено!" - сказал его хозяин
he understood perfectly the asinine dialect
Он прекрасно понимал глупый диалект
"Hee-haw! hay gives me a pain in my stomach"
— Хи-хау! От сена у меня болит живот»
"I see how it is little donkey"
«Я вижу, какой это маленький ослик»
"you would like to be fed with capons in jelly"
"Вы бы хотели, чтобы вас кормили каплунами в киселе"
and he got more and more angry
И он становился все более и более злым
and he whipped poor Pinocchio again
и он снова высек бедного Буратино
the second time Pinocchio held his tongue
второй раз Буратино придержал язык
and he learned to say nothing more
и он научился больше ничего не говорить
The stable was then shut
После этого конюшня была закрыта
and Pinocchio was left alone
и Буратино остался один
He had not eaten for many hours
Он не ел много часов
and he began to yawn from hunger
и он начал зевать от голода
his yawns seemed as wide as an oven
Его зевота казалась широкой, как печь
but he found nothing else to eat
Но больше он ничего не ел
so he resigned himself to his fate
Поэтому он смирился со своей судьбой
and he gave in and chewed a little hay
и он сдался и пожевал немного сена
he chewed the hay well, because it was dry
Сено он хорошо жевал, потому что оно было сухим

and he shut his eyes and swallowed it
и он закрыл глаза и проглотил это
"This hay is not bad," he said to himself
«Это сено неплохое, — сказал он себе
"but better would have been if I had studied!"
— Но было бы лучше, если бы я учился!
"Instead of hay I could now be eating bread"
«Вместо сена я мог бы теперь есть хлеб»
"and perhaps I would have been eating fine sausages"
«и, возможно, я бы ел хорошие сосиски»
"But I must have patience!"
— Но мне нужно набраться терпения!
The next morning he woke up again
На следующее утро он снова проснулся
he looked in the manger for a little more hay
Он заглянул в ясли в поисках еще немного сена
but there was no more hay to be found
но сена больше не было
for he had eaten all the hay during the night
потому что за ночь он съел все сено
Then he took a mouthful of chopped straw
Затем он набрал полный рот нарезанной соломы
but he had to acknowledge the horrible taste
Но он должен был признать ужасный вкус
it tasted not in the least like macaroni or pie
По вкусу он нисколько не походил на макароны или пирог
"I hope other naughty boys learn from my lesson"
«Надеюсь, другие непослушные мальчишки извлекут урок из моего урока»
"But I must have patience!"
— Но мне нужно набраться терпения!
and the little donkey kept chewing the straw
А маленький ослик продолжал жевать соломинку
"Patience indeed!" shouted his master
"Действительно, терпение!" - закричал его хозяин
he had come at that moment into the stable
В эту минуту он уже вошел в хлев

"but don't get too comfortable, my little donkey"
«Но не расслабляйся, мой маленький ослик»
"I didn't buy you to give you food and drink"
«Я купил тебя не для того, чтобы дать тебе еду и питье»
"I bought you to make you work"
«Я купил тебя, чтобы ты работал»
"I bought you so that you earn me money"
«Я купил тебя, чтобы ты зарабатывал мне деньги»
"Up you get, then, at once!"
— Тогда поднимайся, немедленно!
"you must come with me into the circus"
«Ты должен пойти со мной в цирк»
"there I will teach you to jump through hoops"
"там я научу тебя прыгать через обручи"
"you will learn to stand upright on your hind legs"
"Вы научитесь стоять прямо на задних лапах"
"and you will learn to dance waltzes and polkas"
"А вы научитесь танцевать вальсы и польки"
Poor Pinocchio had to learn all these fine things
Бедному Буратино пришлось научиться всем этим прекрасным вещам
and I can't say it was easy to learn
и я не могу сказать, что это было легко в освоении
it took him three months to learn the tricks
Ему понадобилось три месяца, чтобы освоить эти трюки
he got many a whipping that nearly took off his skin
Он получил много ударов кнутом, от которых чуть не содрала с него кожу
At last his master made the announcement
Наконец его хозяин сделал объявление
many coloured placards stuck on the street corners
множество цветных плакатов, наклеенных на углах улиц
"Great Full Dress Representation"
"Великолепное представление полного платья"
"TONIGHT will Take Place the Usual Feats and Surprises"
"Сегодня вечером будут происходить обычные подвиги и сюрпризы"

"Performances Executed by All the Artists and horses"
"Выступления всех артистов и лошадей"
"and moreover; The Famous LITTLE DONKEY PINOCCHIO"
— И более того; Знаменитый МАЛЕНЬКИЙ ОСЛИК ПИНОККИО"
"THE STAR OF THE DANCE"
"ЗВЕЗДА ТАНЦА"
"the theatre will be brilliantly illuminated"
«Театр будет ярко освещен»
you can imagine how crammed the theatre was
Вы можете себе представить, насколько переполненным был театр
The circus was full of children of all ages
Цирк был полон детей всех возрастов
all came to see the famous little donkey Pinocchio dance
все пришли посмотреть на знаменитый танец маленького ослика Пиноккио
the first part of the performance was over
Первая часть спектакля была завершена
the director of the company presented himself to the public
Директор компании представился публике
he was dressed in a black coat and white breeches
Он был одет в черный сюртук и белые бриджи
and big leather boots that came above his knees
и большие кожаные сапоги, которые доходили ему до колен
he made a profound bow to the crowd
Он сделал глубокий поклон толпе
he began with much solemnity a ridiculous speech:
Он начал с большой торжественности нелепую речь:
"Respectable public, ladies and gentlemen!"
«Уважаемая публика, дамы и господа!»
"it is with great honour and pleasure"
«С большой честью и удовольствием»
"I stand here before this distinguished audience"
«Я стою здесь перед этой уважаемой аудиторией»

"and I present to you the celebrated little donkey"
"И я представляю вам знаменитого маленького ослика"
"the little donkey who has already had the honour"
«Маленький ослик, которому уже выпала честь»
"the honour of dancing in the presence of His Majesty"
«честь танцевать в присутствии Его Величества»
"And, thanking you, I beg of you to help us"
«И, благодаря вас, я умоляю вас помочь нам»
"help us with your inspiring presence"
"Помогите нам своим вдохновляющим присутствием"
"and please, esteemed audience, be indulgent to us"
«И пожалуйста, уважаемые зрители, будьте снисходительны к нам»
This speech was received with much laughter and applause
Эта речь была встречена большим смехом и аплодисментами
but the applause soon was even louder than before
Но вскоре аплодисменты стали еще громче, чем раньше
the little donkey Pinocchio made his appearance
появился маленький ослик Буратино
and he stood in the middle of the circus
А он стоял посреди цирка
He was decked out for the occasion
Он был одет по этому случаю
He had a new bridle of polished leather
У него была новая уздечка из полированной кожи
and he was wearing brass buckles and studs
на нем были латунные пряжки и заклепки
and he had two white camellias in his ears
и у него в ушах были две белые камелии
His mane was divided and curled
Его грива была разделена и завита
and each curl was tied with bows of coloured ribbon
и каждый локон был завязан бантами из цветной ленты
He had a girth of gold and silver round his body
Вокруг его тела был обхват золота и серебра
his tail was plaited with amaranth and blue velvet ribbons

Его хвост был заплетен амарантовыми и синими бархатными лентами

He was, in fact, a little donkey to fall in love with!

На самом деле, он был маленьким осликом, в которого можно было влюбиться!

The director added these few words:

Режиссер добавил несколько слов:

"My respectable auditors!"

— Мои почтенные аудиторы!

"I am not here to tell you falsehoods"

«Я здесь не для того, чтобы говорить вам ложь»

"there were great difficulties I had to overcome"

«Мне пришлось преодолеть большие трудности»

"I understood and subjugated this mammifer"

«Я понял и подчинил себе этого маммифера»

"he was grazing at liberty amongst the mountains"

«Он пасся на воле среди гор»

"he lived in the plains of the torrid zone"

«Он жил на равнинах жаркой зоны»

"I beg you will observe the wild rolling of his eyes"

«Умоляю вас, понаблюдайте за диким закатыванием его глаз»

"Every means had been tried in vain to tame him"

«Все средства были испробованы тщетно, чтобы укротить его»

"I have accustomed him to the life of domestic quadrupeds"

«Я приучил его к жизни домашних четвероногих»

"and I spared him the convincing argument of the whip"

«И я избавил его от убедительного аргумента кнута»

"But all my goodness only increased his viciousness"

«Но вся моя благость только увеличивала его злобу»

"However, I discovered in his cranium a bony cartilage"

«Однако я обнаружил у него в черепной коробке костный хрящ»

"I had him inspected by the Faculty of Medicine of Paris"

«Я проверил его на медицинском факультете Парижа»

"I spared no cost for my little donkey's treatment"

"Я не пожалела денег на лечение моего маленького ослика"

"in him the doctors found the regenerating cortex of dance"

«В нем врачи обнаружили регенерирующую кору танца»

"For this reason I have not only taught him to dance"

«По этой причине я не только научил его танцевать»

"but I also taught him to jump through hoops"

"но я также научил его прыгать через обручи"

"Admire him, and then pass your opinion on him!"

«Восхищайтесь им, а потом высказывайте о нем свое мнение!»

"But before taking my leave of you, permit me this;"

— Но прежде чем я расстанусь с вами, позволь мне вот что.

"ladies and gentlemen, esteemed members of the crowd"

«Дамы и господа, уважаемые члены толпы»

"I invite you to tomorrow's daily performance"

«Я приглашаю вас на завтрашнее ежедневное представление»

Here the director made another profound bow

Здесь режиссер сделал еще один глубокий поклон

and, then turning to Pinocchio, he said:

и, повернувшись к Буратино, сказал:

"Courage, Pinocchio! But before you begin:"

«Мужество, Буратино! Но прежде чем вы начнете:

"bow to this distinguished audience"

«Поклон этой уважаемой публике»

Pinocchio obeyed his master's commands

Пиноккио повиновался приказам своего хозяина

and he bent both his knees till they touched the ground

и он согнул оба колена до тех пор, пока они не коснулись земли

the director cracked his whip and shouted:

Режиссер щелкнул кнутом и закричал:

"At a foot's pace, Pinocchio!"

— В шаге от шага, Пиноккио!

Then the little donkey raised himself on his four legs

Тогда маленький ослик поднялся на четыре ноги
and he began to walk round the theatre
и он начал ходить по театру
and the whole time he kept at a foot's pace
и все это время он шел ногой
After a little time the director shouted again:
Через некоторое время режиссер снова закричал:
"Trot!" and Pinocchio, obeyed the order
«Рысь!» — и Пиноккио повиновался приказу
and he changed his pace to a trot
и он изменил свой темп на рысь
"Gallop!" and Pinocchio broke into a gallop
«Галоп!» — и Пиноккио пустился в галоп
"Full gallop!" and Pinocchio went full gallop
«Полный галоп!» и Буратино помчался во весь опор
he was running round the circus like a racehorse
он бегал по цирку, как скаковая лошадь
but then the director fired off a pistol
Но тут режиссер выстрелил из пистолета
at full speed he fell to the floor
На полной скорости он упал на пол
and the little donkey pretended to be wounded
И маленький ослик притворился раненым
he got up from the ground amidst an outburst of applause
Он поднялся с земли под взрыв аплодисментов
there were shouts and clapping of hands
Раздались крики и хлопки в ладоши
and he naturally raised his head and looked up
и он, естественно, поднял голову и посмотрел вверх
and he saw in one of the boxes a beautiful lady
И увидел он в одном из ящиков прекрасную даму
she wore round her neck a thick gold chain
На шее она носила толстую золотую цепочку
and from the chain hung a medallion
а с цепи висел медальон
On the medallion was painted the portrait of a puppet
На медальоне был нарисован портрет куклы

"That is my portrait!" realized Pinocchio
«Это мой портрет!» — понял Пиноккио
"That lady is the Fairy!" said Pinocchio to himself
"Эта леди - Фея!" - сказал себе Пиноккио
Pinocchio had recognized her immediately
Пиноккио сразу узнал ее
and, overcome with delight, he tried to call her
И, охваченный восторгом, он попытался позвать ее
"Oh, my little Fairy! Oh, my little Fairy!"
— О, моя маленькая фея! О, моя маленькая фея!
But instead of these words a bray came from his throat
Но вместо этих слов из его горла вырвался рев
a bray so prolonged that all the spectators laughed
Рев был настолько продолжительным, что все зрители засмеялись
and all the children in the theatre especially laughed
и особенно смеялись все дети в театре
Then the director gave him a lesson
Затем режиссер преподал ему урок
it is not good manners to bray before the public
Не очень хороший тон — хвастаться перед публикой
with the handle of his whip he smacked the donkey's nose
Рукоятью своего кнута он ударил осла по носу
The poor little donkey put his tongue out an inch
Бедный маленький ослик высунул язык на дюйм
and he licked his nose for at least five minutes
и он облизывал нос не менее пяти минут
he thought perhaps that it would ease the pain
Возможно, он думал, что это облегчит боль
But how he despaired when looking up a second time
Но как же он отчаялся, когда поднял глаза во второй раз
he saw that the seat was empty
Он увидел, что сиденье пусто
the good Fairy of his had disappeared!
его добрая Фея исчезла!
He thought he was going to die
Он думал, что умрет

his eyes filled with tears and he began to weep
Его глаза наполнились слезами, и он заплакал
Nobody, however, noticed his tears
Никто, однако, не заметил его слез
"Courage, Pinocchio!" shouted the director
«Смелость, Буратино!» — закричал режиссер
"show the audience how gracefully you can jump through the hoops"
«Покажите зрителям, как грациозно можно прыгать через обручи»
Pinocchio tried two or three times
Буратино пытался два или три раза
but going through the hoop is not easy for a donkey
Но пройти через обруч ослу не просто
and he found it easier to go under the hoop
И ему было проще залезть под кольцо
At last he made a leap and went through the hoop
Наконец он сделал прыжок и прошел через обруч
but his right leg unfortunately caught in the hoop
Но его правая нога, к сожалению, застряла в кольце
and that caused him to fall to the ground
И это заставило его упасть на землю
he was doubled up in a heap on the other side
он был сложен в кучу с другой стороны
When he got up he was lame
Когда он встал, он был хромым
only with great difficulty did he return to the stable
Лишь с большим трудом он вернулся в конюшню
"Bring out Pinocchio!" shouted all the boys
«Выведите Пиноккио!» — закричали все мальчишки
"We want the little donkey!" roared the theatre
«Мы хотим маленького ослика!» — взревел театр
they were touched and sorry for the sad accident
Они были тронуты и сожалеют о печальном происшествии
But the little donkey was seen no more that evening
Но в тот вечер маленького ослика больше не видели

The following morning the veterinary paid him a visit
На следующее утро ветеринар нанес ему визит
the vets are doctors to the animals
Ветеринары – это врачи для животных
and he declared that he would remain lame for life
и он заявил, что останется хромым на всю жизнь
The director then said to the stable-boy:
Тогда директор сказал конюху:
"What do you suppose I can do with a lame donkey?"
— Как ты думаешь, что я могу сделать с хромым ослом?
"He will eat food without earning it"
«Он будет есть пищу, не зарабатывая ее»
"Take him to the market and sell him"
«Отвези его на рынок и продай»
When they reached the market a purchaser was found at once
Когда они добрались до рынка, покупатель сразу же был найден
He asked the stable-boy:
Он спросил конюха:
"How much do you want for that lame donkey?"
— Сколько ты хочешь за этого хромого осла?
"Twenty dollars and I'll sell him to you"
«Двадцать долларов, и я продам его вам»
"I will give you two dollars"
«Я дам вам два доллара»
"but don't suppose that I will make use of him"
— Но не думай, что я воспользуюсь им.
"I am buying him solely for his skin"
«Я покупаю его исключительно ради его шкуры»
"I see that his skin is very hard"
«Я вижу, что кожа у него очень твердая»
"I intend to make a drum with him"
«Я намерен сделать с ним барабан»
he heard that he was destined to become a drum!
Он услышал, что ему суждено стать барабанщиком!
you can imagine poor Pinocchio's feelings

вы можете представить себе чувства бедного Буратино
the two dollars were handed over
Два доллара были переданы
and the man was given his donkey
И отдали мужику осла его
he led the little donkey to the seashore
Он повел маленького ослика на берег моря
he then put a stone round his neck
Затем он надел ему на шею камень
and he gave him a sudden push into the water
и он резко толкнул его в воду
Pinocchio was weighted down by the stone
Пиноккио был отягощен камнем
and he went straight to the bottom of the sea
и он пошел прямо на дно морское
his owner kept tight hold of the cord
его хозяин крепко держал веревку
he sat down quietly on a piece of rock
Он тихо сел на кусок скалы
and he waited until the little donkey was drowned
И он ждал, пока маленький ослик не утонет
and then he intended to skin him
И тогда он намеревался снять с него шкуру

Pinocchio gets Swallowed by the Dog-Fish
Пиноккио проглатывает рыба-собака

Pinocchio had been fifty minutes under the water
Пиноккио провел под водой пятьдесят минут
his purchaser said aloud to himself:
Его покупатель сказал себе вслух:
"My little lame donkey must by now be quite drowned"
«Мой маленький хромой осел, должно быть, уже совсем утонул»
"I will therefore pull him out of the water"
«Поэтому я вытащу его из воды»

"and I will make a fine drum of his skin"
"и я сделаю прекрасный барабан из его кожи"
And he began to haul in the rope
И он начал тащить веревку
the rope he had tied to the donkey's leg
веревка, которую он привязал к ноге осла
and he hauled, and hauled, and hauled
И Он тащил, и таскал, и таскал
he hauled until at last...
Он тащил до тех пор, пока...
what do you think appeared above the water?
Как вы думаете, что появилось над водой?
he did not pull a dead donkey to land
Он не тянул дохлого осла на сушу
instead he saw a living little puppet
Вместо этого он увидел живую маленькую марионетку

- 287 -

and this little puppet was wriggling like an eel!
И эта маленькая кукла извивалась, как угорь!
the poor man thought he was dreaming
Бедняге показалось, что он спит
and he was struck dumb with astonishment
и он онемел от изумления
he eventually recovered from his stupefaction
В конце концов он оправился от оцепенения
and he asked the puppet in a quavering voice:
И он дрожащим голосом спросил куклу:
"where is the little donkey I threw into the sea?"
— Где тот ослик, которого я бросил в море?
"I am the little donkey!" said Pinocchio
"Я - маленький ослик!" - сказал Пиноккио
and Pinocchio laughed at being a puppet again
и Буратино посмеялся над тем, что снова стал марионеткой
"How can you be the little donkey??"
«Как ты можешь быть маленьким осликом??»
"I was the little donkey," answered Pinocchio
— Я был маленьким осликом, — ответил Пиноккио
"and now I'm a little puppet again"
"И теперь я снова маленькая марионетка"
"Ah, a young scamp is what you are!!"
", молодой скамп - это то, что ты есть!!"
"Do you dare to make fun of me?"
— Ты смеешь смеет смеяться надо мной?
"To make fun of you?" asked Pinocchio
"Чтобы посмеяться над тобой?" - спросил Пиноккио
"Quite the contrary, my dear master?"
— Совсем наоборот, мой дорогой господин?
"I am speaking seriously with you"
«Я говорю с вами серьезно»
"a short time ago you were a little donkey"
«Совсем недавно ты был маленьким осликом»
"how can you have become a wooden puppet?"
«Как ты мог стать деревянной куклой?»

"being left in the water does not do that to a donkey!"
«Быть оставленным в воде так не поступает с ослом!»
"It must have been the effect of sea water"
«Должно быть, это было воздействие морской воды»
"The sea causes extraordinary changes"
«Море вызывает необычайные перемены»
"Beware, puppet, I am not in the mood!"
«Осторожно, кукла, я не в настроении!»
"Don't imagine that you can amuse yourself at my expense"
«Не думай, что ты можешь развлекаться за мой счет»
"Woe to you if I lose patience!"
«Горе вам, если я потеряю терпение!»
"Well, master, do you wish to know the true story?"
— Ну, хозяин, вы хотите знать правду?
"If you set my leg free I will tell it you"
«Если ты освободишь мою ногу, я скажу это тебе»
The good man was curious to hear the true story
Доброму человеку было любопытно услышать правдивую историю
and he immediately untied the knot
И он тут же развязал узел
Pinocchio was again as free as a bird in the air
Пиноккио снова был свободен, как птица в воздухе
and he commenced to tell his story
И он начал рассказывать свою историю
"You must know that I was once a puppet"
«Вы должны знать, что я когда-то была марионеткой»
"that is to say, I wasn't always a donkey"
«То есть, я не всегда был ослом»
"I was on the point of becoming a boy"
«Я был на грани того, чтобы стать мальчиком»
"I would have been like the other boys in the world"
«Я был бы таким же, как другие мальчики в мире»
"but like other boys, I wasn't fond of study"
«Но, как и другие мальчики, я не любил учиться»
"and I followed the advice of bad companions"
«И я последовал советам плохих товарищей»

"and finally I ran away from home"
"и наконец я сбежал из дома"
"One fine day when I awoke I found myself changed"
«В один прекрасный день, когда я проснулся, я обнаружил, что изменился»
"I had become a donkey with long ears"
«Я превратился в ослика с длинными ушами»
"and I had grown a long tail too"
"И у меня тоже вырос длинный хвост"
"What a disgrace it was to me!"
«Какой это был позор для меня!»
"even your worst enemy would not inflict it upon you!"
— Даже твой злейший враг не стал бы причинять тебе этого!
"I was taken to the market to be sold"
«Меня отвезли на рынок, чтобы меня продали»
"and I was bought by an equestrian company"
"а меня купила конная компания"
"they wanted to make a famous dancer of me"
«Они хотели сделать из меня знаменитого танцора»
"But one night during a performance I had a bad fall"
«Но однажды вечером во время выступления я неудачно упал»
"and I was left with two lame legs"
"и я остался с двумя хромыми ногами"
"I was of no use to the circus no more"
«Я больше не был нужен цирку»
"and again I was taken to the market
«И снова меня повезли на рынок
"and at the market you were my purchaser!"
— А на рынке ты был моим покупателем!
"Only too true," remembered the man
«Слишком верно», — вспомнил мужчина
"And I paid two dollars for you"
«И я заплатил за тебя два доллара»
"And now, who will give me back my good money?"
«А теперь, кто вернет мне мои хорошие деньги?»

"And why did you buy me?"

— И зачем ты меня купил?

"You bought me to make a drum of my skin!"

«Вы купили меня, чтобы я сделал барабан из моей кожи!»

"Only too true!" said the man

"Слишком верно!" - сказал мужчина

"And now, where shall I find another skin?"

— А теперь, где же мне найти еще одну шкуру?

"Don't despair, master"

«Не отчаивайся, хозяин»

"There are many little donkeys in the world!"

«В мире много маленьких осликов!»

"Tell me, you impertinent rascal;"

— Скажи мне, дерзкий негодяй?

"does your story end here?"

— Твоя история на этом заканчивается?

"No," answered the puppet

— Нет, — ответила кукла

"I have another two words to say"

«У меня есть еще два слова»

"and then my story shall have finished"

«И тогда моя история закончится»

"you brought me to this place to kill me"

«Ты привел меня в это место, чтобы убить меня»

"but then you yielded to a feeling of compassion"

«Но потом вы поддались чувству сострадания»

"and you preferred to tie a stone round my neck

— И ты предпочел повязать мне на шею камень

"and you threw me into the sea"

"И ты бросил меня в море"

"This humane feeling does you great honour"

«Это гуманное чувство делает вам великую честь»

"and I shall always be grateful to you"

«и я всегда буду вам благодарен»

"But, nevertheless, dear master, you forgot one thing"

«Но, тем не менее, дорогой господин, вы забыли одну вещь»

"you made your calculations without considering the Fairy!"
— Вы сделали свои расчеты, не считаясь с Феей!
"And who is the Fairy?"
— А кто такая Фея?
"She is my mamma," replied Pinocchio
— Она моя мама, — ответил Пиноккио
"and she resembles all other good mammas"
"И она похожа на всех других хороших мам"
"and all good mammas care for their children"
"И все добрые мамы заботятся о своих детях"
"mammas who never lose sight of their children""
«Мамы, которые никогда не теряют из виду своих детей»»
"mammas who help their children lovingly"
«Мамы, которые с любовью помогают своим детям»
"and they love them even when they deserve to be abandoned"
«И они любят их даже тогда, когда они заслуживают того, чтобы быть оставленными»
"my good mamma kept me in her sight"
«Моя добрая мама держала меня в поле зрения»
"and she saw that I was in danger of drowning"
«и она увидела, что мне грозит опасность утонуть»
"so she immediately sent an immense shoal of fish"
"Поэтому она сразу же отправила огромную косяк рыбы"
"first they really thought I was a little dead donkey"
«Сначала они действительно думали, что я маленький дохлый осел»
"and so they began to eat me in big mouthfuls"
"И поэтому они начали есть меня большими глотками"
"I never knew fish were greedier than boys!"
«Я никогда не знал, что рыба более жадная, чем мальчики!»
"Some ate my ears and my muzzle"
«Некоторые ели мои уши и мою морду»
"and other fish my neck and mane"
"и других рыб шею и гриву мою"
"some of them ate the skin of my legs"

«Некоторые из них ели кожу моих ног»
"and others took to eating my fur"
"И другие стали есть мой мех"
"Amongst them there was an especially polite little fish"
«Среди них была особенно вежливая маленькая рыбешка»
"and he condescended to eat my tail"
"И снизошел он до того, чтобы съесть мой хвост"
the purchaser was horrified by what he heard
Покупатель пришел в ужас от услышанного
"I swear that I will never touch fish again!"
«Клянусь, что никогда больше не прикоснусь к рыбе!»
"imagine opening a mullet and finding a donkey's tail!"
«Представьте, что вы открываете кефаль и находите ослиный хвост!»
"I agree with you," said the puppet, laughing
— Я с тобой согласен, — сказала кукла, смеясь
"However, I must tell you what happened next"
«Однако я должен рассказать вам, что произошло дальше»
"the fish had finished eating the donkey's hide"
"Рыба доела ослиную шкуру"
"the donkey's hide that had covered me"
«Ослиная шкура, которая укрыла меня»
"then they naturally reached the bone"
"потом они естественным образом добрались до кости"
"but it was not bone, but rather wood"
«Но это была не кость, а дерево»
"for, as you see, I am made of the hardest wood"
"Ибо, как видишь, я сделан из самого твердого дерева"
"they tried to take a few more bites"
«Они попытались откусить еще несколько кусочков»
"But they soon discovered I was not for eating"
«Но вскоре они обнаружили, что я не люблю есть»
"disgusted with such indigestible food, they swam off"
"Испытывая отвращение к такой неперевариваемой пище, они уплыли"
"and they left without even saying thank you"
"И они ушли, даже не сказав спасибо"

"And now, at last, you have heard my story"
«И вот, наконец, вы услышали мою историю»
"and that is why you didn't find a dead donkey"
"И именно поэтому вы не нашли мертвого осла"
"and instead you found a living puppet"
"А взамен вы нашли живую марионетку"
"I laugh at your story," cried the man in a rage
— Я смеюсь над вашей историей, — вскричал человек в ярости
"I only know that I spent two dollars to buy you"
«Я знаю только, что потратил два доллара, чтобы купить тебя»
"and I will have my money back"
"и я получу свои деньги обратно"
"Shall I tell you what I will do?"
— Сказать вам, что я буду делать?
"I will take you back to the market"
«Я отвезу тебя обратно на рынок»
"and I will sell you by weight as seasoned wood"
"и я продам тебя на вес, как выдержанное дерево"
and the purchaser can light fires with you"
и покупатель может разжечь костры вместе с вами»
Pinocchio was not too worried about this
Буратино не слишком переживал по этому поводу
"Sell me if you like; I am content"
— Продайте мне, если хотите; Я доволен»
and he plunged back into the water
И он снова погрузился в воду
he swam gaily away from the shore
Он весело уплыл прочь от берега
and he called to his poor owner
и он позвал своего бедного хозяина
"Good-bye, master, don't forget me"
«До свидания, хозяин, не забывай меня»
"the wooden puppet you wanted for its skin"
"Деревянная кукла, которую вы хотели для своей кожи"
"and I hope you get your drum one day"

"и я надеюсь, что однажды ты получишь свой барабан"
And he laughed and went on swimming
И он засмеялся и продолжил плавать
and after a while he turned around again
И через некоторое время он снова обернулся
"Good-bye, master," he shouted louder
— До свидания, хозяин, — закричал он громче
"and remember me when you need well seasoned wood"
«И вспомни обо мне, когда тебе понадобится хорошо выдержанная древесина»
"and think of me when you're lighting a fire"
«И думай обо мне, когда разжигаешь огонь»
soon Pinocchio had swam towards the horizon
вскоре Буратино поплыл к горизонту
and now he was scarcely visible from the shore
и теперь его было почти не видно с берега
he was a little black speck on the surface of the sea
Он был маленьким черным пятнышком на поверхности моря
from time to time he lifted out of the water
Время от времени его поднимали из воды
and he leaped and capered like a happy dolphin
И он прыгал и извивался, как счастливый дельфин
Pinocchio was swimming and he knew not whither
Пиноккио плавал и не знал куда
he saw in the midst of the sea a rock
Он увидел посреди моря скалу
the rock seemed to be made of white marble
Скала казалась сделанной из белого мрамора
and on the summit there stood a beautiful little goat
А на вершине стоял прекрасный маленький козленок
the goat bleated lovingly to Pinocchio
коза ласково блеяла Буратино
and the goat made signs to him to approach
И козел сделал ему знаки, чтобы он приблизился
But the most singular thing was this:
Но самым необычным было следующее:

The little goat's hair was not white nor black
Шерсть козлятинка не была ни белой, ни черной
nor was it a mixture of two colours
и это не было смешением двух цветов
this is usual with other goats
Это обычное дело с другими козами
but the goat's hair was a very vivid blue
Но шерсть козла была очень ярко-голубого цвета
a vivid blue like the hair of the beautiful Child
ярко-голубой, как волосы прекрасного Младенца
imagine how rapidly Pinocchio's heart began to beat
представьте, как быстро забилось сердце Буратино
He swam with redoubled strength and energy
Он плыл с удвоенной силой и энергией
and in no time at all he was halfway there
и в мгновение ока он был уже на полпути
but then he saw something came out the water
Но потом он увидел, как что-то вышло из воды
the horrible head of a sea-monster!
Ужасная голова морского чудовища!
His mouth was wide open and cavernous
Его рот был широко открыт и похож на пещеру
there were three rows of enormous teeth
Там было три ряда огромных зубов
even a picture of if would terrify you
Даже фотография «если» напугала бы вас
And do you know what this sea-monster was?
И знаете ли вы, что это было за морское чудовище?
it was none other than that gigantic Dog-Fish
это был не кто иной, как та гигантская Рыба-Собака
the Dog-Fish mentioned many times in this story
Рыба-Собака, много раз упоминаемая в этой истории
I should tell you the name of this terrible fish
Я должен сказать вам имя этой ужасной рыбы
Attila of Fish and Fishermen
Аттила о рыбах и рыбаках
on account of his slaughter and insatiable voracity

за свою резню и ненасытную прожорливость
think of poor Pinocchio's terror at the sight
подумайте об ужасе бедного Пиноккио при виде этого
a true sea monster was swimming at him
На него плыло настоящее морское чудовище
He tried to avoid the Dog-Fish
Он старался избегать Рыбы-Собаки
he tried to swim in other directions
Он пытался плыть в других направлениях
he did everything he could to escape
Он делал все возможное, чтобы сбежать
but that immense wide-open mouth was too big
Но этот огромный широко открытый рот был слишком велик
and it was coming with the velocity of an arrow
и он летел со скоростью стрелы
the beautiful little goat tried to bleat
Прекрасная коза пыталась блеять
"Be quick, Pinocchio, for pity's sake!"
— Поторопись, Пиноккио, ради всего святого!
And Pinocchio swam desperately with all he could
А Буратино отчаянно плавал изо всех сил
his arms, his chest, his legs, and his feet
его руки, его грудь, его ноги и его ступни
"Quick, Pinocchio, the monster is close upon you!"
— Быстрее, Пиноккио, чудовище уже близко к тебе!
And Pinocchio swam quicker than ever
А Буратино плавал быстрее всех
he flew on with the rapidity of a ball from a gun
Он летел дальше со скоростью пули из ружья
He had nearly reached the rock
Он почти достиг скалы
and he had almost reached the little goat
и он почти дотянулся до козленка
and the little goat leaned over towards the sea
И козленок наклонился к морю
she stretched out her fore-legs to help him

Она вытянула передние лапы, чтобы помочь ему
perhaps she could get him out of the water
Возможно, она сможет вытащить его из воды
But all their efforts were too late!
Но все их усилия были запоздали!
The monster had overtaken Pinocchio
Чудовище настигло Буратино
he drew in a big breath of air and water
Он втянул в себя воздух и воду
and he sucked in the poor puppet
И он засосал бедную марионетку
like he would have sucked a hen's egg
Как если бы он высосал куриное яйцо
and the Dog-Fish swallowed him whole
и Рыба-Собака проглотила его целиком

Pinocchio tumbled through his teeth
Буратино кувыркнулся сквозь зубы
and he tumbled down the Dog-Fish's throat
и он упал в горло Собачьей Рыбы
and finally he landed heavily in his stomach
И, наконец, он тяжело приземлился себе на живот
he remained unconscious for a quarter of an hour
Он оставался без сознания в течение четверти часа
but eventually he came to himself again
Но в конце концов он снова пришел в себя
he could not in the least imagine in what world he was
он никак не мог представить, в каком мире он находится
All around him there was nothing but darkness
Вокруг него не было ничего, кроме тьмы
it was as if he had fallen into a pot of ink
Он словно упал в горшок с чернилами
He listened, but he could hear no noise
Он прислушался, но не услышал ни звука
occasionally great gusts of wind blew in his face
Время от времени ему в лицо дули сильные порывы ветра
first he could not understand from where it came from
Сначала он не мог понять, откуда это взялось
but at last he discovered the source
Но в конце концов он обнаружил источник
it came out of the monster's lungs
Он вышел из легких чудовища
there is one thing you must know about the Dog-Fish
есть одна вещь, которую вы должны знать о рыбе-собаке
the Dog-Fish suffered very much from asthma
Рыба-Собака очень страдала от астмы
when he breathed it was exactly like the north wind
Когда он дышал, это было точно так же, как северный ветер
Pinocchio at first tried to keep up his courage
Пиноккио поначалу старался сохранять мужество
but the reality of the situation slowly dawned on him
Но реальность ситуации постепенно доходила до него

he was really shut up in the body of this sea-monster
Он действительно был заперт в теле этого морского чудовища
and he began to cry and scream and sob
и он начал плакать, кричать и рыдать
"Help! help! Oh, how unfortunate I am!"
«Помогите! Справка! О, как я несчастна!
"Will nobody come to save me?"
«Неужели никто не придёт меня спасти?»
from the dark there came a voice
Из темноты донёсся голос
the voice sounded like a guitar out of tune
Голос звучал как расстроенная гитара
"Who do you think could save you, unhappy wretch?"
— Как ты думаешь, кто мог бы спасти тебя, несчастный?
Pinocchio froze with terror at the voice
Буратино застыл от ужаса при этом голосе
"Who is speaking?" asked Pinocchio, finally
«Кто говорит?» — спросил наконец Пиноккио
"It is I! I am a poor Tunny Fish"
— Это я! Я бедная рыба тунца»
"I was swallowed by the Dog-Fish along with you"
«Я был проглочен Рыбой-Собакой вместе с тобой»
"And what fish are you?"
— А какая ты рыба?
"I have nothing in common with fish"
«У меня нет ничего общего с рыбами»
"I am a puppet," added Pinocchio
«Я марионетка», — добавил Пиноккио
"Then why did you let yourself be swallowed?"
— Тогда почему ты позволил себя проглотить?
"I didn't let myself be swallowed"
«Я не дал себя проглотить»
"it was the monster that swallowed me!"
«Это был монстр, который проглотил меня!»
"And now, what are we to do here in the dark?"
— А теперь, что нам делать здесь, в темноте?

"there's not much we can do but to resign ourselves"
«Мы ничего не можем сделать, кроме как смириться с этим»
"and now we wait until the Dog-Fish has digested us"
"А теперь ждем, пока Рыба-Собака нас переварит"
"But I do not want to be digested!" howled Pinocchio
«Но я не хочу, чтобы меня переваривали!» — взвыл Буратино
and he began to cry again
И он снова заплакал
"Neither do I want to be digested," added the Tunny Fish
«Я тоже не хочу, чтобы меня переваривали», — добавил тунец
"but I am enough of a philosopher to console myself"
— Но я достаточно философ, чтобы утешать себя.
"when one is born a Tunny Fish life can be made sense of"
«Когда кто-то рождается тунцом, жизнь может быть осмыслена»
"it is more dignified to die in the water than in oil"
"Умирать в воде достойнее, чем в масле"
"That is all nonsense!" cried Pinocchio
"Это все ерунда!" - закричал Пиноккио
"It is my opinion," replied the Tunny Fish
— Это мое мнение, — ответил Тунец
"and opinions ought to be respected"
«и мнения следует уважать»
"that is what the political Tunny Fish say"
«Так говорят политические тунцы»
"To sum it all up, I want to get away from here"
«Подводя итог, я хочу уйти отсюда»
"I do want to escape."
«Я действительно хочу сбежать».
"Escape, if you are able!"
— Бегите, если сможете!
"Is this Dog-Fish who has swallowed us very big?"
— Неужели эта Рыба-Собака, которая нас проглотила, очень большая?

"Big? My boy, you can only imagine"
«Большой? Мой мальчик, ты можешь только представить»
"his body is two miles long without counting his tail"
«Его тело имеет длину две мили, не считая хвоста»
they held this conversation in the dark for some time
Некоторое время они держали этот разговор в темноте
eventually Pinocchio's eyes adjusted to the darkness
В конце концов глаза Пиноккио привыкли к темноте
Pinocchio thought that he saw a light a long way off
Пиноккио показалось, что он видит свет вдалеке
"What is that little light I see in the distance?"
— Что это за маленький огонек, который я вижу вдалеке?
"It is most likely some companion in misfortune"
«Скорее всего, это какой-то спутник по несчастью»
"he, like us, is waiting to be digested"
«Он, как и мы, ждет, чтобы его переварили»
"I will go and find him"
«Я пойду и найду его»
"perhaps it is an old fish that knows his way around"
«Возможно, это старая рыба, которая знает дорогу»
"I hope it may be so, with all my heart, dear puppet"
«Надеюсь, что так и будет, от всей души, дорогая кукла»
"Good-bye, Tunny Fish" - "Good-bye, puppet"
"Good-bye, Tunny Fish" - "До свидания, кукла"
"and I wish a good fortune to you"
"и я желаю вам удачи"
"Where shall we meet again?"
— Где мы встретимся снова?
"Who can see such things in the future?"
«Кто может увидеть такие вещи в будущем?»
"It is better not even to think of it!"
«Лучше даже не думать об этом!»

A Happy Surprise for Pinocchio
Счастливый сюрприз для Пиноккио

Pinocchio said farewell to his friend the Tunny Fish
Буратино простился со своим другом Тунцом Рыбкой
and he began to grope his way through the Dog-Fish
и он начал наощупь пробираться через Собачью Рыбу
he took small steps in the direction of the light
Он делал небольшие шаги в направлении света
the small light shining dimly at a great distance
маленький огонек, тускло светящий на большом расстоянии
the farther he advanced the brighter became the light
Чем дальше он продвигался, тем ярче становился свет
and he walked and walked until at last he reached it
и он шел и шел, пока, наконец, не достиг его
and when he reached the light, what did he find?
И когда он подошел к свету, что он нашел?
I will let you have a thousand and one guesses
Я дам вам тысячу и одну догадку
what he found was a little table all prepared
То, что он нашел, было маленьким столиком, полностью накрытым
on the table was a lighted candle in a green bottle
На столе стояла зажженная свеча в зеленой бутылке
and seated at the table was a little old man
За столом сидел маленький старичок
the little old man was eating some live fish
Маленький старичок ел живую рыбу
and the little live fish were very much alive
и маленькие живые рыбки были очень живыми
some of the little fish even jumped out of his mouth
Некоторые из маленьких рыбешек даже выпрыгивали у него изо рта
at this sight Pinocchio was filled with happiness
При этом зрелище Буратино наполнился счастьем
he became almost delirious with unexpected joy

Он почти бредил от неожиданной радости
He wanted to laugh and cry at the same time
Ему хотелось смеяться и плакать одновременно
he wanted to say a thousand things at once
Он хотел сказать тысячу вещей одновременно
but all he managed were a few confused words
Но все, что у него получилось, это несколько сбивчивых слов
At last he succeeded in uttering a cry of joy
Наконец ему удалось издать крик радости
and he threw his arm around the little old man
И он обнял маленького старичка
"Oh, my dear papa!" he shouted with joy
«О, мой дорогой папа!» — воскликнул он от радости
"I have found you at last!" cried Pinocchio
"Наконец-то я нашел тебя!" - закричал Пиноккио
"I will never never never never leave you again"
«Я никогда, никогда, никогда больше не оставлю тебя»
the little old man couldn't believe it either
Маленький старичок тоже не мог в это поверить
"are my eyes telling the truth?" he said
«Говорят ли мои глаза правду?» — спросил он
and he rubbed his eyes to make sure
И он протер глаза, чтобы убедиться
"then you are really my dear Pinocchio?"
— Значит, ты действительно мой дорогой Пиноккио?
"Yes, yes, I am Pinocchio, I really am!"
«Да, да, я Пиноккио, я действительно такой!»
"And you have forgiven me, have you not?"
— И ты простил меня, не так ли?
"Oh, my dear papa, how good you are!"
— О, мой дорогой папа, какой ты добрый!
"And to think how bad I've been to you"
«И подумать только, как плохо я с тобой обошлась»
"but if you only knew what I've gone through"
«Но если бы ты только знал, через что я прошел»
"all the misfortunes I've had poured on me"

«На меня обрушились все несчастья, которые у меня были»
"and all the other things that have befallen me!"
— И все остальное, что со мной выпало!
"oh think back to the day you sold your jacket"
«О, вспомни тот день, когда ты продал свою куртку»
"oh you must have been terribly cold"
«О, ты, должно быть, ужасно замерз»
"but you did it to buy me a spelling book"
«Но ты сделал это, чтобы купить мне учебник по правописанию»
"so that I could study like the other boys"
«чтобы я мог учиться, как другие мальчики»
"but instead I escaped to see the puppet show"
"но вместо этого я сбежал посмотреть кукольный спектакль"
"and the showman wanted to put me on the fire"
«И шоумен хотел меня поджечь»
"so that I could roast his mutton for him"
"чтобы я мог зажарить для него баранину"
"but then the same showman gave me five gold pieces"
"Но потом тот же шоумен дал мне пять золотых"
"he wanted me to give you the gold"
«Он хотел, чтобы я отдал тебе золото»
"but then I met the Fox and the Cat"
«Но потом я встретил Лису и Кошку»
"and they took me to the inn of The Red Craw-Fish"
"И они отвезли меня в постоялый двор "Красный Рак"
"and at the inn they ate like hungry wolves"
"А на постоялом дворе они ели, как голодные волки"
"and I left by myself in the middle of the night"
"И я ушел один посреди ночи"
"and I encountered assassins who ran after me"
"и я столкнулся с убийцами, которые побежали за мной"
"and I ran away from the assassins"
"и я убежал от убийц"
"but the assassins followed me just as fast"

«Но убийцы последовали за мной так же быстро»
"and I ran away from them as fast as I could"
"и я убежал от них так быстро, как только мог"
"but they always followed me however fast I ran"
«Но они всегда следовали за мной, как бы быстро я ни бежал»
"and I kept running to get away from them"
"и я все бежал, чтобы убежать от них"
"but eventually they caught me after all"
«Но в конце концов они меня все-таки поймали»
"and they hung me to a branch of a Big Oak"
"и повесили меня на ветке Большого Дуба"
"but then there was the beautiful Child with blue hair"
"Но потом был прекрасный Младенец с голубыми волосами"
"she sent a little carriage to fetch me"
— Она прислала за мной маленькую карету.
"and the doctors all had a good look at me"
«И все врачи хорошо меня рассмотрели»
"and they immediately made the same diagnosis"
"и они сразу поставили тот же диагноз"
"If he is not dead, it is a proof that he is still alive"
«Если он не мертв, то это доказательство того, что он еще жив»
"and then by chance I told a lie"
"а потом случайно солгал"
"and my nose began to grow and grow and grow"
«И нос у меня начал расти, расти и расти»
"and soon I could no longer get through the door"
"и вскоре я уже не мог пройти через дверь"
"so I went again with the Fox and the Cat"
«Так что я снова поехал с Лисой и Кошкой»
"and together we buried the four gold pieces"
«И вместе мы закопали четыре золотых монеты»
"because one piece of gold I had spent at the inn"
«Потому что одну золотую монету я потратил в гостинице»

"and the Parrot began to laugh at me"
"и Попугай начал смеяться надо мной"
"and there were not two thousand pieces of gold"
"И не было двух тысяч золотых"
"there were no pieces of gold at all anymore"
"Золотых монет уже не было вообще"
"so I went to the judge of the town to tell him"
"Поэтому я пошел к городскому судье, чтобы сказать ему"
"he said I had been robbed, and put me in prison"
«Он сказал, что меня ограбили, и посадил меня в тюрьму»
"while escaping I saw a beautiful bunch of grapes"
"Убегая, я увидел красивую гроздь винограда"
"but in the field I was caught in a trap"
"но в поле я попал в капкан"
"and the peasant had every right to catch me"
"И мужик имел полное право поймать меня"
"he put a dog-collar round my neck"
«Он надел мне на шею собачий ошейник»
"and he made me the guard dog of the poultry-yard"
— И он сделал меня сторожевым псом птичьего двора.
"but he acknowledged my innocence and let me go"
«Но он признал мою невиновность и отпустил меня»
"and the Serpent with the smoking tail began to laugh"
"и Змей с дымящимся хвостом засмеялся"
"but the Serpent laughed until he broke a blood-vessel"
"Но Змей смеялся до тех пор, пока не разорвал кровеносный сосуд"
"and so I returned to the house of the beautiful Child"
"И вот я вернулся в дом прекрасного Младенца"
"but then the beautiful Child was dead"
«Но тогда прекрасное Дитя было мертво»
"and the Pigeon could see that I was crying"
"и Голубь видел, что я плачу"
"and the Pigeon said, 'I have seen your father'"
"И сказал Голубь: "Я видел отца твоего"».
'he was building a little boat to search of you'
«Он строил маленькую лодку, чтобы искать вас»

"and I said to him, 'Oh! if I also had wings,'"
«И я сказал ему: «О! если бы у меня тоже были крылья"».
"and he said to me, 'Do you want to see your father?'"
«И он сказал мне: "Ты хочешь увидеть своего отца?»
"and I said, 'Without doubt I would like to see him!'"
«И я сказал: "Без сомнения, я хотел бы его увидеть!»
"'but who will take me to him?' I asked"
— Но кто же возьмет меня к нему? — спросил я.
"and he said to me, 'I will take you,'"
«И он сказал мне: "Я возьму тебя"».
"and I said to him, 'How will you take me?'"
«И я сказал ему: как ты возьмешь меня?»
"and he said to me, 'Get on my back,'"
«И он сказал мне: «Сядь мне на спину».
"and so we flew through all that night"
"И так мы пролетели всю ту ночь"
"and then in the morning there were all the fishermen"
"А потом утром там были все рыбаки"
"and the fishermen were looking out to sea"
«И рыбаки смотрели на море»
"and one said to me, 'There is a poor man in a boat'"
«И один сказал мне: "В лодке бедняк"».
"he is on the point of being drowned"
«Он на грани утопления»
"and I recognized you at once, even at that distance
— И я сразу узнал вас, даже на таком расстоянии
"because my heart told me that it was you"
«Потому что мое сердце подсказывало мне, что это ты»
"and I made signs so that you would return to land"
"и я сделал знамения, чтобы вы вернулись на землю"
"I also recognized you," said Geppetto
«Я тоже узнал вас», — сказал Джеппетто
"and I would willingly have returned to the shore"
"и я охотно вернулся бы на берег"
"but what was I to do so far out at sea?"
— Но что же мне было делать так далеко в море?
"The sea was tremendously angry that day"

«В тот день море было страшно взволновано»
"and a great wave came over and upset my boat"
«И нахлынула великая волна и перевернула лодку мою»
"Then I saw the horrible Dog-Fish"
«Потом я увидел ужасную рыбу-собаку»
"and the horrible Dog-Fish saw me too"
— И ужасная Рыба-Собака тоже меня видела.
"and so the horrible Dog-Fish came to me"
"И вот ко мне пришла ужасная Рыба-Собака"
"and he put out his tongue and swallowed me"
«И он высунул язык свой и проглотил меня»
"as if I had been a little apple tart"
«Как будто я был маленьким яблочным пирогом»
"And how long have you been shut up here?"
— И как давно вы здесь заперты?
"that day must have been nearly two years ago"
«Тот день, должно быть, был почти два года назад»
"two years, my dear Pinocchio," he said
— Два года, мой дорогой Пиноккио, — сказал он
"those two years seemed like two centuries!"
«Эти два года показались двумя столетиями!»
"And how have you managed to live?"
— И как ты умудряешься жить?
"And where did you get the candle?"
— А где ты взял свечу?
"And from where are the matches for the candle?
«А откуда спички для свечки?
"Stop, and I will tell you everything"
«Остановись, и я тебе все расскажу»
"I was not the only one at sea that day"
«Я был не один в море в тот день»
"the storm had also upset a merchant vessel"
«Шторм также расстроил торговое судно»
"the sailors of the vessel were all saved"
«Все матросы судна были спасены»
"but the cargo of the vessel sunk to the bottom"
"но груз судна ушел на дно"

"the Dog-Fish had an excellent appetite that day"
«В тот день у Рыбы-Собаки был отличный аппетит»
"after swallowing me he swallowed the vessel"
«Проглотив меня, он проглотил сосуд»
"How did he swallow the entire vessel?"
— Как он проглотил весь сосуд?
"He swallowed the whole boat in one mouthful"
«Он проглотил всю лодку за один глоток»
"the only thing that he spat out was the mast"
"единственное, что он выплюнул, это мачта"
"it had stuck between his teeth like a fish-bone"
«Она застряла у него в зубах, как рыбья кость»
"Fortunately for me, the vessel was fully laden"
«К счастью для меня, судно было полностью загружено»
"there were preserved meats in tins, biscuit"
«Там было консервированное мясо в жестяных банках, печенье»
"and there were bottles of wine and dried raisins"
"А там были бутылки вина и сушеный изюм"
"and I had cheese and coffee and sugar"
"и у меня был сыр и кофе и сахар"
"and with the candles were boxes of matches"
"И со свечами были коробки спичек"
"With this I have been able to live for two years"
"С этим я смог прожить два года"
"But I have arrived at the end of my resources"
«Но у меня закончились мои ресурсы»
"there is nothing left in the larder"
«В кладовой ничего не осталось»
"and this candle is the last that remains"
"И эта свеча - последняя, что осталась"
"And after that what will we do?"
— И что мы будем делать после этого?
"oh my dear boy, Pinocchio," he cried
— О, мой дорогой мальчик, Пиноккио, — закричал он
"After that we shall both remain in the dark"
«После этого мы оба останемся в неведении»

"Then, dear little papa there is no time to lose"
«Тогда, дорогой маленький папа, нельзя терять времени»
"We must think of a way of escaping"
«Мы должны придумать, как сбежать»
"what way of escaping can we think of?"
— Какой способ сбежать мы можем придумать?
"We must escape through the mouth of the Dog-Fish"
«Мы должны убежать через пасть Рыбы-Собаки»
"we must throw ourselves into the sea and swim away"
«Мы должны броситься в море и уплыть»
"You talk well, my dear Pinocchio"
«Ты хорошо говоришь, мой дорогой Буратино»
"but I don't know how to swim"
"но я не умею плавать"
"What does that matter?" replied Pinocchio
«Какое это имеет значение?» — ответил Пиноккио
"I am a good swimmer," he suggested
«Я хороший пловец», — предположил он
"you can get on my shoulders"
«Ты можешь забраться мне на плечи»
"and I will carry you safely to shore"
«И я доставлю вас в целости и сохранности на берег»
"All illusions, my boy!" replied Geppetto
"Все иллюзии, мой мальчик!" - ответил Джеппетто
and he shook his head with a melancholy smile
И он покачал головой с грустной улыбкой
"my dear Pinocchio, you are scarcely a yard high"
«Мой дорогой Пиноккио, ты едва ли ярд ростом»
"how could you swim with me on your shoulders?"
— Как ты мог бы плавать со мной на плечах?
"Try it and you will see!" replied Pinocchio
"Попробуй, и ты увидишь!" - ответил Пиноккио
Without another word Pinocchio took the candle
Не говоря больше ни слова, Пиноккио взял свечу
"Follow me, and don't be afraid"
«Следуй за мной и не бойся»
and they walked for some time through the Dog-Fish

и они некоторое время гуляли по Собачьей Рыбе
they walked all the way through the stomach
они прошли весь путь через живот
and they were where the Dog-Fish's throat began
и именно там начиналось горло Рыбы-Собаки
and here they thought they should better stop
И тут они подумали, что им лучше остановиться
and they thought about the best moment for escaping
И они думали о лучшем моменте для побега
Now, I must tell you that the Dog-Fish was very old
Теперь я должен сказать вам, что Рыба-Собака была очень старой
and he suffered from asthma and heart palpitations
а еще он страдал астмой и учащенным сердцебиением
so he was obliged to sleep with his mouth open
Поэтому он был вынужден спать с открытым ртом
and through his mouth they could see the starry sky
и через его рот они могли видеть звездное небо
and the sea was lit up by beautiful moonlight
и море было освещено прекрасным лунным светом
Pinocchio carefully and quietly turned to his father
Буратино осторожно и тихо повернулся к отцу
"This is the moment to escape," he whispered to him
«Сейчас самый подходящий момент, чтобы сбежать», — прошептал он ему
"the Dog-Fish is sleeping like a dormouse"
"Рыба-Собака спит, как соня"
"the sea is calm, and it is as light as day"
«Море спокойно, и светло, как днем»
"follow me, dear papa," he told him
— Следуй за мной, дорогой папа, — сказал он ему
"and in a short time we shall be in safety"
«И через короткое время мы будем в безопасности»
they climbed up the throat of the sea-monster
они забрались вверх по горлу морского чудовища
and soon they reached his immense mouth
и вскоре они достигли его огромной пасти

so they began to walk on tiptoe down his tongue
Поэтому они стали ходить на цыпочках по его языку
they were about to make the final leap
Они собирались совершить последний прыжок
the puppet turned around to his father
Кукла повернулась к отцу
"Get on my shoulders, dear Papa," he whispered
— Садись мне на плечи, дорогой папа, — прошептал он
"and put your arms tightly around my neck"
«И крепко обхвати руками мою шею»
"I will take care of the rest," he promised
«Я позабочусь обо всем остальном», — пообещал он
soon Geppetto was firmly settled on his son's shoulders
вскоре Джеппетто прочно устроился на плечах сына
Pinocchio took a moment to build up courage
Буратино воспользовался моментом, чтобы набраться смелости
and then he threw himself into the water
А потом бросился в воду
and began to swim away from the Dog-Fish
и стал уплывать подальше от Собаки-Рыбы
The sea was as smooth as oil
Море было гладким, как нефть
the moon shone brilliantly in the sky
Луна ярко сияла в небе
and the Dog-Fish was in deep sleep
а Рыба-Собака погрузилась в глубокий сон
even cannons wouldn't have awoken him
Даже пушки не разбудили бы его

Pinocchio at last Ceases to be a Puppet and Becomes a Boy
Пиноккио наконец-то перестает быть марионеткой и становится мальчиком

Pinocchio was swimming quickly towards the shore
Буратино быстро плыл к берегу
Geppetto had his legs on his son's shoulders
Джеппетто держал ноги на плечах сына
but Pinocchio discovered his father was trembling
но Пиноккио обнаружил, что его отец дрожит
he was shivering from cold as if in a fever
Он дрожал от холода, как от лихорадки
but cold was not the only cause of his trembling
Но холод был не единственной причиной его дрожи
Pinocchio thought the cause of the trembling was fear
Пиноккио подумал, что причиной дрожи был страх
and the Puppet tried to comfort his father
и Марионетка пыталась утешить отца
"Courage, papa! See how well I can swim?"
«Мужайся, папа! Видишь, как хорошо я умею плавать?
"In a few minutes we shall be safely on shore"
«Через несколько минут мы будем в безопасности на берегу»
but his father had a higher vantage point
Но у его отца была более высокая точка зрения
"But where is this blessed shore?"
— Но где же этот благословенный берег?
and he became even more frightened
И он испугался еще больше
and he screwed up his eyes like a tailor
И он прищуривал глаза, как портной
when they thread string through a needle
когда продевают нитку через иголку
"I have been looking in every direction"
«Я смотрел во всех направлениях»
"and I see nothing but the sky and the sea"
"и я не вижу ничего, кроме неба и моря"

"But I see the shore as well," said the puppet
— Но я вижу и берег, — сказала кукла
"You must know that I am like a cat"
«Ты должен знать, что я как кошка»
"I see better by night than by day"
«Ночью я вижу лучше, чем днем»
Poor Pinocchio was making a pretence
Бедный Буратино притворялся
he was trying to show optimism
Он пытался показать оптимизм
but in reality he was beginning to feel discouraged
Но на самом деле он начинал чувствовать себя обескураженным
his strength was failing him rapidly
Силы быстро покидали его
and he was gasping and panting for breath
и он задыхался и задыхался
He could not swim much further anymore
Он уже не мог плыть дальше
and the shore was still far off
а до берега было еще далеко
He swam until he had no breath left
Он плыл до тех пор, пока у него не осталось дыхания
and then he turned his head to Geppetto
а затем повернул голову к Джеппетто
"Papa, help me, I am dying!" he said
«Папа, помоги мне, я умираю!» — сказал он
The father and son were on the point of drowning
Отец и сын были на грани утопления
but they heard a voice like an out of tune guitar
Но они услышали голос, похожий на расстроенную гитару
"Who is it that is dying?" said the voice
"Кто умирает?" - спросил голос
"It is I, and my poor father!"
— Это я и мой бедный отец!
"I know that voice! You are Pinocchio!"
«Я знаю этот голос! Ты Пиноккио!»

"Precisely; and you?" asked Pinocchio
— Именно; а ты?" - спросил Пиноккио
"I am the Tunny Fish," said his prison companion
«Я — тунец», — сказал его товарищ по тюрьме
"we met in the body of the Dog-Fish"
"мы встретились в теле Собаки-Рыбы"
"And how did you manage to escape?"
— И как вам удалось сбежать?
"I followed your example"
"Я последовал вашему примеру"
"You showed me the road"
«Ты показал мне дорогу»
"and I escaped after you"
"И я убежал за тобой"
"Tunny Fish, you have arrived at the right moment!"
«Тунец Рыбка, ты прибыл в нужный момент!»
"I implore you to help us or we are dead"
«Я умоляю вас помочь нам, иначе мы умрем»
"I will help you willingly with all my heart"
«Я помогу вам охотно от всего сердца»
"You must, both of you, take hold of my tail"
«Вы должны, вы оба, схватить меня за хвост»
"leave it to me to guide you
«Предоставьте мне вести вас
"I will take you both on shore in four minutes"
«Я отвезу вас обоих на берег через четыре минуты»
I don't need to tell you how happy they were
Мне не нужно рассказывать вам, как они были счастливы
Geppetto and Pinocchio accepted the offer at once
Джеппетто и Буратино сразу приняли предложение
but grabbing the tail was not the most comfortable
Но хвататься за хвост было не самым удобным
so they got on the Tunny Fish's back
так они сели на спину Тунца

The Tunny Fish did indeed take only four minutes
Рыба тунца действительно заняла всего четыре минуты
Pinocchio was the first to jump onto the land
Буратино первым выпрыгнул на сушу
that way he could help his father off the fish
Таким образом, он мог помочь отцу сбросить рыбу
He then turned to his friend the Tunny Fish
Затем он обратился к своему другу Тунцу Рыбе
"My friend, you have saved my papa's life"
«Друг мой, ты спас жизнь моему папе»
Pinocchio's voice was full of deep emotions
Голос Пиноккио был полон глубоких эмоций
"I can find no words with which to thank you properly"
«Я не нахожу слов, чтобы поблагодарить вас как следует»
"Permit me at least to give you a kiss"
«Позволь мне хотя бы поцеловать тебя»

"it is a sign of my eternal gratitude!"
«Это знак моей вечной благодарности!»
The Tunny put his head out of the water
Тунец высунул голову из воды
and Pinocchio knelt on the edge of the shore
а Буратино встал на колени у кромки берега
and he kissed him tenderly on the mouth
и он нежно поцеловал его в губы
The Tunny Fish was not used to such warm affection
Тунец Фиш не привык к такой теплой привязанности
he felt both very touched, but also ashamed
Он чувствовал себя одновременно очень тронутым, но также и стыдным
because he had started crying like a small child
потому что он начал плакать, как маленький ребенок
and he plunged back into the water and disappeared
и он нырнул обратно в воду и исчез
By this time the day had dawned
К этому времени уже рассвело
Geppetto had scarcely breath to stand
Джеппетто едва дышал, чтобы встать
"Lean on my arm, dear papa, and let us go"
«Положись на мою руку, дорогой папа, и пойдем»
"We will walk very slowly, like the ants"
«Мы будем ходить очень медленно, как муравьи»
"and when we are tired we can rest by the wayside"
«А когда мы устанем, мы можем отдохнуть на обочине»
"And where shall we go?" asked Geppetto
"И куда мы пойдем?" - спросил Джеппетто
"let us search for some house or cottage"
"Давай поищем какой-нибудь дом или коттедж"
"there they will give us some charity"
"там нам дадут какую-нибудь милостыню"
"perhaps we will receive a mouthful of bread"
«Может быть, мы получим полный рот хлеба»
"and a little straw to serve as a bed"
"и немного соломы, чтобы служить кроватью"

Pinocchio and his father hadn't walked very far
Пиноккио и его отец не ушли далеко
they had seen two villainous-looking individuals
Они видели двух злодейски выглядящих людей
the Cat and the Fox were at the road begging
Кот и Лиса стояли на дороге и просили милостыню

but they were scarcely recognizable
но они были едва узнаваемы
the Cat had feigned blindness all her life
Кошка всю жизнь притворялась слепой
and now she became blind in reality
И теперь она ослепла наяву
and a similar fate must have met the Fox
и такая же участь, должно быть, постигла и Лису
his fur had gotten old and mangy
Его шерсть состарилась и облезла
one of his sides was paralyzed
Одна из его сторон была парализована
and he had not even his tail left
и у него даже хвоста не осталось

he had fallen in the most squalid of misery
Он пал в самой убогой нищете
and one fine day he was obliged to sell his tail
И в один прекрасный день он был вынужден продать свой хвост
a travelling peddler bought his beautiful tail
странствующий коробейник купил ему красивый хвост
and now his tail was used for chasing away flies
И теперь его хвост использовался для отгоняния мух
"Oh, Pinocchio!" cried the Fox
"О, Пиноккио!" - закричал Лис
"give a little in charity to two poor, infirm people"
«Дай немного милостыни двум бедным, немощным людям»
"Infirm people," repeated the Cat
— Немощные люди, — повторил Кот
"Be gone, impostors!" answered the puppet
"Убирайтесь, самозванцы!" - ответила кукла
"You fooled me once with your tricks"
«Однажды ты обманул меня своими трюками»
"but you will never catch me again"
«Но ты никогда больше не поймаешь меня»
"this time you must believe us, Pinocchio"
"на этот раз ты должен нам верить, Пиноккио"
"we are now poor and unfortunate indeed!"
«Мы теперь бедны и несчастны!»
"If you are poor, you deserve it"
«Если ты беден, ты этого заслуживаешь»
and Pinocchio asked them to recollect a proverb
а Буратино попросил их вспомнить пословицу
"Stolen money never fructifies"
«Украденные деньги никогда не приносят плода»
"Be gone, impostors!" he told them
«Убирайтесь, самозванцы!» — сказал он им
And Pinocchio and Geppetto went their way in peace
А Буратино и Джеппетто ушли своей дорогой с миром
soon they had gone another hundred yards

Вскоре они прошли еще сотню ярдов
they saw a path going into a field
они увидели тропинку, уходящую в поле
and in the field they saw a nice little hut
и в поле они увидели милую маленькую хижину
the hut was made from tiles and straw and bricks
Хижина была сделана из черепицы, соломы и кирпича
"That hut must be inhabited by someone"
«В этой хижине должен быть кто-то живой»
"Let us go and knock at the door"
«Пойдем и постучим в дверь»
so they went and knocked at the door
Поэтому они пошли и постучали в дверь
from in the hut came a little voice
Из хижины донесся тихий голос
"who is there?" asked the little voice
"Кто там?" - спросил тихий голос
Pinocchio answered to the little voice
Пиноккио ответил на тихий голос
"We are a poor father and son"
«Мы бедные отец и сын»
"we are without bread and without a roof"
«Мы без хлеба и без крыши»
the same little voice spoke again:
Тот же тихий голос снова заговорил:
"Turn the key and the door will open"
"Поверни ключ и дверь откроется"
Pinocchio turned the key and the door opened
Пиноккио повернул ключ, и дверь открылась
They went in and looked around
Они вошли и огляделись
they looked here, there, and everywhere
Они искали то тут, то там, и всюду
but they could see no one in the hut
но они никого не видели в хижине
Pinocchio was much surprised the hut was empty
Буратино очень удивился, что избушка пуста

"Oh! where is the master of the house?"
— О! Где хозяин дома?
"Here I am, up here!" said the little voice
"Вот я, вот здесь!" - сказал тихий голос
The father and son looked up to the ceiling
Отец и сын посмотрели в потолок
and on a beam they saw the talking little Cricket
и на бревне они увидели говорящего маленького сверчка
"Oh, my dear little Cricket!" said Pinocchio
"О, мой милый маленький сверчок!" - сказал Пиноккио
and Pinocchio bowed politely to the little Cricket
и Пиноккио вежливо поклонился маленькому сверчку
"Ah! now you call me your dear little Cricket"
—! теперь ты называешь меня своим дорогим маленьким сверчком».
"But do you remember when we first met?"
— Но ты помнишь, когда мы впервые встретились?
"you wanted me gone from your house"
«Ты хотел, чтобы я ушел из твоего дома»
"and you threw the handle of a hammer at me"
"И ты бросил в меня рукоять молотка"
"You are right, little Cricket! Chase me away also!"
— Ты прав, маленький Сверчок! Прогони и меня!
"Throw the handle of a hammer at me"
«Брось в меня рукоятку молотка»
"but please, have pity on my poor papa"
— Но, пожалуйста, сжалься над моим бедным папой.
"I will have pity on both father and son"
«Я буду жалеть и отца, и сына»
"but I wish to remind you of my ill treatment"
«но я хочу напомнить вам о плохом обращении со мной»
"the ill treatment I received from you"
«Как плохо со мной обращались с тобой»
"but there's a lesson I want you to learn"
«Но есть урок, который я хочу, чтобы ты усвоил»
"life in this world is not always easy"
«Жизнь в этом мире не всегда легка»

"when possible, we must be courteous to everyone"
«Когда это возможно, мы должны быть вежливы со всеми»
"only so can we expect to receive courtesy"
«Только так мы можем рассчитывать на любезность»
"because we never know when we might be in need"
«Потому что мы никогда не знаем, когда мы можем оказаться в нужде»
"You are right, little Cricket, you are right"
«Ты прав, маленький Крикет, ты прав»
"and I will bear in mind the lesson you have taught me"
«И я буду помнить урок, который ты преподал мне»
"But tell me how you managed to buy this beautiful hut"
«Но расскажи, как тебе удалось купить эту прекрасную хижину?»
"This hut was given to me yesterday"
«Эту хату мне подарили вчера»
"the owner of the hut was a goat"
"хозяином избы был козел"
"and she had wool of a beautiful blue colour"
"И у нее была шерсть красивого голубого цвета"
Pinocchio grew lively and curious at this news
Буратино оживился и заинтересовался этой новостью
"And where has the goat gone?" asked Pinocchio
"А куда делась коза?" - спросил Пиноккио
"I do not know where she has gone"
«Я не знаю, куда она делась»
"And when will the goat come back?" asked Pinocchio
"А когда же вернется коза?" - спросил Пиноккио
"oh she will never come back, I'm afraid"
«Боюсь, она никогда не вернется»
"she went away yesterday in great grief"
«Вчера она ушла в великом горе»
"her bleating seemed to want to say something"
«Ее блеяние, казалось, хотело что-то сказать»
"Poor Pinocchio! I shall never see him again"
«Бедный Пиноккио! Я никогда больше его не увижу»
"by now the Dog-Fish must have devoured him!"

— Должно быть, Рыба-Собака уже сожрала его!

"Did the goat really say that?"

— Неужели коза действительно так сказала?

"Then it was she, the blue goat"

«Тогда это была она, синяя коза»

"It was my dear little Fairy," exclaimed Pinocchio

— Это была моя милая маленькая фея, — воскликнул Пиноккио

and he cried and sobbed bitter tears

и он плакал и рыдал горькими слезами

When he had cried for some time he dried his eyes

Поплакав некоторое время, он вытер глаза

and he prepared a comfortable bed of straw for Geppetto

и он приготовил для Джеппетто удобную соломенную постель

Then he asked the Cricket for more help

Тогда он попросил Сверчка о дополнительной помощи

"Tell me, little Cricket, please"

«Скажи мне, маленький Сверчок, пожалуйста»

"where can I find a tumbler of milk"

"Где найти стакан с молоком"

"my poor papa has not eaten all day"

«Мой бедный папа весь день не ел»

"Three fields from here there lives a gardener"

"В трех полях отсюда живет садовник"

"the gardener is called Giangio"

"садовника зовут Джанджио"

"and in his garden he also has cows"

"И в саду у него тоже есть коровы"

"he will let you have the milk you want"

«Он даст вам молоко, которое вы хотите»

Pinocchio ran all the way to Giangio's house

Пиноккио побежал аж к дому Джанджио

and the gardener asked him:

И садовник спросил его:

"How much milk do you want?"

«Сколько молока ты хочешь?»

"I want a tumblerful," answered Pinocchio

«Я хочу полный стакан», — ответил Пиноккио

"A tumbler of milk costs five cents"

«Стакан молока стоит пять центов»

"Begin by giving me the five cents"

«Начни с того, что дай мне пять копеек»

"I have not even one cent," replied Pinocchio

— У меня нет ни цента, — ответил Пиноккио

and he was grieved from being so penniless

и он был огорчен тем, что остался без гроша в кармане

"That is bad, puppet," answered the gardener

"Это плохо, кукла", - ответил садовник

"If you have not one cent, I have not a drop of milk"

«Если у тебя нет ни цента, то у меня нет ни капли молока»

"I must have patience!" said Pinocchio

«Мне нужно набраться терпения!» — сказал Пиноккио

and he turned to go again

и он повернулся, чтобы снова уйти

"Wait a little," said Giangio

— Подожди немного, — сказал Джанджо

"We can come to an arrangement together"

«Мы можем прийти к соглашению вместе»

"Will you undertake to turn the pumping machine?"

— Возьметесь ли вы поворачивать насосную машину?

"What is the pumping machine?"

«Что такое насосная машина?»

"It is a kind of wooden screw"

"Это своего рода деревянный винт"

"it serves to draw up the water from the cistern"

"Он служит для забора воды из цистерны"

"and then it waters the vegetables"

"а потом поливает овощи"

"I can try to turn the pumping machine"

"Я могу попробовать повернуть насосную машину"

"great, I need a hundred buckets of water"

"отлично, мне нужно сто ведер воды"

"and for the work you'll get a tumbler of milk"

"А за работу ты получишь стакан молока"
"we have an agreement," confirmed Pinocchio
«У нас есть договоренность», — подтвердил Пиноккио
Giangio then led Pinocchio to the kitchen garden
Затем Джанджо повел Пиноккио в огород
and he taught him how to turn the pumping machine
и научил его крутить насосную машину
Pinocchio immediately began to work
Буратино сразу же приступил к работе
but a hundred buckets of water was a lot of work
Но сто ведер воды – это очень много работы
the perspiration was pouring from his head
Пот лился с его головы
Never before had he undergone such fatigue
Никогда прежде он не испытывал такой усталости
the gardener came to see Pinocchio's progress
садовник пришел посмотреть на успехи Буратино
"my little donkey used to do this work"
«Мой маленький ослик раньше выполнял эту работу»
"but the poor animal is dying"
«Но бедное животное умирает»
"Will you take me to see him?" said Pinocchio
"Вы возьмете меня к нему?" - спросил Пиноккио
"sure, please come to see my little donkey"
«Конечно, пожалуйста, приходи посмотреть на моего маленького ослика»
Pinocchio went into the stable
Буратино ушел в конюшню
and he saw a beautiful little donkey
И увидел он красивого маленького ослика
but the donkey was stretched out on the straw
Но осел растянулся на соломе
he was worn out from hunger and overwork
Он был измучен от голода и переутомления
Pinocchio was much troubled by what he saw
Буратино был очень обеспокоен увиденным
"I am sure I know this little donkey!"

«Я уверена, что знаю этого маленького ослика!»
"His face is not new to me"
«Его лицо для меня не новое»
and Pinocchio came closer to the little Donkey
и Буратино подошел ближе к маленькому Ослику
and he spoke to him in asinine language:
И Он заговорил с Ним на глупом языке:
"Who are you?" asked Pinocchio
"Кто ты?" - спросил Пиноккио
the little donkey opened his dying eyes
Маленький ослик открыл свои умирающие глаза
and he answered in broken words in the same language:
И тот ответил отрывистыми словами на том же языке:
"I... am... Candle-wick"
«Я... есть... Свеча-фитиль"
And, having again closed his eyes, he died
И, снова закрыв глаза, умер
"Oh, poor Candle-wick!" said Pinocchio
"О, бедный Свеча-Фитиль!" - сказал Пиноккио
and he took a handful of straw
И он взял горсть соломы
and he dried a tear rolling down his face
и он вытер слезу, катящуюся по лицу его
the gardener had seen Pinocchio cry
садовник видел, как Пиноккио плакал
"Do you grieve for a dead donkey?"
«Вы скорбите о мертвом осле?»
"it was not even your donkey"
"Это был даже не ваш осел"
"imagine how I must feel"
«Представь, что я должен чувствовать»
Pinocchio tried to explain his grief
Буратино попытался объяснить свое горе
"I must tell you, he was my friend!"
— Должен вам сказать, он был моим другом!
"Your friend?" wondered the gardener
«Ваш друг?» — удивился садовник

"yes, one of my school-fellows!"
— Да, один из моих школьных товарищей!
"How?" shouted Giangio, laughing loudly
"Как?" - закричал Джанджио, громко смеясь
"Did you have donkeys for school-fellows?"
— У вас были ослики для школьных товарищей?
"I can imagine the wonderful school you went to!"
«Я могу представить, в какую замечательную школу ты ходил!»
The puppet felt mortified at these words
Кукла почувствовала себя ошеломленной этими словами
but Pinocchio did not answer the gardener
но Буратино не ответил садовнику
he took his warm tumbler of milk
Он взял свой теплый стакан с молоком
and he returned back to the hut
И он вернулся обратно в хижину
for more than five months he got up at daybreak
Более пяти месяцев он вставал на рассвете
every morning he turned the pumping machine
Каждое утро он крутил насосную машину
and each day he earned a tumbler of milk
И каждый день он зарабатывал стакан молока
the milk was of great benefit to his father
Молоко приносило большую пользу его отцу
because his father was in a bad state of health
потому что его отец был в плохом состоянии здоровья
but Pinocchio was now satisfied with working
но теперь Буратино был доволен работой
during the daytime he still had time
в дневное время он еще успевал
so he learned to make baskets of rushes
Так он научился делать корзины из камыша
and he sold the baskets in the market
И он продавал корзины на рынке
and the money covered all their expenses
и деньги покрывали все их расходы

he also constructed an elegant little wheel-chair
Он также сконструировал элегантную маленькую инвалидную коляску
and he took his father out in the wheel-chair
и он вывез отца в инвалидном кресле
and his father got to breathe fresh air
А его отец получил возможность дышать свежим воздухом
Pinocchio was a hard working boy
Пиноккио был трудолюбивым мальчиком
and he was ingenious at finding work
и он был изобретателен в поиске работы
he not only succeeded in helping his father
Он преуспел не только в том, чтобы помочь отцу
but he also managed to save five dollars
Но и пять долларов ему удалось накопить
One morning he said to his father:
Однажды утром он сказал отцу:
"I am going to the neighbouring market"
«Я иду на соседний рынок»
"I will buy myself a new jacket"
«Куплю себе новую куртку»
"and I will buy a cap and pair of shoes"
"а я куплю кепку и пару обуви"
and Pinocchio was in jolly spirits
а Буратино был в веселом расположении духа
"when I return you'll think I'm a gentleman"
«Когда я вернусь, вы подумаете, что я джентльмен».
And he began to run merrily and happily along
И он стал весело и радостно бежать по нему
All at once he heard himself called by name
Внезапно он услышал, как его окликнули по имени
he turned around and what did he see?
Он обернулся и что увидел?
he saw a Snail crawling out from the hedge
он увидел улитку, выползающую из изгороди
"Do you not know me?" asked the Snail

"Разве ты не знаешь меня?" - спросила Улитка
"I'm sure I know you," thought Pinocchio
«Я уверен, что знаю тебя», — подумал Пиноккио
"and yet I don't know from where I know you"
"И все же я не знаю, откуда я вас знаю"
"Do you not remember the Snail?"
— Разве ты не помнишь Улитку?
"the Snail who was a lady's-maid"
"Улитка, которая была служанкой"
"a maid to the Fairy with blue hair"
"служанка Феи с голубыми волосами"
"Do you not remember when you knocked on the door?"
— Разве ты не помнишь, когда постучал в дверь?
"and I came downstairs to let you in"
— И я спустился вниз, чтобы впустить вас.
"and you had your foot caught in the door"
«И ты застрял ногой в двери»
"I remember it all," shouted Pinocchio
«Я все это помню», — закричал Пиноккио
"Tell me quickly, my beautiful little Snail"
«Скажи мне скорее, моя прекрасная маленькая улитка»
"where have you left my good Fairy?"
— Где ты оставил мою добрую фею?
"What is she doing?"
— Что она делает?
"Has she forgiven me?"
— Она простила меня?
"Does she still remember me?"
— Она все еще помнит меня?
"Does she still wish me well?"
— Она все еще желает мне добра?
"Is she far from here?"
— Она далеко отсюда?
"Can I go and see her?"
— Могу я пойти и повидаться с ней?
these were a lot of questions for a snail
Это было очень много вопросов к улитке

but she replied in her usual phlegmatic manner
Но она ответила в своей обычной флегматичной манере
"My dear Pinocchio," said the snail
— Мой дорогой Пиноккио, — сказала улитка
"the poor Fairy is lying in bed at the hospital!"
— Бедная Фея лежит в постели в больнице!
"At the hospital?" cried Pinocchio
"В больнице?" - закричал Пиноккио
"It is only too true," confirmed the snail
— Это слишком верно, — подтвердила улитка
"she has been overtaken by a thousand misfortunes"
«Ее постигла тысяча несчастий»
"she has fallen seriously ill"
«Она тяжело заболела»
"she has not even enough to buy herself a mouthful of bread"
«Ей не хватает даже на то, чтобы купить себе полный рот хлеба»
"Is it really so?" worried Pinocchio
«Неужели это так?» — забеспокоился Пиноккио
"Oh, what sorrow you have given me!"
— О, какое горе ты мне подарил!
"Oh, poor Fairy! Poor Fairy! Poor Fairy!"
— О, бедная фея! Бедная фея! Бедная фея!
"If I had a million I would run and carry it to her"
«Если бы у меня был миллион, я бы побежал и отнес его ей»
"but I have only five dollars"
"Но у меня всего пять долларов"
"I was going to buy a new jacket"
«Я собирался купить новую куртку»
"Take my coins, beautiful Snail"
"Возьми мои монеты, прекрасная Улитка"
"and carry the coins at once to my good Fairy"
"и немедленно отнесите монеты моей доброй фее"
"And your new jacket?" asked the snail
"А твоя новая куртка?" - спросила улитка

"What matters my new jacket?"

«Какое значение имеет моя новая куртка?»

"I would sell even these rags to help her"

«Я бы продал даже эти тряпки, чтобы помочь ей»

"Go, Snail, and be quick"

«Иди, Улитка, и поторопись»

"return to this place, in two days"

"Вернись на это место, через два дня"

"I hope I can then give you some more money"

«Надеюсь, тогда я смогу дать вам еще немного денег»

"Up to now I worked to help my papa"

«До сих пор я работала, чтобы помочь своему папе»

"from today I will work five hours more"

"с сегодняшнего дня я буду работать на пять часов больше"

"so that I can also help my good mamma"

«чтобы я тоже мог помочь моей доброй маме»

"Good-bye, Snail," he said

— До свидания, Улитка, — сказал он

"I shall expect you in two days"

«Я буду ждать вас через два дня»

at this point the snail did something unusual

В этот момент улитка сделала что-то необычное

she didn't move at her usual pace

Она двигалась не в обычном темпе

she ran like a lizard across hot stones

Она бегала, как ящерица по горячим камням

That evening Pinocchio sat up till midnight

В тот вечер Пиноккио просидел до полуночи

and he made not eight baskets of rushes

И Он сделал не восемь корзин из камыша

but be made sixteen baskets of rushes that night

но пусть будет сделано шестнадцать корзин камыша в ту ночь

Then he went to bed and fell asleep

Затем он лег спать и заснул

And whilst he slept he thought of the Fairy

И пока он спал, он думал о Фее

he saw the Fairy, smiling and beautiful
он увидел Фею, улыбающуюся и прекрасную
and he dreamt she gave him a kiss
и ему приснилось, что она поцеловала его
"Well done, Pinocchio!" said the fairy
"Молодец, Пиноккио!" - сказала фея
"I will forgive you for all that is past"
«Я прощу тебе все, что было в прошлом»
"To reward you for your good heart"
«Чтобы вознаградить тебя за твое доброе сердце»
"there are boys who minister tenderly to their parents"
«Есть мальчики, которые нежно служат своим родителям»
"they assist them in their misery and infirmities"
«Они помогают им в их страданиях и немощах»
"such boys are deserving of great praise and affection"
«Такие мальчики заслуживают большой похвалы и любви»
"even if they cannot be cited as examples of obedience"
«даже если их нельзя привести в качестве примеров послушания»
"even if their good behaviour is not always obvious"
«Даже если их хорошее поведение не всегда очевидно»
"Try and do better in the future and you will be happy"
«Старайтесь и делайте лучше в будущем, и вы будете счастливы»
At this moment his dream ended
В этот момент его сон закончился
and Pinocchio opened his eyes and awoke
и Буратино открыл глаза и проснулся
you should have been there for what happened next
Вы должны были быть там, чтобы увидеть, что произошло дальше
Pinocchio discovered that he was no longer a wooden puppet
Пиноккио обнаружил, что он больше не деревянная марионетка
but he had become a real boy instead

Но вместо этого он стал настоящим мальчиком
a real boy just like all other boys
настоящий мальчик, как и все остальные мальчики
Pinocchio glanced around the room
Пиноккио оглядел комнату
but the straw walls of the hut had disappeared
Но соломенные стены хижины исчезли
now he was in a pretty little room
Теперь он находился в симпатичной маленькой комнате
Pinocchio jumped out of bed
Буратино вскочил с кровати
in the wardrobe he found a new suit of clothes
В гардеробе он нашел новый костюм
and there was a new cap and pair of boots
и там была новая кепка и пара сапог
and his new clothes fitted him beautifully
и его новая одежда прекрасно сидела на нем
he naturally put his hands in his pocket
Естественно, он засунул руки в карман
and he pulled out a little ivory purse
И он вытащил маленький кошелек цвета слоновой кости
on on the purse were written these words:
На кошельке были написаны такие слова:
"From the Fairy with blue hair"
"От феи с голубыми волосами"
"I return the five dollars to my dear Pinocchio"
«Я возвращаю пять долларов моему дорогому Буратино»
"and I thank him for his good heart"
«и я благодарю его за его доброе сердце»
He opened the purse to look inside
Он открыл сумочку, чтобы заглянуть внутрь
but there were not five dollars in the purse
Но в кошельке не было и пяти долларов
instead there were fifty shining pieces of gold
Вместо этого было пятьдесят сверкающих золотых монет
the coins had come fresh from the minting press
Монеты были только что выпущены из чеканного станка

he then went and looked at himself in the mirror
Затем он подошел и посмотрел на себя в зеркало
and he thought he was someone else
И он думал, что это кто-то другой
because he no longer saw his usual reflection
потому что он больше не видел своего обычного отражения
he no longer saw a wooden puppet in the mirror
Он больше не видел в зеркале деревянную куклу
he was greeted instead by a different image
Вместо этого его встретил другой образ
the image of a bright, intelligent boy
образ яркого, интеллигентного мальчика
he had chestnut hair and blue eyes
У него были каштановые волосы и голубые глаза
and he looked as happy as can be
и он выглядел настолько счастливым, насколько это возможно
as if it were the Easter holidays
как будто это были пасхальные каникулы
Pinocchio felt quite bewildered by it all
Пиноккио был совершенно сбит с толку всем этим
he could not tell if he was really awake
Он не мог сказать, действительно ли он проснулся
maybe he was dreaming with his eyes open
Может быть, он мечтал с открытыми глазами
"Where can my papa be?" he exclaimed suddenly
«Где может быть мой папа?» — вдруг воскликнул он
and he went into the next room
и он ушел в соседнюю комнату
there he found old Geppetto quite well
там он нашел старого Джеппетто вполне себе
he was lively, and in good humour
он был живым и в хорошем расположении духа
just as he had been formerly
таким же, каким он был раньше
He had already resumed his trade of wood-carving

Он уже возобновил свое ремесло резьбы по дереву
and he was designing a beautiful picture frame
И он разрабатывал красивую рамку для картины
there were leaves flowers and the heads of animals
там были листья, цветы и головы животных
"Satisfy my curiosity, dear papa," said Pinocchio
— Удовлетворите мое любопытство, дорогой папа, — сказал Пиноккио
and he threw his arms around his neck
И он обнял его за шею
and he covered him with kisses
и он покрыл его поцелуями
"how can this sudden change be accounted for?"
«Чем можно объяснить эту внезапную перемену?»
"it comes from all your good doing," answered Geppetto
- Это происходит от всех ваших добрых дел, - ответил Джеппетто
"how could it come from my good doing?"
«Как это могло произойти от моего доброго дела?»
"something happens when naughty boys turn over a new leaf"
«Что-то происходит, когда непослушные мальчишки переворачивают новую страницу»
"they bring contentment and happiness to their families"
«Они приносят удовлетворение и счастье своим семьям»
"And where has the old wooden Pinocchio hidden himself?"
— А где спрятался старый деревянный Буратино?
"There he is," answered Geppetto
— Вот он, — ответил Джеппетто
and he pointed to a big puppet leaning against a chair
И он указал на большую куклу, прислонившуюся к стулу
the Puppet had its head on one side
Кукла держала голову набок
its arms were dangling at its sides
его руки свисали по бокам
and its legs were crossed and bent
и его ноги были скрещены и согнуты

it was really a miracle that it remained standing
Это было действительно чудом, что он остался стоять
Pinocchio turned and looked at it
Буратино обернулся и посмотрел на него
and he proclaimed with great complacency:
и он провозгласил с великим благодушием:
"How ridiculous I was when I was a puppet!"
«Какой же смешной я была, когда была марионеткой!»
"And how glad I am that I have become a well-behaved little boy!"
«И как я рад, что стал хорошо воспитанным маленьким мальчиком!»

www.tranzlaty.com

www.ingramcontent.com/pod-product-compliance
Lightning Source LLC
Chambersburg PA
CBHW012001090526
44590CB00026B/3811